# 导游文化基础知识

芦爱英　范　平　主　编

饶华清　叶伟军　副主编

浙江工商大学出版社
ZHEJIANG GONGSHANG UNIVERSITY PRESS
·杭州·

**图书在版编目(CIP)数据**

导游文化基础知识 / 芦爱英,范平主编;饶华清,叶伟军副主编. — 杭州 : 浙江工商大学出版社,2021.12(2023.2重印)

ISBN 978-7-5178-4761-8

Ⅰ. ①导… Ⅱ. ①芦… ②范… ③饶… ④叶… Ⅲ. ①导游—资格考试—教材 Ⅳ. ①F590.63

中国版本图书馆 CIP 数据核字(2021)第 250117 号

**导游文化基础知识**

DAOYOU WENHUA JICHU ZHISHI

芦爱英　范　平　主　编

饶华清　叶伟军　副主编

| | | |
|---|---|---|
| 责任编辑 | 黄拉拉 | |
| 责任校对 | 谭娟娟 | |
| 封面设计 | 沈　婷 | |
| 责任印制 | 包建辉 | |
| 出版发行 | 浙江工商大学出版社 | |
| | (杭州市教工路 198 号　邮政编码 310012) | |
| | (E-mail:zjgsupress@163.com) | |
| | (网址:http://www.zjgsupress.com) | |
| | 电话:0571 - 88904980,88831806(传真) | |
| 排　　版 | 杭州朝曦图文设计有限公司 | |
| 印　　刷 | 广东虎彩云印刷有限公司绍兴分公司 | |
| 开　　本 | 710mm×1000mm　1/16 | |
| 印　　张 | 15 | |
| 字　　数 | 328 千 | |
| 版 印 次 | 2021 年 12 月第 1 版　2023 年 2 月第 2 次印刷 | |
| 书　　号 | ISBN 978-7-5178-4761-8 | |
| 定　　价 | 39.90 元 | |

# 前　言

本书为浙江省普通高校"十三五"第二批新形态教材建设项目,立足于旅游发展新业态、专业发展新需求及数字文旅新趋势,尤其注重把握全国导游资格证考证新方向,是由从事"导游文化基础知识"课程教学多年的专任教师团队及行业专家,根据《2021年全国导游资格考试大纲》,参考大量与考证内容有关的资料,汲取精华,共同编写而成的课证融合新形态教材。

本教材的特色体现在以下6个方面:

第一,覆盖面广:包含了全国导游资格考试科目三、科目四的全部考点。

第二,要点精练:内容以知识要点形式呈现,简明扼要。

第三,重点突出:对考点关键词做了特殊标识,一目了然。

第四,易于识记:通过列表、结构图等多种方式归纳呈现同类知识或展现知识体系,便于记忆。

第五,立体支撑:通过扫书中二维码可观看对应要点的微视频,并连接省级精品在线课程平台,可实现线上、线下多维度轻松愉快的学习。

第六,学练结合:每一专题后面都有与考证题型一致的练习题,以帮助学生巩固相应知识。

本教材由芦爱英、范平担任主编,由饶华清、叶伟军担任副主编。芦爱英负责文字稿统稿,饶华清、叶伟军协助统稿,范平负责提供线上学习资源。

具体分工如下:专题一、专题七、专题九由浙江旅游职业学院范平编写;专题二、专题三由浙江旅游职业学院於佩红编写;专题八、专题十、专题十四由浙江旅游职业学院张天然编写;专题四、专题十二、专题十三、专题十五、专题十八、专题十九由杭州蒲公英旅行社有限公司叶伟军编写;专题五、专题六、专题十一、专题十六、专题十七由杭州市富阳区职业教育中心孔翔国编写。

本书在编写过程中参考了大量书籍、报刊、网站等媒体资料,在此表示衷心感谢!

书稿虽经反复打磨,但由于时间紧凑,难免疏误,敬请专家、读者批评指正!

《导游文化基础知识》
慕课二维码
注:扫二维码后请点击"加入学习"后再选择具体课程。
该慕课开放时间与春季、秋季学期一致。

# 目　　录

# 专题一　中华人民共和国成立以来取得的辉煌成就选录

学习目标

熟悉：中华人民共和国成立以来取得的辉煌成就，如"两弹一星"、北斗导航、探月工程、FAST大型天文望远镜等科技成就；高速公路和高速铁路、三峡水利工程、南水北调工程等建设成就等。

## 要点1　1949—1977年的辉煌成就选录

| 年份 | 辉煌成就选录 |
| --- | --- |
| 1949年 | **10月1日**，中华人民共和国中央人民政府成立；12月2日，中央人民政府委员会第四次会议决定每年10月1日为中华人民共和国国庆日 |
|  | 11月1日，**中国科学院**成立，郭沫若任院长 |
|  | 11月11日，中国人民解放军**空军司令部**成立，刘亚楼任司令员，萧华任政委 |
|  | 12月16日，**毛泽东访苏联** |
| 1950年 | 2月14日，周恩来、维辛斯基签署《中苏友好同盟互助条约》 |
|  | 4月14日，中国人民解放军**海军领导机关**成立，萧劲光任司令员 |
|  | 5月1日，中华人民共和国第一部法律《中华人民共和国婚姻法》颁布施行 |
|  | 5月1日，**解放海南岛** |
|  | 10月14日，《关于治理淮河的决定》发布 |
| 1951年 | 5月15日，《人民日报》发表毛泽东题词"一定要把淮河修好" |
|  | 5月23日，中央人民政府和西藏地方政府签订《十七条协议》，西藏和平解放 |
| 1952年 | **7月1日，成渝铁路**(成都—重庆，中华人民共和国成立后建成的第一条铁路干线)建成通车，全长为**505千米** |

| 年份 | 辉煌成就选录 |
|---|---|
| 1954 年 | 6 月,周恩来分别与印度总理尼赫鲁和缅甸总理吴努发表《联合声明》,共同倡导和平共处五项原则 |
| | 12 月 25 日,康藏公路(后称川藏公路,成都—拉萨)、青藏公路(西宁—拉萨)全线通车 |
| 1955 年 | 1 月 18 日,解放一江山岛;2 月,大陈岛等浙江沿海岛屿全部解放 |
| | 实行军衔制度,确立十大元帅(朱德、彭德怀、林彪、刘伯承、贺龙、陈毅、罗荣桓、徐向前、聂荣臻、叶剑英) |
| | 10 月 1 日,新疆维吾尔自治区成立,首府设在乌鲁木齐市 |
| 1956 年 | 长春第一汽车制造厂(简称"长春一汽")成功试制第一批国产"解放"牌载重汽车(1958 年,第一批国产轿车"东风""红旗"诞生) |
| 1957 年 | 4 月 25 日,首届"广交会"在广州开幕,每年举办两届 |
| | 10 月 5 日,新藏公路(新疆叶城—西藏阿里地区)建成通车 |
| | 10 月 15 日,武汉长江大桥建成通车 |
| | 12 月,新中国第一个天然石油基地——玉门油田基本建成 |
| 1958 年 | 包兰铁路(包头—兰州)建成通车 |
| | 我国第一座电视台——北京电视台正式开播,并于 1978 年 5 月 1 日更名为中央电视台 |
| 1959 年 | 4 月 5 日,荣国团获第 25 届世界乒乓球锦标赛男子单打冠军,这是中国运动员在世界锦标赛中获得的第一个世界冠军 |
| | 首都"十大建筑"(人民大会堂、民族文化宫、民族饭店、华侨大厦、北京火车站、北京工人体育场、中国革命历史博物馆、中国人民革命军事博物馆、钓鱼台国宾馆、全国农业展览馆)建成 |
| 1960 年 | 我国登山队队员王富洲、贡布(藏族)、屈银华,从北坡集体登上世界最高峰珠穆朗玛峰。人类第一次战胜珠峰北坡天险 |
| | 11 月 5 日,中国第一枚地对地近程导弹——"东风 1 号"发射成功 |
| | 1960 年西藏民主改革基本完成,彻底摧毁政教合一的封建农奴制 |
| 1963 年 | 中国援助阿尔及利亚医疗队(我国第一支援非医疗队)成立 |
| 1964 年 | 10 月 16 日,我国第一颗原子弹爆炸成功 |
| 1965 年 | 我国首次人工合成牛胰岛素 |
| 1966 年 | 兰新铁路(兰州—乌鲁木齐)全线交付 |
| | 10 月 27 日,我国第一颗装有核弹头的地地导弹飞行爆炸成功 |

| 年份 | 辉煌成就选录 |
|---|---|
| 1967 年 | 6 月 17 日,我国第一颗氢弹空爆试验成功 |
| | 我国与坦桑尼亚、赞比亚签订修建坦赞铁路协定;坦赞铁路于 1976 年建成通车 |
| 1968 年 | 南京长江大桥建成通车,是当时我国自行设计建造的最大的铁路、公路两用桥 |
| 1969 年 | 我国第一套全自动长途电话设备诞生 |
| | 我国第一条地下铁道线路(北京火车站—石景山区苹果园)建成 |
| 1970 年 | 4 月 24 日,我国第一颗人造地球卫星发射成功 |
| | 7 月 1 日,成昆铁路(成都—昆明)建成通车,全长为 1091 千米 |
| | 中共中央批准兴建长江葛洲坝水利枢纽工程(于 1989 年建成) |
| 1971 年 | 10 月 25 日,第 26 届联合国大会恢复中华人民共和国在联合国的一切合法权利 |
| 1972 年 | 2 月 21 日,美国总统尼克松访问中国;2 月 28 日,中美在上海发表《中华人民共和国和美利坚众国联合公报》(简称《上海公报》),标志着两国关系正常化进程的开始 |
| | 9 月,日本首相田中角荣应邀访华并与中国政府签订《中华人民共和国政府和日本政府联合声明》(简称《中日联合声明》),宣布建立外交关系 |
| 1973 年 | 我国第一台每秒运算 100 万次的集成电路计算机试制成功 |
| | 袁隆平等在世界上首次培育成功强优势的籼型杂交水稻 |
| 1974 年 | 我国自行设计制造的第一艘核潜艇命名为"长征一号",正式编入海军战斗序列 |
| 1975 年 | 我国当时发电能力最大的水力发电站——刘家峡水电站建成发电 |
| | 7 月 1 日,中华人民共和国第一条电气化铁路——宝成铁路(宝鸡—成都)建成通车 |
| | 11 月 26 日,我国成功发射返回式遥感人造地球卫星,标志着我国是继美、苏之后第 3 个掌握该技术的国家 |
| 1976 年 | "向阳红 5 号""向阳红 11 号"在太平洋海域完成我国首次远洋科学调查 |
| 1977 年 | 我国恢复高考制度 |

# 要点 2  1978—2020 年的辉煌成就选录

| 年份 | 辉煌成就选录 |
|---|---|
| 1978 年 | 3 月,**邓小平**在全国科学大会开幕词中强调**科学技术是生产力**,指出为社会主义服务的脑力劳动者是劳动人民的一部分 |
| | 12 月 16 日,**中美**发表《中华人民共和国和美利坚合众国关于建立外交关系的联合公报》(简称《中美建交公报》),决定自 **1979 年 1 月 1 日**起两国建立外交关系。同日,美国宣布断绝同台湾的所谓的"外交关系" |
| | 12 月,国务院批准在全国恢复和增设 169 所普通高等学校 |
| 1979 年 | **1 月 1 日**,全国人大常委会发表《告台湾同胞书》 |
| | **邓小平访美**,这是中华人民共和国成立后中国高级领导人第一次访美 |
| 1981 年 | 9 月,我国首次用一枚运载火箭发射 3 颗卫星("一箭三星") |
| 1982 年 | 8 月 17 日,**中美**签订《中华人民共和国和美利坚合众国联合公报》(简称《八一七公报》),这是第三个中美关系重要公报,分步骤直到最后彻底解决美向台出售武器问题 |
| 1983 年 | 中共中央发布《当前农村经济政策的若干问题》,肯定**联产承包制**是在党的领导下我国农民的伟大创造 |
| 1984 年 | **邓小平视察深圳、珠海、厦门和上海**,肯定试办经济特区和对外开放的政策 |
| | **第 23 届奥运会在美国洛杉矶开幕**,中国获 **15 枚金牌**,实现在奥运会金牌榜上零的突破 |
| | 中英在北京签署《关于香港问题的联合声明》,确认中国政府于 1997 年 7 月 1 日对香港恢复行使主权 |
| | 10 月 1 日,中华人民共和国成立 **35** 周年阅兵仪式,邓小平检阅 |
| 1985 年 | 2 月 15 日,**中国第一个南极考察站——长城站**在南极乔治岛建成 |
| | 我国政府批准实施旨在**依靠科学技术促进农村经济发展**的"星火计划" |
| 1986 年 | 我国**第二大汽车工业基地——第二汽车制造厂**在湖北十堰建成投产 |
| | 我国国内卫星通信网正式建成 |
| 1987 年 | 中葡在北京签署《关于澳门问题的联合声明》,确认中国政府于 1999 年 12 月 20 日对澳门恢复行使主权 |
| 1988 年 | **邓小平提出"科学技术是第一生产力"**的重要论断 |
| | 我国自行研制的导弹核潜艇在**东海海域**进行**水下发射运载火箭试验**成功 |
| | 我国第一座高能加速器——**北京正负电子对撞机**首次对撞成功 |

| 年份 | 辉煌成就选录 |
|---|---|
| 1990 年 | 改革开放以来中国大陆开业的第一家证券交易所**上海证券交易所**正式成立 |
| 1991 年 | **深圳证券交易所**正式成立 |
| | **秦山核电站**并网发电,这是我国第一座自行设计建造的 30 万千瓦核电站 |
| 1992 年 | 海峡两岸达成坚持一个中国原则的"九二共识" |
| | 第 25 届奥运会在西班牙巴塞罗那举行,中国获 16 枚金牌,金牌榜上列第四位 |
| | 新亚欧大陆桥(江苏连云港—荷兰鹿特丹铁路线)开通运营,总长 1.08 万千米 |
| 1994 年 | 广东大亚湾核电站一号机组投入商业运营 |
| 1995 年 | 京九铁路(北京—深圳—香港九龙)全线铺通 |
| 1997 年 | 7 月 1 日,中国政府对香港恢复行使主权,中华人民共和国香港特别行政区成立 |
| 1999 年 | **11 月 20 日,我国第一艘载人航天试验飞船"神舟号"发射成功** |
| | 12 月 20 日,中国政府对澳门恢复行使主权,中华人民共和国澳门特别行政区成立 |
| 2000 年 | **12 月 18 日,京沪高速公路(北京—上海)全线贯通** |
| 2001 年 | 吴文俊、袁隆平获 2000 年度国家最高科学技术奖 |
| | 6 月 15 日,中国、俄罗斯、哈萨克斯坦、吉尔吉斯斯坦、塔吉克斯坦、乌兹别克斯坦 6 国元首签署《上海合作组织成立宣言》 |
| | 12 月 11 日,中国正式成为世贸组织成员 |
| **2002 年** | 博鳌亚洲论坛首届年会在我国海南省举行 |
| | **12 月 27 日,南水北调工程开工典礼在北京人民大会堂和江苏省、山东省施工现场同时举行;工程方案构想始于 1952 年毛泽东视察黄河;主要目的是解决我国黄淮海流域的水资源短缺问题;规划了"四横三纵"的总体布局(长江、黄河、淮河和海河四大江河,东、中、西 3 条线路)** |
| 2003 年 | **"神舟五号"**载人飞船成功升空并安全着陆(我国是**第三个独立掌握载人航天技术的国家**) |
| 2004 年 | 第 28 届奥运会在希腊雅典举行,我国获 32 枚金牌列金牌榜第二,奖牌总数列第三 |
| | 西气东输工程(新疆轮台—上海)全线建成并运营,全长约为 4000 千米,设计年输气量为 120 亿立方米 |
| 2005 年 | 中国昆仑科考队成功抵达南极内陆冰盖的最高点,这是人类首次登上南极内陆冰盖的最高点 |
| | 10 月 12 日—17 日,载有**两名**航天员的**"神舟六号"**载人飞船成功发射并顺利着陆 |

| 年份 | 辉煌成就选录 |
|---|---|
| 2006 年 | 5 月 20 日,长江三峡大坝全线建成,全长达 2309 米,是世界上最大的水利枢纽工程,总工期为 18 年 |
| | 7 月 1 日,青藏铁路全线建成通车,是世界上海拔最高、线路最长的高原铁路,全长 1956 千米 |
| 2007 年 | 4 月 14 日,我国成功发射第一颗"北斗二号"导航卫星,正式开始独立自主建设我国第二代卫星导航系统。2017 年 11 月 5 日,"北斗三号"第一、二颗组网卫星以"一箭双星"方式成功发射,标志着北斗卫星导航系统全球组网的开始;这是和美国全球定位系统(GPS)、俄罗斯格洛纳斯系统、欧洲伽利略系统并列的全球卫星导航系统 |
| 2008 年 | 8 月 1 日,我国第一条拥有完全自主知识产权的高速铁路——京津城际铁路通车运营。截至 2021 年底,我国高速铁路运营里程达到 4 万千米 |
| | 9 月 27 日,"神舟七号"载人飞船实施宇航员空间出舱活动(我国是第三个独立掌握该项技术的国家) |
| | 海军舰艇编队赴亚丁湾、索马里海域执行护航任务,这是中国海军首次组织海上作战力量赴海外履行国际人道主义义务,首次在远海保护重要运输线安全 |
| 2010 年 | 4 月 30 日,上海世界博览会开幕,这是中国首次举办的综合性世界博览会 |
| | 我国 GDP 达到近 40 万亿元,成为世界第二大经济体 |
| 2012 年 | 雅西高速公路(四川雅安—西昌)全线通车,全长约为 240 千米,于 2007 年动工。这是国内乃至全世界自然环境最恶劣、工程难度最大、科技含量最高的山区高速公路之一,被称作"云端上的高速公路" |
| | 6 月 18 日、24 日,"神舟九号"与"天宫一号"成功完成自动和手控交会对接 |
| | "蛟龙号"载人潜水器最大下潜深度达 7062.68 米 |
| | 海南省三沙市成立,管辖西沙群岛、中沙群岛、南沙群岛的岛礁及其海域,市政府驻西沙永兴岛 |
| | 9 月 25 日,中国第一艘航空母舰"辽宁舰"正式交付 |
| 2013 年 | 1 月 26 日,运-20 大型运输机首次试飞成功(2016 年正式列装空军航空兵部队) |
| | 习近平在哈萨克斯坦、印度尼西亚先后提出共同建设"丝绸之路经济带"与"21 世纪海上丝绸之路",即"一带一路"倡议 |
| | 10 月 31 日,西藏墨脱公路建成通车,我国真正实现县县通公路 |
| | 12 月 14 日,"嫦娥三号"着陆月球;12 月 15 日,"嫦娥三号"着陆器和巡视器"玉兔号"月球车互拍成像;我国探月工程第二步战略目标圆满完成,成为世界上第三个实现月球软着陆和巡视探测的国家 |
| | 我国成为世界第一货物贸易大国,货物进出口总额达 4.16 万亿美元 |

| 年份 | 辉煌成就选录 |
|---|---|
| 2014 年 | 金砖国家领导人第六次会晤在巴西举行;成立金砖国家新开发银行并将总部设在中国上海 |
| | 11 月 19 日—21 日,首届世界互联网大会在浙江乌镇(世界互联网大会永久会址)举行 |
| 2015 年 | 中国海军护航编队从也门安全撤出中国公民,协助撤离他国公民 |
| | 《中国制造 2025》三步走实现制造强国 |
| | 10 月 5 日,屠呦呦因创新新型抗疟药青蒿素和双氢青蒿素,获"诺贝尔生理学或医学奖" |
| | 亚洲基础设施投资银行正式成立 |
| | 习近平向中国人民解放军陆军火箭军战略支援部队授予军旗并训词 |
| 2016 年 | 中共中央政治局常委会确定疏解北京非首都功能集中承载地新区规划选址并定名为"雄安新区"。习近平指出,建设北京城市副中心和雄安新区两个新城,是千年大计、国家大事 |
| | 中国签署有关气候变化的《巴黎协定》 |
| | 我国自主研制的第一台全部采用国产处理器构建的超级计算机——"神威太湖之光"夺得世界超算冠军 |
| | 我国成功发射世界首颗空间量子科学实验卫星"墨子号" |
| | 9 月 25 日,具有我国自主知识产权的世界最大单口径巨型射电望远镜——500 米口径球面射电望远镜(FAST)在贵州平塘落成启动 |
| | 11 月 1 日,中国自主研制的新一代隐身战斗机歼-20 首次亮相中国珠海国际航展并于 2018 年列装空军作战部队 |
| 2017 年 | 3 月 28 日,设立河北雄安新区 |
| | 我国第一艘自主设计建造的航空母舰出坞下水 |
| | 世界首台单光子量子计算机在中国诞生 |
| | 5 月 5 日,我国自主研制的第一款 C919 大型客机首飞成功 |
| | 5 月 14 日—15 日,首届"一带一路"国际合作高峰论坛在北京举行 |
| | 6 月 25 日,中国标准动车组被命名为"复兴号"并于 26 日投入运行,中国高速动车组技术实现全面自主化 |
| | 金砖国家领导人第九次会晤在福建厦门举行,习近平提出要积极推动全球经济治理改革 |

| 年份 | 辉煌成就选录 |
|---|---|
| 2018 年 | 10 月 23 日,港珠澳大桥开通仪式在广东省珠海市举行,习近平出席。港珠澳大桥总长为 55 千米,是连接香港、珠海和澳门的超大型跨海通道,是世界上最长的跨海大桥 |
| | 全年 GDP 首次突破 90 万亿元,稳居世界第二 |
| 2019 年 | 1 月 2 日,《告台湾同胞书》发表 40 周年纪念会在北京举行 |
| | 1 月 3 日,嫦娥四号探测器成功着陆月球,通过"鹊桥"中继星传回世界第一张近距离拍摄的月背影像图 |
| | 2 月 18 日,《粤港澳大湾区发展规划纲要》正式公开发布 |
| | 4 月 23 日,海上阅兵庆祝海军成立 70 周年 |
| | 5 月 4 日,纪念五四运动 100 周年大会召开 |
| | 10 月 1 日,中华人民共和国成立 70 周年 |
| 2020 年 | 6 月 23 日,西昌卫星发射中心长征三号乙运载火箭成功发射北斗系统第 55 颗导航卫星(北斗三号最后一颗全球组网卫星),标志着北斗卫星导航系统完成全球组网部署 |
| | 7 月 23 日,长征五号遥四运载火箭成功发射"天问一号",开启中国火星探测 |
| | 9 月 8 日,全国抗击新冠肺炎疫情表彰大会在北京人民大会堂举行,习近平为"共和国勋章"获得者钟南山,"人民英雄"国家荣誉称号获得者张伯礼、张定宇、陈薇颁授勋章奖章 |
| | 11 月 10 日,中国自主研发的载人潜水器"奋斗者号"在西太平洋马里亚纳海沟成功坐底 10909 米,创造了中国载人深潜的新纪录 |
| | 11 月 24 日,长征五号遥五成功将嫦娥五号探测器送入地月转移轨道<br>12 月 17 日,嫦娥五号返回器携带月壤安全着陆,标志着探月工程嫦娥五号任务圆满成功 |
| | 我国 GDP 总量首次突破 100 万亿元,标志着我国经济实力、科技实力、综合国力又跃上一个新的台阶 |
| 2021 年 | 1 月 1 日,被誉为"社会生活百科全书"的《中华人民共和国民法典》正式施行 |
| | 7 月 1 日,中国共产党成立 100 周年 |

## 课后学习任务

灵活练习——模拟题演练:来,试试你的水平!

**判断题:**

●1951年5月23日,中央人民政府全权代表和原西藏地方政府全权代表在北京签订《十七条协议》,宣告西藏和平解放。                          (    )

●2012年,全线通车的雅西高速公路是全世界自然环境最恶劣、工程难度最大、科技含量最高的山区高速公路之一,被称作"云端上的高速公路"。                          (    )

**单选题:**

●中国自主研发的载人潜水器(    )在西太平洋马里亚纳海沟下潜至10058米,创造中国载人深潜新纪录。

A."深海勇士号"          B."蛟龙号"          C."奋斗者号"          D."奋进者号"

●2017年,我国自主研制的首款大型客机首飞成功,其编号是(    )。

A. A909          B. A919          C. C909          D. C919

**多选题:**

●"人民英雄"国家荣誉称号的获得者是(    )。

A. 钟南山      B. 张伯礼      C. 陈薇          D. 李兰娟          E. 张定宇

●1958年,第一批国产轿车(    )诞生。

A."长安"      B."东风"      C."解放"          D."红旗"          E."吉利"

# 专题二　中国旅游业发展概况

### 学习目标

了解：中国旅游业的发展。

熟悉：中国旅游日和世界旅游组织；中国旅游业三大市场；文旅融合战略、乡村振兴战略和"厕所革命"；智慧旅游、在线旅游、乡村旅游、红色旅游、康养旅游、研学旅行、定制旅游等新业态的概况。

## 要点 1　中国旅游业发展历程*

### 一、中国旅游业发展历程

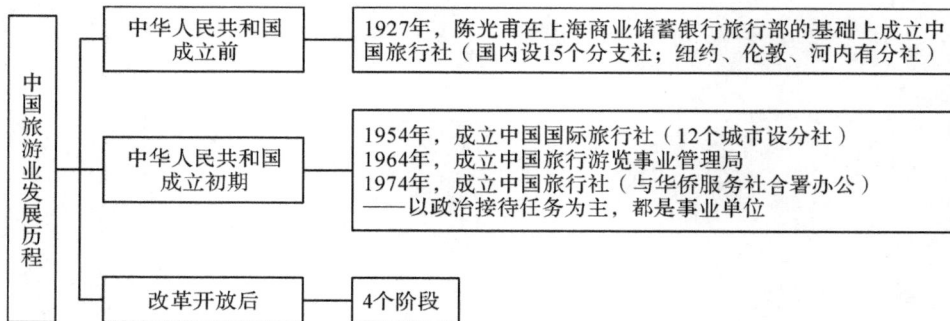

```
                    ┌─────────────┐   ┌──────────────────────────────────────────────────┐
                    │中华人民共和国 │───│1927年，陈光甫在上海商业储蓄银行旅行部的基础上成立中│
                    │成立前        │   │国旅行社（国内设15个分支社；纽约、伦敦、河内有分社）│
         ┌──────────┤             │   └──────────────────────────────────────────────────┘
         │          └─────────────┘
中国     │          ┌─────────────┐   ┌──────────────────────────────────────────────────┐
旅游     │          │中华人民共和国 │   │1954年，成立中国国际旅行社（12个城市设分社）        │
业发展 ──┼──────────┤成立初期      │───│1964年，成立中国旅行游览事业管理局                  │
历程     │          │             │   │1974年，成立中国旅行社（与华侨服务社合署办公）      │
         │          └─────────────┘   │——以政治接待任务为主，都是事业单位                │
         │                            └──────────────────────────────────────────────────┘
         │          ┌─────────────┐   ┌─────────┐
         └──────────┤改革开放后    │───│4个阶段  │
                    └─────────────┘   └─────────┘
```

---

\* 表示"需了解"，后文同。

## 二、文件及要点

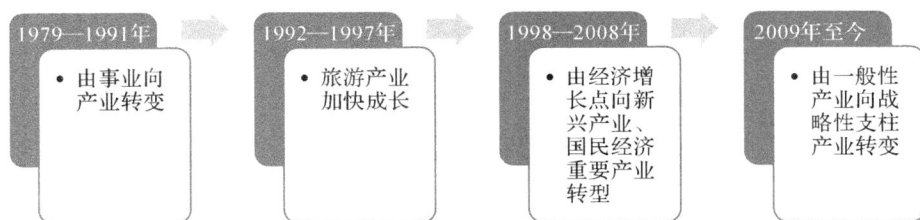

| 1979—1991年 | 1992—1997年 | 1998—2008年 | 2009年至今 |
|---|---|---|---|
| • 由事业向产业转变 | • 旅游产业加快成长 | • 由经济增长点向新兴产业、国民经济重要产业转型 | • 由一般性产业向战略性支柱产业转变 |

| 年份 | 文件 | 主要举措 |
|---|---|---|
| 1982 年 | | 将中国旅行游览事业管理总局改为中华人民共和国国家旅游局①,直属国务院领导 |
| 1985 年 | 《关于当前旅游体制改革几个问题的报告》 | 原则:政企分开、统一领导、分级管理、分散经营、统一对外转变:<br>(1)主要搞接待——开发资源与接待并举<br>(2)只抓国际旅游——国际国内一起抓<br>(3)以国家投资为主——结合国际投资<br>(4)事业单位性质——企业单位 |
| 1993 年 | 《关于积极发展国内旅游业的意见》 | 将国内旅游纳入国民经济和社会发展计划 |
| 1997 年 | | 香港回归,中华人民共和国国家旅游局召开出境旅游工作会议,正式批准开展中国公民出境旅游业务 |
| 1998—2008 年 | | (1)提出旅游业为国民经济新的增长点;实行春节、"五一""十一"3 个连续 7 天的黄金周假期制度;评定"中国优秀旅游城市";从传统粗放型、数量型向集约型、创新型发展,由创造就业向就业与旅游扶贫转变,由政府主导向多主体、多类型、全方位转变<br>(2)这个阶段,对城镇化建设、乡村脱贫、生态保护、实现美丽中国起了重要作用 |
| 2009 年 | 《关于加快旅游业发展的意见》 | 提出到 2020 年要将旅游业建设成国民经济的战略性支柱产业和人民群众更加满意的现代服务业 |
| 2018 年 | 《关于促进全域旅游发展的指导意见》 | 将发展全域旅游提升至"满足人民日益增长的美好生活需要的有效手段"和"提高人民生活水平的重要产业"的新高度 |
| | 《全国旅游工作报告》 | 旅游业进入从高速旅游增长阶段转向优质旅游发展阶段<br>现阶段主要问题是文化挖掘力弱、产品同质化重、创新意识薄、发展方式粗放 |

---

① 2018 年 3 月,根据第十三届全国人民代表大会第一次会议批准的国务院机构改革方案,将国家旅游局的职业整合,组建中华人民共和国文化和旅游部,不再保留国家旅游局。

## 三、前所未有的历史性转变

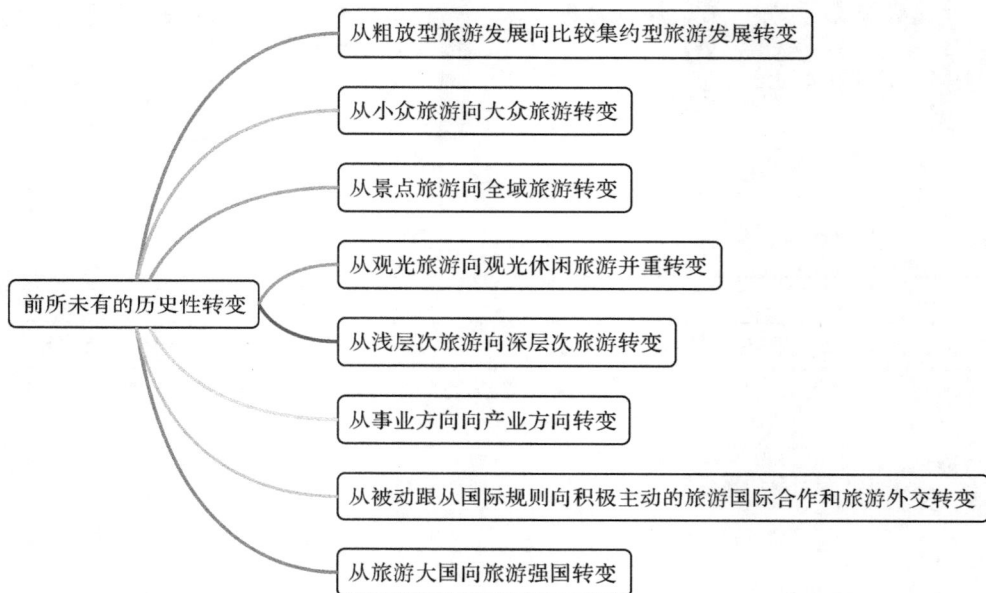

```
                    ┌─────────────────────────────────────────────┐
                    │ 从粗放型旅游发展向比较集约型旅游发展转变        │
                    └─────────────────────────────────────────────┘
                    ┌─────────────────────────────────────────────┐
                    │ 从小众旅游向大众旅游转变                       │
                    └─────────────────────────────────────────────┘
                    ┌─────────────────────────────────────────────┐
                    │ 从景点旅游向全域旅游转变                       │
                    └─────────────────────────────────────────────┘
                    ┌─────────────────────────────────────────────┐
                    │ 从观光旅游向观光休闲旅游并重转变                │
  ┌──────────────┐  └─────────────────────────────────────────────┘
  │前所未有的历史  │  ┌─────────────────────────────────────────────┐
  │性转变         │  │ 从浅层次旅游向深层次旅游转变                   │
  └──────────────┘  └─────────────────────────────────────────────┘
                    ┌─────────────────────────────────────────────┐
                    │ 从事业方向向产业方向转变                       │
                    └─────────────────────────────────────────────┘
                    ┌─────────────────────────────────────────────────────────┐
                    │ 从被动跟从国际规则向积极主动的旅游国际合作和旅游外交转变      │
                    └─────────────────────────────────────────────────────────┘
                    ┌─────────────────────────────────────────────┐
                    │ 从旅游大国向旅游强国转变                       │
                    └─────────────────────────────────────────────┘
```

# 要点2　旅游业的特征和中国旅游三大市场▲

## 一、旅游业的特征

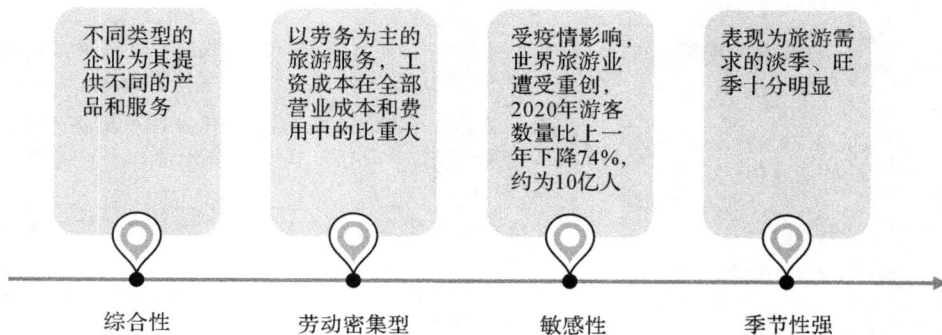

| 不同类型的企业为其提供不同的产品和服务 | 以劳务为主的旅游服务，工资成本在全部营业成本和费用中的比重大 | 受疫情影响，世界旅游业遭受重创，2020年游客数量比上一年下降74%，约为10亿人 | 表现为旅游需求的淡季、旺季十分明显 |
|---|---|---|---|
| 综合性 | 劳动密集型 | 敏感性 | 季节性强 |

---

注：▲表示"需熟悉"，后文同。

## 二、中国旅游三大市场

### 1.旅游市场构成要素

从经济学的角度来说,旅游市场是由 3 个要素构成的,即旅游**市场主体**、**旅游市场客体**和**旅游市场中介**。其中,旅游市场主体是指参与旅游产品交换的买者和卖者,即旅游产品的消费者和供应者;旅游市场客体是指可供交换的旅游产品;旅游市场中介是指介于旅游产品买者和卖者之间的各种有形的和无形的媒介和桥梁,如旅游中间商和其他中介机构以及旅游价格、旅游竞争、旅游网站、旅游信息与旅游问询中心等。

### 2.中国旅游业三大市场

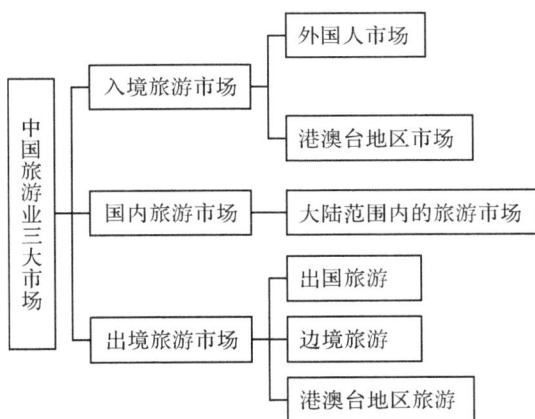

各个市场的特点

——入境旅游人次世界排名第四;港澳台游客占绝大多数;客源国主要在东北亚、东南亚;入境散客化趋势明显,需求日趋多元

——世界最大的国内旅游市场,规模大,发展潜力足;以散客为主;旅游收入增长快

——世界第一大出境旅游市场和第一大出境旅游消费国,发展速度快,消费水平高;以团队出游为主,散客化趋势明显;目的地以近程为主;直航航班形成"小热点";下沉目的地和下沉客源地的"双下沉"特点

# 要点 3　旅游日与世界旅游组织▲

## 一、旅游日

### 1.中国旅游日

2001 年 5 月 19 日,浙江宁海人麻绍勤以宁海徐霞客旅游俱乐部的名义,向社会发出设立中国旅游日的倡议,建议将《徐霞客游记》首篇《游天台山日记》开篇之日（5 月 19 日）定为中国旅游日。2011 年 3 月 30 日,国务院常务会议通过决议,自 2011 年起,每年的 5 月 19 日为中国旅游日,这是一个非法定节假日。

### 2.世界旅游日

1971 年,世界旅游组织的前身国际官方旅游组织联盟响应非洲国家官方旅游组织的建议,拟设立世界旅游日。1979 年 9 月 27 日,世界旅游组织第三次代表大会正式确定 9 月 27 日为世界旅游日,自 1980 年开始实行。设立世界旅游日的意义:纪念世界旅游组织成立章程的通过,引起公众对旅游事业的重视,促进旅游的宣传工作和各国在旅游方面的交流与合作。

## 二、世界旅游组织

### 1.世界旅游组织

世界旅游组织(World Tourism Organization,UNWTO)是全球唯一的政府间国际旅游组织,现有 156 个正式会员国和地区,以及 6 个联系成员。我国于 1983 年加入。其总部设在西班牙马德里。

2017 年 9 月 11 日—16 日,该组织第 22 届全体大会在我国四川成都召开,会议期间,成立了世界旅游联盟(World Tourism Alliance,WTA)。

### 2.太平洋亚洲旅游协会

太平洋亚洲旅游协会(Pacific Asia Travel Association,PATA )于 1951 年成立,是一个民间性、行业性、地区性、非政府间的国际旅游组织。我国于 1993 年加入。

其总部设在泰国曼谷。2007 年,PATA 北京办事处成立,这是第一个在中国正式注册的旅游相关国际组织。

北京市旅游发展委员会、上海市旅游局、中国国际航空公司等 15 家单位加入该组织,成为其联系官方会员或企业会员。

### 3.世界旅行社协会联合会

世界旅行社协会（United Federation of Travel Agents' Associations，UFTAA）联合会于 1966 年在意大利罗马成立，总部设在比利时布鲁塞尔，是世界上最大的民间性国际旅游组织之一。

1995 年 8 月 1 日，中国旅游协会正式加入该组织及其所属亚太地区联盟（UAPA）。

**4. 世界旅游城市联合会**

世界旅游城市联合会（World Tourism Cities Federation，WTCF）成立于 2012 年，是一个非政府间、非营利性的国际组织，是首个总部落户中国、落户北京的国际性旅游组织，是全球第一个以城市为主体的国际旅游组织，以"旅游让城市生活更美好"为核心理念。

**5. 世界旅游联盟**

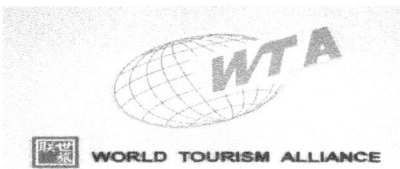

世界旅游联盟（World Tourism Alliance，WTA）成立于 2017 年 9 月 12 日，总部设在中国杭州，是全球性、综合性、非政府、非营利性的世界旅游组织，以"旅游让世界更美好"为核心理念。

**6. 国际山地旅游联盟**

国际山地旅游联盟（International Mountain Tourism Alliance，IMTA）于 2017 年成立，总部设在贵州省贵阳市，是世界上第一个以山地旅游为主题的国际旅游组织。

# 要点 4　旅游业热点概述▲

| 热点内容 | 熟悉要点 |
|---|---|
| 文旅融合战略 | 习近平总书记指出:要坚持以文塑旅、以旅彰文,推动文化和旅游融合发展,让人们在领略自然之美中感悟文化之美、陶冶心灵之美。**文化是旅游的灵魂,旅游是文化的载体** |
| | **总的思路**:找准最大公约数、最佳连接点,推动各领域、多方位、全链条深度融合;提供新引擎、新动力、新优势 |
| | **主要内容**:发挥历史文化底蕴和旅游资源优势;发展旅游经济要以优秀人文资源为主干;发挥旅游在培育社会主义核心价值观方面的重要作用;文化与旅游工作的共同目标是增强国家软实力和扩大中华文化影响力 |
| | **重要意义**:形成新动力、新优势;促进提质增效;推进功能完善;促进目的地品牌价值提升;丰富旅游内涵,提升目的地品位 |
| 乡村振兴战略 | 习近平总书记在**十九大报告**中正式提出"乡村振兴战略",并将其写进党章,作为全党需要完成的总任务;提出"产业兴旺、生态宜居、乡风文明、治理有效、生活富裕"的总要求**"三农"**问题(农村、农业、农民)是关系国计民生的大事 |
| | **核心内涵**:五大振兴——产业、人才、文化、生态、组织**五大发展理念**:创新、协调、绿色、开放、共享**五项主要原则**:生态立本、文化传承、创新驱动、改革引领、系统思维**"看得见山、望得见水、记得住乡愁、留得住人"**的美丽乡村、美丽中国。**总目标**:实现农业农村现代化 |
| | **现实意义**:是建设现代化的必然要求;有助于弘扬中华优秀文化,并将中国人的饭碗牢牢端在自己手里;对于实现"两个一百年"奋斗目标具有深远意义 |
| 厕所革命 | 2015 年 4 月 1 日,习近平总书记专门就"厕所革命"和"文明旅游"做出重要批示,要求我们从小处着眼,从实处着手,不断提升旅游品质。同年 7 月,习近平总书记在吉林延边州调研时,指出要来场"厕所革命" |
| | 截至 2020 年 6 月,共建改建旅游厕所 12 万座;"厕所革命"逐步从景区扩展到全域,从城市扩展到农村,从数量增加扩展到质量提升,受到广大群众和游客的普遍欢迎 |

# 要点 5  旅游新业态简介▲

## 一、智慧旅游

智慧旅游是指利用云计算、物联网等新技术,通过互联网/移动互联网,借助便携的终端上网设备,主动感知旅游资源、旅游经济、旅游活动、旅游者等方面的信息,及时发布,让人们能够及时了解这些信息,及时安排和调整工作与旅游计划,从而达到对各类旅游信息的智能感知、方便利用的效果。

智慧旅游的建设与发展最终体现在旅游体验、旅游管理、旅游服务和旅游营销4个层面。

## 二、在线旅游

在线旅游(Online Travel Agency,OTA)是旅游电子商务行业的专业词语,指旅游消费者通过网络向旅游服务提供商预定旅游产品或服务,也就是说,各旅游主体通过网络进行产品营销或产品销售。

OTA 是销售线下旅游服务的中介,为使用者提供比价、预订、在线支付等一站式服务,满足商家提升入住率、上座率的需求。

OTA 企业优化了顾客的使用体验,降低了商家揽客成本,提升了预订整体效率,完善了价值传递流程。

## 三、乡村旅游

乡村旅游是指以具有乡村性的自然和人文客体为旅游吸引物,依托农村区域的自然环境、优美景观、特色建筑和文化习俗等资源,在传统农村休闲游和农业体验游的基础上,拓展开发会务度假、休闲娱乐等项目的新兴旅游方式。

乡村旅游的特点:一是发生在乡村地区,二是以乡村性的自然和人文客体作为旅游吸引物。二者缺一不可。

乡村旅游发展的目标是到 2022 年,实现乡村旅游服务水平全面提升,基本形成布局合理、类型多样、特色突出的乡村旅游发展格局。

## 四、红色旅游

红色旅游主要是指以近代以来中国人民在中国共产党的领导下,在争取民族独立、国家富强和人民幸福的过程中建树丰功伟绩所形成的纪念地、标志物为载体,以其所承载的革命历史、革命事迹和革命精神为内涵,组织接待旅游者开展缅怀学习、参观游览的主题性学习与休闲活动。

红色旅游景观包括红色人文景观和绿色自然景观。目前,全国已有红色经典景区 300 个。

红色旅游的意义:加强和改进新时期爱国主义教育;保护革命历史文化遗产;带动革命老区的经济发展;弘扬民族精神(井冈山精神、长征精神、延安精神、太行精神)。

### 五、研学旅行

研学旅行是指以中小学生为主体对象,以集体旅行生活为载体,以提升学生素质为教学目的,依托旅游吸引物等社会资源,进行体验式教育和研究性学习的一种教育旅游活动。其产品按照资源类型可分为知识科普型、自然观赏型、体验考察型、励志拓展型和文化康乐型。

2016 年 12 月,教育部等 11 个部门发布《关于推进中小学生研学旅行的意见》,指出中小学生研学旅行是由教育部门和学校有计划地组织安排,通过集体旅行、集中食宿方式开展的研究性学习和旅行体验相结合的校外教育活动,是学校教育和校外教育衔接的创新形式,是教育教学的重要内容,是综合实践育人的有效途径。

小学阶段:以乡土乡情为主。初中阶段:以县情市情为主。高中阶段:以省情国情为主。

### 六、康养旅游

康养旅游也称"医疗健康旅游",是一种建立在自然生态环境、人文环境、文化环境的基础上,结合观赏、休闲、康体、游乐等形式,以达到延年益寿、强身健体、修身养性、医疗、复健等目的的旅游活动。康养旅游着重于"养、情、闲",根据季节的变化差异选择最适宜的旅游度假区,打造康养度假基地,让游客尽情享受慢时尚。

康养旅游的目的是放松身心、释放压力、追求快乐、增进游客的幸福感。

### 七、定制旅游

定制旅游是指根据市场特定需求迅速反馈形成旅游产品。

通过量身定制的旅游方案,旅游者深度参与旅游体验创意和实现的全过程,很多时候在其中发挥主导作用。

定制旅游产品专属性强,个性化突出,强调更多的情感代入和深入体验,具有更多的交互性,拓展性强,对创意和供应链的要求高。

## 课后学习任务

**判断题:**

●世界旅游联盟是全球唯一的政府间国际旅游组织。　　　　　　　　（　　）

●中华人民共和国成立初期,我国旅游业以接待国际友好人士和海外华侨及其眷属为主,旅游接待机构并不是自主经营的企业。　　　　　　　　（　　）

**单选题:**

●国际山地旅游联盟的总部设在（　　）。

A. 贵阳 　　　　　　　　　　　　B. 昆明

C. 成都 　　　　　　　　　　　　D. 济南

●中华人民共和国成立前,我国成立的第一家旅行社是（　　）。

A. 现代旅行社 　　　　　　　　　B. 公路旅游服务社

C. 名胜导游局 　　　　　　　　　D. 中国旅行社

**多选题:**

●以下关于中国旅游业发展概况描述正确的是（　　）。

A. 入境旅游人次已跻身世界各国的前列,2016 年名列第四位

B. 国内旅游人次已名列世界第一位

C. 出境旅游人次已排在世界各国的第一位

D. 中国是世界上最大的国际旅游消费国

E. 国内旅游形式以团队为主

●智慧旅游的建设与发展最终将体现在（　　）的 4 个层面。

A. 旅游体验 　　　　B. 旅游收入 　　　　C. 旅游管理

D. 旅游服务 　　　　E. 旅游营销

# 专题三　中国历史文化知识

## 学习目标

了解：中国戏剧戏曲、中医中药、书画艺术的发展等历史文化常识，主要科技发明。

熟悉：中国历史上的重大事件和重要人物，中国历史各发展阶段的主要成就，中国传统哲学思想。

掌握：中国古代历史发展脉络，著名古代文化和遗址（如仰韶文化、龙山文化、良渚文化、广汉三星堆遗址、安阳殷墟遗址、都江堰水利工程和秦始皇陵兵马俑遗址等）。

## 要点1　中国古代历史发展脉络★

### 四大文明

古埃及文明（尼罗河流域）

古巴比伦文明（两河流域）

古印度文明（恒河、印度河流域）

华夏文明（黄河、长江流域）

华夏文明源远流长，博大精深，使得文化旅游成为中国旅游最大的特色。

---

注：★表示"需掌握"，后文同。

## 中国历史概述

| 历史时期 | | | 历史印记 | 主要标志 | 社会状况 |
|---|---|---|---|---|---|
| 中国原始社会 | 旧石器时代 | 远古人类 | 湖北恩施、重庆巫山、安徽繁昌、山西芮城西侯度村，发现过一批距今250万—180万年的旧石器时代文化遗址<br>170万年的元谋人 | 两三百万年前，古猿开始进化成人 | **(1)图腾崇拜**：游牧民族多以动物为图腾，农耕民族多以植物为图腾，图腾成为一个民族的标志，叫族徽。盘古狗身人面、女娲蛇身人面，都与图腾崇拜相关<br>**(2)社稷崇拜**：中国古代农业兴旺，于是产生了对土地和谷物的崇拜，即社稷崇拜。社指土地神，稷指谷物神，社稷成为国家的象征<br>**(3)母系社会传说**：其母误吞"玄鸟"蛋受孕所生；商代始祖"契"周代始祖"弃"，传说是其母在野外踩了巨人脚印而生，这其实是母系社会"知母不知父"制度的反映<br>**(4)禅让制**：中国古代有"三皇五帝"等神话人物。传说"五帝"的产生是严格按照"传贤"的原则民主推选的，禅让制传承到大禹时被其子启破坏，改为王位世袭制 |
| | | | 距今约70万—20万年的北京人学会了打制石器与使用天然火 | 工具是区分猿和人的重要标志，人与动物的区别在于劳动 | |
| | | | 距今约3万年的山顶洞人开始使用磨光、钻孔技术制造工具，已经掌握人工取火技术，会使用骨针缝制皮衣，开始佩戴兽牙和石珠做成的项链作为装饰，原始宗教信仰开始萌芽 | | |
| | 新石器时代 | 母系氏族 | 距今7000—5000年<br>**仰韶文化**：以西安半坡遗址和临潼姜寨遗址为代表，文化特征为种植粟、使用彩陶、修建半地穴式建筑 | "知母不知父"，人类只能以血缘氏族为基础共同劳动，共享成果，实行财产公有制 | |
| | | | **河姆渡文化**：以浙江余姚河姆渡遗址为代表，文化特征为种植水稻，使用黑陶，修建干栏式建筑 | | |
| | | 父系氏族 | 距今5000—4000年<br>**龙山文化**：有山东龙山文化、陕西龙山文化和河南龙山文化等类型，其轮制的黑陶薄如蛋壳，十分精良 | 父系氏族社会时期，农业、畜牧业、手工业成为社会主要生产部门。一夫一妻制成为父系氏族社会典型的婚姻形式 | |
| | | | **良渚文化**：主要分布在浙江杭州市余姚区太湖流域，已发掘出村落、墓地、祭坛和城址，最具代表性的是玉器，尤以玉琮最为精美 | | |
| 夏商西周时期 | 夏 | | 最后一个部落首领大禹将王位传给了自己的儿子启，"家天下"正式开始 | **世袭制代替了禅让制**，且建立了中国第一个王朝——夏 | **(1)璀璨的青铜文化**：商朝代表性器物是**后母戊鼎**，是迄今世界上发现的最大的青铜器；西周青铜器有毛公鼎、大盂鼎、散氏盘和虢季子白盘**"四大重器"** |
| | 商 | | 商是黄河中下游兴起的古老部落，统治中原500多年。商朝王位继承最初是兄终弟及制，至武丁之后才确立起嫡长子继承制<br>中期**盘庚**曾多次迁都，最后定于**殷** | 殷成为商朝后期的政治中心，也是后来商朝甲骨文、宗庙宫殿遗址和商王陵墓的主要发现地 | |

| 历史时期 | | 历史印记 | 主要标志 | 社会状况 |
|---|---|---|---|---|
| 夏商西周时期 | 西周 | 周是渭水中游黄土高原上兴起的农耕部落,原为商的方国,周文王教民礼仪,出现"文王之治",其子武王趁势发动"牧野之战"灭商并建立周朝。西周中期爆发"国人暴动",国人赶走"专利"(垄断山林川泽收益)、"作威"(禁止庶民议政)的周厉王,由周定公、召穆公"共和行政" | 公元前 771 年,因周幽王擅自废立申后和太子,其岳父申侯勾结犬戎进攻镐京,杀幽王于骊山,西周灭亡 | **(2)神奇的甲骨文**:甲骨文是商周官府占卜用的原始档案,甲骨文主要发现于商朝殷墟遗址。安阳殷墟发现的甲骨片超过 15 万片,发现单字 **4000** 多个,证明甲骨文已经具备了汉字基本的造字法"四书"(**象形、会意、指示、形声**) **(3)由"神本"向"人本"思想的转变**。考古发现商朝有杀人祭祀和杀人殉葬的习俗,西周取而代之的是陶俑(人或六畜),体现出对生命的尊重 |
| 春秋战国时期 | | 西周灭亡后,周平王迁都洛阳,史称东周,包括春秋和战国两个时期 春秋时期,周天子地位衰微,诸侯坐大,出现齐桓公、晋文公、楚庄王、吴王阖闾和越王勾践等霸主 战国时期,出现韩、赵、魏、楚、燕、齐、秦等强国的对峙,其中韩、赵、魏由春秋时期的晋国分裂而来,史称"三家分晋" | 春秋时期吴开凿邗沟,沟通了长江和淮河;战国时期魏开凿鸿沟,沟通了黄河和淮河。秦在关中修建郑国渠,在蜀郡修建都江堰,使关中平原和成都平原成为沃野 | (1)诸子百家思想应运而生 (2)春秋战国是民族融合的伟大时期。四夷(蛮、夷、戎、狄)等边疆居民内迁,在黄河和长江流域逐步形成了具有统一语言、文化和风俗习惯的核心民族——华夏族 |
| 秦汉魏晋南北朝时期 | 秦 | 公元前 221 年,秦扫六国,统一全国,建立中国历史上第一个高度集权的封建专制王朝 | 秦始皇在政治上实行皇帝制度、三公九卿制度和郡县制度,统一了刑律;在思想上实行思想专制制度,制造了"焚书坑儒"事件,统一了文字;在经济上统一了度量衡、货币;在军事上北伐匈奴并修建万里长城,南征岭南并开凿灵渠,促进了民族融合和区域经济发展 | 秦始皇陵兵马俑是秦留下的珍贵的世界文化遗产 |

| 历史时期 | | 历史印记 | 主要标志 | 社会状况 |
|---|---|---|---|---|
| 秦汉魏晋南北朝时期 | 西汉 | 楚王项羽和汉王刘邦展开了长达4年的"楚汉相争",最终刘邦获胜,建立起西汉政权,建都长安 | 汉承秦制,但治国思想从法家改为道家,主张无为而治。至汉武帝时,经济恢复,才"罢黜百家,独尊儒术" | 汉武帝时出现极盛景象。汉武帝趁势发动了反击匈奴的战争,大将卫青、霍去病深入沙漠腹地千余里,迫使匈奴向北向西迁徙,取得了反击匈奴的决定性胜利。与此同时,汉武帝派张骞出使西域,开通了陆上丝绸之路 |
| | 东汉 | 东汉由西汉王室刘秀创建,建都洛阳 | 曹操虽败于赤壁,但统一了北方并牢牢挟制着汉献帝 | 汉末,朝政被曹操控制 |
| | 魏、西晋 | 220年,汉献帝被迫禅位于曹操之子曹丕,魏国建立。次年,刘备在成都建汉,史称蜀汉。229年,孙权称吴帝,建都建业(今南京),三国鼎立局面正式形成 | 魏自曹操起实行屯田制和唯才是举的选官制度,越来越强大<br>蜀在诸葛亮治理下吏治清明,人怀自励,但人才匮乏,最后灭于曹魏<br>吴鼎足江东,坐视魏蜀成败,但称帝51年后(280年)被西晋统一 | 西晋是魏国权臣司马懿及其子司马师、司马昭和其孙子司马炎建立的政权 |
| | 东晋南朝 | 西晋灭亡后,琅琊士族王导、王敦在建康拥立西晋皇室司马睿建立东晋,二王掌控实权,"王与马,共天下" | 谢安曾经取得淝水大战胜利,保全了东晋<br>东晋被北府兵统帅刘裕取代,此后南方经历宋、齐、梁、陈四朝,史称南朝 | 南朝在梁武帝时被东魏大将侯景攻破,经济严重破坏,从此由盛转衰,直至被隋朝统一 |
| | 十六国北朝 | 与东晋南朝相对应,北方是少数民族内迁形成的十六国北朝政权 | 兴起于东北大兴安岭的少数民族鲜卑族乘虚而入,迫使长城周边的少数民族进一步南下,山西、河北和关中地区出现了"胡汉杂居"的现象 | 北魏孝文帝一方面推行均田制和租调制度,另一方面在政治上推行汉化改革,迁都洛阳,倡导鲜卑贵族改汉姓、穿汉服、说汉话,促进了民族融合 |

| 历史时期 | | 历史印记 | 主要标志 | 社会状况 |
|---|---|---|---|---|
| 隋唐五代时期 | 隋 | 隋是北周外戚杨坚建立的政权,建都洛阳 | 结束了魏晋南北朝以来300多年南北方长期分裂的局面,创立了三省六部制度和科举制度,修建了以洛阳为中心的大运河,沟通了南北交通 | 对后代政治制度和经济发展影响巨大 |
| | 唐朝及五代 | 唐朝是隋太原留守李渊于618年建立的政权,建都长安<br>安史之乱是唐朝由盛到衰的转折点,安史之乱后唐朝出现藩镇割据、宦官专权、农民起义三大痼疾 | 前期大力推行均田制和租庸调制,加上唐太宗、武则天时期政治安定、经济繁荣,最终在唐玄宗开元年间出现盛世景象,史称"开元盛世" | 安史之乱后"扬一益二"局面的出现,预示着长江流域已经成为社会经济发展和政府赋税征收新的中心<br>五代十国,本质上是唐朝藩镇割据的继续<br>隋唐五代是中国思想文化大发展时期,也是中国经济重心向南方转移的时期 |
| 宋元明清时期 | 宋 | 960年,后周禁军统帅赵匡胤发动"陈桥驿兵变",被部下黄袍加身,建立北宋政权,建都开封 | 北宋中期范仲淹、王安石先后变法,但收效甚微。北宋末年,山东爆发宋江起义,安徽爆发方腊起义。1127年(靖康二年),北宋被金国灭亡 | 南宋时期城市经济发达、商业经济繁荣,瓷器生产中心从北方移至江南,景德镇成为著名的制瓷业中心,中国经济重心也从黄河流域转到长江流域 |
| | 元 | 元是蒙古族建立的政权,其前身是成吉思汗所建立的大蒙古国。元朝正式建立于1271年,以蒙古帝国第五任大汗、成吉思汗孙子忽必烈改国号为元,定都大都(今北京)为标志 | 元朝结束了自唐末以来300多年国家分裂的局面,实现了全国的统一;元朝将以洛阳为中心的大运河改为以北京为中心 | 元朝开始有效治理云南、台湾、西藏,并强化了蒙古、汉、藏、契丹、维吾尔等各民族间的友好关系,维护了民族团结和国家统一<br>宋元明清成为中国历史上第三个民族融合的伟大时期 |

24

| 历史时期 | | 历史印记 | 主要标志 | 社会状况 |
|---|---|---|---|---|
| 宋元明清时期 | 明 | 明由元末农民起义军将领朱元璋于1368年创建,初期建都南京,明成祖时迁都北京 | 明朝废除了丞相,实行内阁制度,并设立厂卫等特务组织以加强君主集权,但也造成明朝中后期党争不断和宦官专权<br>1644年,明朝被李自成的大顺政权灭亡 | 明朝出现了商业集镇和资本主义萌芽 |
| | 清 | 清是由满洲人建立的政权。满洲人原称女真,1616年努尔哈赤统一女真各部,建立后金政权。1636年,皇太极称帝,改国号为大清,改女真族为满族。1644年,清军趁李自成起义军占领北京立足未稳的机会,勾结吴三桂进入山海关,迅速占领北京,开始了清朝统治 | 清初康熙、雍正、乾隆时期最为强盛康熙皇帝平定了平西王吴三桂、平南王尚可喜、靖南王耿精忠的"三藩之乱",统一了台湾,与沙俄签订《尼布楚条约》,划定中俄东部边界线,维护了国家主权雍正皇帝实行"摊丁入亩",还改革土司制度,实行"改土归流",加强了对民族地区的统治乾隆皇帝平定了新疆准噶尔部和大小和卓的叛乱,明确了中央政府对西藏的统治 | 洋务运动,企图"师夷长技以制夷"。以曾国藩、李鸿章、左宗棠、张之洞为地方代表的洋务派,大规模地引进西方先进的科学技术。兴办近代军事工业和民用企业。1894年甲午战争中清朝北洋海军全军覆没,标志着洋务运动失败了1905年,孙中山、黄兴等在日本东京成立中国同盟会,确定了"驱除鞑虏,恢复中华,创立民国,平均地权"的16字纲领,首次提出以"民族、民权、民生"为核心内容的三民主义思想1912年1月1日,中华民国临时政府在南京正式成立,孙中山就任中华民国临时大总统。不久,革命成果被袁世凯篡夺,1912年2月12日,清廷发布退位诏书,清朝正式灭亡 |

# 要点 2 中国古代重要制度和文化▲

## 一、中国古代哲学

### 1.阴阳五行与八卦

（1）**阴阳五行学说**，源自古代中国人的自然观。古人认为，阴阳二气是构成天下万物的基础，"无极变太极，太极变两仪，两仪变四象，四象生八卦"，最终形成五行和八卦，构成纷繁复杂的世界。道家叫"道生一，一生二，二生三，三生万物"。

阴阳五行思想早在西周已经出现。《周易》认为，宇宙万物尽管千差万别但都具有阴阳两个对立面。阴阳和谐，事物是稳定的；若阴盛阳衰或阴衰阳盛，事物会发生转变。

《尚书·洪范》把世界本源归结为金、木、水、火、土五种物质，即五行，认为自然界是五行相互演变（相生）或相互替代（相克）的结果。战国时期阴阳学家邹衍甚至用"五行相胜"来解释社会现象。

五行相克：金克木，木克土，土克水，水克火，火克金。

五行相生：金生水，水生木，木生火，火生土，土生金。

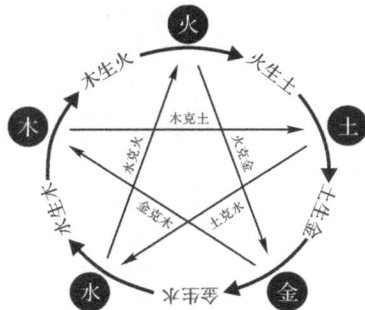

（2）**八卦学说**。记忆口诀：乾三连，坤六断；震仰盂，艮覆碗；离中虚，坎中满，兑上缺，巽下断。

## 2.诸子百家

| 学派 | 代表人物 | 代表主张 |
|---|---|---|
| 儒家 | 孔子、孟子 | 主张恢复西周旧制度 |
| 道家 | 老子、庄子 | 主张摈弃现代文明,回归原始生活,有消极遁世思想 |
| 墨家 | 墨子 | 主张"兼爱""非攻" |
| 兵家 | 孙武、孙膑 | 关心的是"知己与知彼""强与弱""多与寡""攻与守"的辩证关系 |
| 法家 | 商鞅、韩非 | 主张严刑峻法,战国中后期一度受到秦国的重用 |

## 3.儒学

| 朝代 | 代表人物及主要思想 |
|---|---|
| 先秦儒学 | 先秦是儒学创立时期,以孔子和孟子为代表<br>儒学创始人是**孔子**,名丘,字仲尼,春秋时期鲁国人;经他整理的古代文献《诗》《书》《礼》《易》和他撰写的鲁国编年体史书《春秋》被后世奉为经典,称为"五经"。孔子伦理思想可以概括为两个字:"仁"和"礼"。孔子是中国古代最伟大的教育家,被后世统治者尊为"至圣先师""万世师表"。唐玄宗封之为"文宣王"<br>孟子是战国时期儒学代表人物,名轲。孟子主张"人性善","孟母三迁"就体现了教育环境的重要性;孟子具有较强的民本思想,主张"民为贵,社稷次之,君为轻",要求君主"与民同乐";孟子还主张统治者对人民实行"仁政",通过恢复井田制的方式让人民获得土地,叫"制民恒产"。孟子被封为"亚圣" |
| 汉代儒学 | **董仲舒**提出的"罢黜百家、独尊儒术"奠定了封建统治的理论基础,汉代是儒学从破坏走向恢复、从低谷走向辉煌的时代。主张"大一统",加强皇权;主张轻徭薄赋、休养生息;主张德法兼用、恩威并济;吸收阴阳五行家思想,主张天人感应、君权神授<br>东汉时期,政府打破门户之见,统一了今文经和古文经,东汉由此产生了郑玄、许慎、蔡邕等一批经学大师。许慎编撰了中国第一部字典《说文解字》;蔡邕主持刻写《熹平石经》,置于洛阳太学,成为中国历史上第一部官定的儒经经文 |
| 宋代儒学 | 北宋重视的《论语》《孟子》和从《礼记》中抽出的《大学》《中庸》,合称"四书"<br>**朱熹**是理学发展的集大成者,他继承了北宋哲学家程颐、程颢的思想,后人称为"程朱理学"。《四书集注》后来成为科举考试标准的范本,答案不能背离朱子的注解<br>理学的"天理"是封建的"三纲五常":"三纲"指君为臣纲、父为子纲、夫为妻纲;"五常"指仁、义、礼、智、信 |
| 清代儒学 | 清代受文字狱的影响,儒学脱离政治,重视考证经书,形成考据学派。因其不尚空谈,又称朴学<br>清代考据学派肇始于顾炎武,后来形成以惠栋为代表的吴派和以戴震为代表的皖派。吴派主张"凡古必真""凡汉皆好""唯汉是信",皖派主张以语言文字作为治经的途径。考据学派证实了很多儒学经典为前人伪作,在文化上的贡献极大,而且在学术界形成了"严谨治学"的文化氛围 |

## 二、中国古代史学

### 1.史学的功能

(1)**历史记录的功能**。通过"秉笔直书",真实地记载史实并留传给后人。为了如实记载"崔杼弑其君"的历史,太史们前赴后继,多人遇难但不改初衷,这被认为是史德的重要表现。

(2)**政治蓝本的功能**。中国历代明君贤相都读史,目的就是"以史为鉴",作为政治的蓝本。宋代司马光主持编写的《资治通鉴》,从书名就将这一功能体现得淋漓尽致。

(3)**行为规范的功能**。从孔子撰写鲁国编年体史书《春秋》开始,史书就具有了"寓褒贬、别善恶"的警示作用,能否青史留名成为历代统治者重要的价值追求,由此造就了史学在古代政治和学术文化中极其崇高的地位。

### 2.古代杰出史学著作

| 时 期 | 史学作品 | 历史地位 |
|---|---|---|
| **西周** | 《尚书》 | 世界上最早的史书 |
| **春秋时期** | 鲁国史书《春秋》,左丘明的《左传》 | 《春秋》是我国第一部**编年体史书** |
| **西汉** | **司马迁**的《史记》 | 我国第一部**纪传体通史**,位居二十四史之首,有"史家之绝唱,无韵之离骚"的美誉 |
| **东汉** | **班固**的《汉书》 | 我国第一部**断代体史书**,被称为后世"正史"的楷模 |
| 北宋 | 司马光的《资治通鉴》 | 我国第一部**编年体通史巨著** |

政书:杜佑(唐)《通典》、郑樵(南宋)《通志》和马端临(元)《文献通考》。

### 3.唯物史观的传入

旧史学存在两大缺陷。

(1)它没有说明人民群众的活动,只是记载了帝王将相的家谱;它只记录了历史事实,发现人们进行各种历史活动的动机,却没有找到历史发展变化的规律。

(2)只有马克思、恩格斯创立的唯物史观,才揭示了人民群众是历史的创造者、生产力决定生产关系、经济基础决定上层建筑、社会存在决定社会意识等客观规律,使历史学成为真正的科学。

### 三、中国古代选官制度

#### 1.夏商周世卿世禄制

选官制度是古代社会最重要的政治制度。中国在尧舜禹时期,实行禅让制,核心是让贤。夏启之后,出现"家天下"的世袭制,不仅君王职位世袭,贵族也同样享有世袭身份,叫世卿世禄制,流行于夏商周朝。

#### 2.汉代察举制和征辟制

察举制是地方官向中央举荐人才的制度,察举的科目有秀才、明经、孝廉、贤良、方正等。征辟是直接征召名望高的人士做官,其中皇帝选聘重要官员叫征,其他高官选聘幕僚为辟。曹操时期由于战乱,一度实行"唯才是举"。魏晋实行九品中正制,地方设"中正"官负责选官,根据德、才将士人分为九品向中央举荐,到西晋时中正选官基本上只看门第、不重才学,出现了"上品无寒门,下品无士族"的现象。

#### 3.隋唐科举制的设立

隋文帝罢中正官,隋炀帝时又设进士科,允许士人自由报考,标志着科举制正式创立。科举制是世界上最早的考试录用官员制度,它打破了魏晋南北朝门阀士族垄断高官的局面,促进了寒门势力的兴起。至唐代后期,门阀士族已经风光不再,出现了"旧时王谢堂前燕,飞入寻常百姓家"的局面。

#### 4.明清科学制的完善

|  | 举行地点 | 别称 | 考中者 | 第一名 |
|---|---|---|---|---|
| **乡试** | 各省每3年在省城举行1次,称为"大比" | 秋闱 | 参加乡试的是生员(俗称"秀才"),考取者称"举人",具备做官资格 | **解元** |
| 会试 | 由礼部主持的中央级考试,在京师贡院进行<br>会试在乡试的第二年春天举行 | 春闱 | 考中者称"贡士" | 会元 |
| **殿试** | 由皇帝主持的考试,地点在紫禁城的保和殿 | 廷试 | 按成绩取"三甲"(三等)<br>一甲:取三名,叫"赐进士及第"。第一名称"状元",第二名称"榜眼",第三名称"探花",三人同称"三鼎甲"<br>二甲:若干名,均称"赐进士出身",二甲第一名称"传胪"<br>三甲:若干名,均叫"赐同进士出身" |  |

1905年,延续了1300多年的科举考试正式被清廷宣布废除。

### 四、中国古代戏曲和书画艺术

#### 1. 古代戏曲艺术

（1）戏曲艺术起源于**原始歌舞**，是劳动人民在生产生活或祭祀活动中抒发情感的一种方式。周代的俳舞，《诗经》的"风""雅""颂"，《楚辞》的"九歌"，都是不同时代的歌舞形式。

（2）东汉时期，四川民间广泛流行一种说唱艺术，这应当是一种早期的滑稽剧。唐玄宗时期，选"乐部伎"子弟三百人教于"梨园"，梨园成为教授歌舞戏曲的学校，学生被称为"梨园子弟"。

（3）元时出现以歌唱为主、结合说白表演的折子戏，称为元曲或杂剧。元曲角色有旦、末、净、外、杂五大类，著名作品有关汉卿的《窦娥冤》、白朴的《墙头马上》、马致远的《汉宫秋》、郑光祖的《倩女离魂》，此 4 人被誉为元曲四大家。另外，关汉卿的《窦娥冤》还与元朝王实甫的《西厢记》、明朝汤显祖的《牡丹亭》、清朝洪昇的《长生殿》，合称中国四大古典戏剧。

（4）清乾隆年间，为庆祝皇帝八旬寿辰，扬州盐商江鹤亭于 1790 年秋组织安庆戏班"三庆班"进京演出，大获成功。接着又有四喜班、和春班、春台班等进入北京，逐渐称雄于京华剧坛，这就是历史上有名的四大徽班进京。京剧主要唱腔是"西皮"与"二黄"两类，主要表演手法是唱、念、做、打，主要角色有生、旦、净、丑，历史上著名的京剧四大名旦是梅兰芳、尚小云、程砚秋、荀慧生。

#### 2. 古代书法艺术

| 文字类型 | 书法特点 | 代表人物及其代表作 |
|---|---|---|
| 甲骨文 | 线条美与单字造型的对称美 | 暂无 |
| 金文 | 字画丰腴，体势凝重 | 《毛公鼎》《散氏鼎》 |
| 小篆 | 字体优美，形式奇古 | 李斯：《泰山刻石》《琅琊台刻石》《会稽刻石》《峄山刻石》 |
| 隶书 | 蚕头燕尾，波磔分明，具有浓重的装饰趣味 | 汉隶：《衡方碑》《张迁碑》《曹全碑》《礼器碑》《石门颂》 |
| 草书 | 结构简省，笔画连绵 | 草圣东汉张芝，唐代张旭（《古诗四帖》）、怀素 |

| 文字类型 | 书法特点 | 代表人物及其代表作 |
|---|---|---|
| **行书** | 主张简易,实用性强 | 王羲之(人称"书圣")的《兰亭集序》、颜真卿的《祭侄文稿》、苏轼的《寒食帖》并称"天下三大行书" |
| **楷书** | 笔画平直,结构整洁,字体方正 | 魏晋南北朝"魏碑"是著名的楷书作品。唐朝的欧阳询、颜真卿、柳公权与元朝的赵孟頫,合称"楷书四大家" |

### 3.古代绘画艺术

(1)绘画的分类

①按题材分:人物画、山水画、花鸟画。

②按技法分:工笔画、写意画。

(2)每个朝代绘画的代表人物及其作品

| 朝代 | 代表人物 | 代表作品 |
|---|---|---|
| **新石器时代** | | 远古稚拙的岩画,流利多姿的彩陶纹饰,狞厉神秘的青铜器纹饰 |
| **战国时期** | | 《龙凤人物图》 |
| **魏晋南北朝** | 曹不兴 | 佛像 |
| | 顾恺之 | 《女史箴图》《洛神赋图》——以形写神 |
| **隋唐时期** | 阎立本 | 《步辇图》《历代帝王图卷》——丹青神话 |
| | 吴道子 | 《送子天王图》——画圣、吴带当风 |
| | 展子虔 | 《游春图》——现存最早的卷轴画 |
| | 王维 | 文人画始祖——"南宗鼻祖"<br>诗中有画,画中有诗 |
| **两宋时期** | 张择端 | 《清明上河图》 |
| | 南宋四家:李唐、刘松年、马远、夏圭 | |
| **元代** | 黄公望的《富春山居图》是中国十大传世名画之一,前半卷被收藏在浙江省博物馆,后半卷在台北故宫博物院 | |
| **明代** | 以戴进为代表的浙派;以沈周、文徵明为首的吴派;以董其昌、陈继儒为代表的松江派 | |
| **清代** | 清代有张扬个性、追求创新的扬州画派等。扬州画派代表人物是以金农、郑燮(板桥)为首的"扬州八怪"。清代山水画家石涛、花鸟画家朱耷也是非常著名的国画大师 | |

# 要点3　中国古代主要科技成就*

## 一、天文立法

| 时期 | 人物 | 历书 | 成就 |
|------|------|------|------|
| 远古时代 | | 《黄帝历》 | 我国历史上第一部历法 |
| 夏朝 | | 《夏历》 | 现代阴历的起源 |
| 商周时代 | | 阴阳合历 | 闰月 |
| 西汉 | 那平、唐都、落下闳 | 《太初历》 | 我国第一部较为完整的历法 |
| 南北朝 | 祖冲之 | 《大明历》 | |
| 元代 | 郭守敬 | 《授时历》 | 中国古代使用时间最长、精确度最高的历法 |

## 二、农业科技

### 1. 中国古代"四大农书"

《氾胜之书》《齐民要术》《农书》和《农政全书》被称为中国古代"四大农书"。

### 2. 农学之最

我国是水稻、小麦和大豆的原产地,世界上最大的果树原产地之一,世界上最早植桑养蚕的国家。

### 3. 主要成就

| 时期 | 成就 |
|------|------|
| 新石器 | 形成了"南稻北粟"的格局 |
| 春秋战国 | 水利设施都江堰(由秦李冰父子修建);牛耕是我国农业史上第一次农用动力革命,铁犁牛耕成为中国传统农业的主要耕作方式 |
| 秦汉 | 出现耦犁与耧车,南方有双季稻、龙骨水车;西汉晚期**氾胜之**所著的《氾胜之书》是我国最早的一部农书 |
| 北魏 | **贾思勰**的《齐民要术》是我国现存最早、最完备的农书 |
| 唐代 | "茶圣"**陆羽**的《茶经》是世界上第一部茶叶专著 |
| 元代 | **王祯**所著的《农书》是一部对整个农业进行系统研究,并总结中国农业生产经验的综合性农学巨著 |

| 时期 | 成就 |
|------|------|
| **明代** | **徐光启**的《农政全书》囊括了古代农业技术和人民生活的各个方面,贯穿着治国治民的"农政思想",是一部集中国古代农学之大成的著作 |

#### 4.都江堰水利工程

都江堰位于成都平原西部的岷江上,始建于秦昭王末年(公元前256—前251年),是蜀郡太守李冰父子在前人鳖灵开凿的基础上组织修建的大型水利工程,由分水鱼嘴、飞沙堰、宝瓶口等部分组成,2000多年来一直发挥着防洪灌溉的作用,使成都平原成为水旱从人、沃野千里的"天府之国",也是全世界迄今为止年代最久、唯一留存、仍在使用、以无坝引水为特征的宏大水利工程。

### 三、中医中药

#### 1.中医简介

(1)汉族创造了传统医学,传说神农尝百草开创了中医学。

(2)中医以阴阳五行为理论基础,将人体看作气、形、神的统一体,通过"望、闻、问、切"四诊的方法辨证施治。

(3)中医判别病症有8个症候,叫"八纲",分别是阴阳、表里、寒热、虚实。

(4)治病方法有中药内服、艾灸、针灸、推拿、按摩、拔罐、气功、食疗等多种手段,最终使人体达到阴阳调和而康复。

(5)日本的汉方医学等都是以中医为基础发展起来的。

#### 2.中医代表名医、名著及其成就

| 时期 | 名医/机构 | 医学发明/著作 | 成就 |
|------|-----------|----------------|------|
| **西汉** | | 《黄帝内经》 | 我国现存最早的一部医书,包括《素问》《灵枢》;《黄帝内经》奠定了中医学的理论基础 |
| **东汉** | | 《神农本草经》 | 我国第一部完整的药物学著作 |
| | **张仲景** | 《伤寒杂病论》 | 张仲景被尊称为"**医圣**" |
| | **华佗** | "麻沸散""五禽戏" | 华佗被誉为"**神医**" |
| **西晋** | **王叔和** | 《脉经》 | 我国现存最早的脉学专著 |
| | **皇甫谧** | 《针灸甲乙经》 | 我国第一部针灸学专著 |

| 时期 | 名医/机构 | 医学发明/著作 | 成就 |
|---|---|---|---|
| 唐朝 | 唐太宗 | | 创办世界上第一座医校 |
| | 唐政府 | 《唐本草》 | 世界上第一部由国家编订颁布的药典 |
| | 孙思邈 | 《千金方》 | 孙思邈被誉为"药王";《千金方》被誉为"东方医学圣典" |
| 北宋 | 王惟一 | 制两具刻有经脉腧穴的针灸铜人 | 作为针灸考试教学之用 |
| 南宋 | 宋慈 | 《洗冤集录》 | 我国历史上第一部系统的法医学著作 |
| 金元 | 刘完素、张从正、李杲、朱震亨 | 四大医学流派 | 被称为"金元四大家" |
| 明朝 | 李时珍 | 《本草纲目》 | 当时世界上内容最丰富、考订最详细的药物学著作,被誉为"东方药学巨典" |

中医中药,国之精粹

## 四、四大发明

| 四大发明 | 发展历程 |
|---|---|
| 造纸术 | 造纸术萌芽于西汉,考古曾发现这一时期质地较粗糙的麻纸,但难以书写<br>东汉时期,宦官蔡伦改进造纸法,造出质地细腻便于书写的"蔡侯纸"<br>魏晋时期纸张广泛用于书写,曾因左思的《三都赋》,出现过"洛阳纸贵"的现象 |
| 印刷术 | 目前所能见到的最早的印刷品,是唐代印制的《金刚经》(868年),叫雕版印刷<br>北宋时,平民毕昇发明活字印刷术,使用胶泥制作单字,再排版印刷,使得印刷效率大大提升。活字印刷术在将胶泥改成铅字后,一直沿用到电脑打印技术的出现才逐步废弃 |
| 火药 | 火药的发明与道士炼丹有关。唐代孙思邈曾经记载用硫黄、硝石和木炭制造火药<br>唐末火药就开始被用于军事,宋代甚至出现"霹雳炮""震天炮"等火器。元时,火药从阿拉伯传到欧洲并被广泛运用于枪炮制造 |

| 四大发明 | 发展历程 |
|---|---|
| 指南针 | 传说黄帝大战蚩尤就曾用指南车指引方向,战国时使用的"司南"也是一种指南装置<br>北宋时出现人工磁化制造的指南针,科学家沈括还发现了磁偏角现象<br>南宋时出现导航用指南针,称为"罗盘",为后来欧洲航海家洲际航行和地理大发现提供了条件 |

## 五、其他科技成就

### 1. 数学

| 时期 | 成就 |
|---|---|
| 4000 年前 | 战国《尸子》载,中国古人类就有了圆、方、平、直的数学概念 |
| 商代 | 甲骨文自然数记载已经使用十进制,先秦八卦学说使用二进制 |
| 西周 | 贵族子弟要求学习"六艺",即"礼、乐、射、御、书、数"。**商高**是见于著述的中国古代第一位数学家 |
| 春秋 | 九九乘法口诀 |
| 西汉、东汉 | 西汉的《**周髀算经**》是我国最早的天文历算和数学著作,书中记录了分数运算和开平方方法,最早提出了**勾股定理**<br>东汉的《九章算术》是我国最重要的数学著作,提出了负数的概念和正负数的运算法则,标志着我国古代数学体系的形成 |
| 三国时期 | **刘徽**对《九章算数》的注释是中国数学史上的重要文献,他最早提出了十进小数的概念 |
| 南朝 | **祖冲之**是世界上第一个把圆周率精确到小数点后第 7 位数值的人,其子祖暅还准确地提出了球体积公式的推算原理,被称为"祖氏原理" |
| 宋元 | 珠算是中国数学领域的一项重大发明 |

### 2. 地理学

| 时期 | 成就 |
|---|---|
| **北魏** | 郦道元的《水经注》是古代地学史上最系统、最完整的水文地理著作 |
| 明代 | 徐弘祖(徐霞客)是世界上第一个研究岩溶地貌的人。《徐霞客游记》是一部地理著作,论证了金沙江才是长江的源头,否定了《禹贡》中关于"岷山导江"的说法。《徐霞客游记》堪称中国旅游史及中国文化史上的一座里程碑<br>王士性是中国人文地理学的始祖,其著作有《五岳游草》《广游志》《广志绎》等 |

**3.综合性科技著作**

| 时期 | 成就 |
|------|------|
| 北宋 | 沈括的《梦溪笔谈》被誉为"中国科学史上的里程碑" |
| 明代 | 宋应星的《天工开物》被誉为"中国17世纪的百科全书" |

# 要点4　中国古代主要文化常识*

## 一、姓氏称谓

### 1.姓和氏

| | 起源 | 作用 | 解释 | 案例 |
|---|------|------|------|------|
| 姓 | 姓是一种族号，代表相同的血缘关系 | "别婚姻" | 姓原本表示妇女世代相传的血统关系，由女性方面决定 | 如黄帝姓姬，号轩辕氏，而姬姓还有高阳氏、高辛氏等 |
| 氏 | 一姓之下不同分支为表示区别而取的称号 | "明贵贱" | 氏从属于姓 | 氏主要来自封地、居住地或者官名、职业，如南郭、南宫、卜、祝、司马、陶等 |

战国以后，以氏为姓，姓氏逐渐合而为一。魏晋南北朝时期大量少数民族内迁，他们一部分改为汉姓，也有一部分沿用少数民族的复姓，如长孙、慕容、尉迟等

### 2.名和字

(1)一般婴儿出生满百日后由父亲取名，男子二十、女子十五后举行成人礼，再取字。

(2)名和字有一定联系。

有同义的——屈平，字原（广平为原）；颜回，字渊（渊，回水也）。

有反义的——曾点，字皙（"点"是指小黑，"皙"是指白洁）。

先秦人取"字"多是一个字，汉以后多取两个字，如诸葛亮，字孔明（即大明）。

### 3.避讳

古代"为尊者讳"。如果是皇帝或孔子等圣人的名字，常人不能用，要"避讳"，一般是"改字"或"缺笔"。如汉高祖刘邦时，凡"邦"字一律改称"国"；唐太宗李世民时，观世音也被迫称为"观音"；康熙名玄烨，玄武门都只能叫"神武门"。如果需要书写避讳的字时，往往采用缺笔法，如将世写作卅、丘缺右边一竖等等。

#### 4.别号和谥号

| 称号 | 解 释 | 例 子 |
|---|---|---|
| 别号 | 别号是古代文人为自己取的雅号 | 东晋道士葛洪号"抱朴子"<br>陶潜号"五柳先生"<br>北宋苏轼号"东坡居士" |
| 谥号 | 谥号是古代帝王、诸侯、高官死后,朝廷根据他们生平事迹给予的称号,目的是褒贬善恶 | 表扬——文、武、成、景<br>批评——炀、厉<br>同情——哀、愍 |

#### 5.庙号制度

逝去帝王在宗庙中的称号叫作庙号。古代帝王都建有宗庙,供奉逝去的列祖列宗牌位。牌位的摆放以始祖居中,称为"祖"(如高祖或太祖、世祖),其后继者按照左昭右穆顺序排列两侧,称为"宗"(如唐太宗、唐高宗)。以猪、羊祭祀叫少牢,以猪、牛、羊祭祀叫太牢。

## 二、天文和历法制度

#### 1.天文制度

(1)**七曜,**指日、月和金星、木星、水星、火星、土星。其中,金星又称为"明星""太白",亮度最强。金星在黎明时现于东方,叫"启明",黄昏时在西方,叫"长庚",《诗经》有"东有启明,西有长庚"之说。火星又叫荧惑。木星又叫岁星。

(2)**二十八宿,**指 28 个恒星。

东方苍龙七宿,构成青龙形状。

北方玄武七宿,构成龟蛇形状。

西方白虎七宿,构成白虎形状。

南方朱雀七宿,构成一只鸟形。

这就是东方青龙、北方玄武、西方白虎、南方朱雀"四象"的来历。这与国外把星座想象成某些动物,如狮子座、天蝎座等相似。

#### 2.历法制度

(1)**闰年**。太阳的出没和月亮的盈亏是最常见的天象,也是常见的计年参照物。每 3 年增加 1 个月,叫置闰,这一年就有 13 个月。

(2)**四季**。古代把一年分为春、夏、秋、冬四季,每季 3 个月,分别用孟、仲、季来称呼,如春天分孟春、仲春、季春,夏天分孟夏、仲夏、季夏,等等。另外,每个月的初一叫朔,最后一天叫晦,中间十五(大月十六)那天叫望。

(3)**节气**。把一年365天平分为二十四节气,以反映四季中气温、雨雪的变化,便于安排农事。二十四节气如下。

节气歌

春雨惊春清谷天,夏满芒夏暑相连。

秋处露秋寒霜降,冬雪雪冬小大寒。

(4)天干地支。

天干包括甲、乙、丙、丁、戊、己、庚、辛、壬、癸。

地支包括子、丑、寅、卯、辰、巳、午、未、申、酉、戌、亥。

得到60个干支组合,最早用于计日,后来用于计年。计年时每60年一个轮回,称一个"甲子"。

六十甲子表:

| 甲子 | 乙丑 | 丙寅 | 丁卯 | 戊辰 | 己巳 | 庚午 | 辛未 | 壬申 | 癸酉 |
|------|------|------|------|------|------|------|------|------|------|
| 甲戌 | 乙亥 | 丙子 | 丁丑 | 戊寅 | 己卯 | 庚辰 | 辛巳 | 壬午 | 癸未 |
| 甲申 | 乙酉 | 丙戌 | 丁亥 | 戊子 | 己丑 | 庚寅 | 辛卯 | 壬辰 | 癸巳 |
| 甲午 | 乙未 | 丙申 | 丁酉 | 戊戌 | 己亥 | 庚子 | 辛丑 | 壬寅 | 癸卯 |
| 甲辰 | 乙巳 | 丙午 | 丁未 | 戊申 | 己酉 | 庚戌 | 辛亥 | 壬子 | 癸丑 |
| 甲寅 | 乙卯 | 丙辰 | 丁巳 | 戊午 | 己未 | 庚申 | 辛酉 | 壬戌 | 癸亥 |

十二地支计时:

| 子时 | 丑时 | 寅时 | 卯时 | 辰时 | 巳时 | 午时 | 未时 | 申时 | 酉时 | 戌时 | 亥时 |
|------|------|------|------|------|------|------|------|------|------|------|------|
| 23—1 | 1—3 | 3—5 | 5—7 | 7—9 | 9—11 | 11—13 | 13—15 | 15—17 | 17—19 | 19—21 | 21—23 |

### 课后学习任务

**灵活练习——模拟题演练:来,试试你的水平!**

判断题:

●河姆渡文化以浙江余姚河姆渡遗址为代表,其文化特征为种植水稻,使用黑陶,修建干栏式建筑。 (　　)

●汉代重视的《论语》《孟子》和从《礼记》中抽出的《大学》《中庸》,合称"四书"。 (　　)

单选题：

●我国第一部**断代体史书**,被称为后世"正史"楷模的是(     )。

A.《左传》                                    B.《资治通鉴》

C.《史记》                                    D.《汉书》

●中国古代使用时间最长、精确度最高的历法是(     )。

A.《授时历》                                  B.《太初历》

C.《大明历》                                  D.《黄帝历》

多选题：

●中国古代"四大农书"指的是(     )。

A.《氾胜之书》          B.《齐民要术》          C.《农书》

D.《农政全书》          E.《神农本草经》

●被列入"楷书四大家"的唐代书法家有(     )。

A. 欧阳询             B. 颜真卿             C. 褚遂良

D. 柳公权             E. 赵孟頫

# 专题四　中国文学知识

## 学习目标

了解：中国古典和近当代文学重要知识、重要文化名人及其作品、古典旅游诗词名篇。

熟悉：名胜古迹中的著名楹联。

掌握：中国汉字的起源、发展与格律常识，历代游记名篇《岳阳楼记》《滕王阁序》《赤壁赋》《兰亭集序》赏析。

## 要点 1　中国汉字的起源、发展★

| 起源与演变 | 相关知识点 |
| --- | --- |
| 汉字的起源 | 汉语，是中华民族的通用语言；汉字，是记录汉语的书写符号。文字产生前，先人以原始的**实物记事、结绳记事、契刻记事**等方式交流，并进一步发展为**图画记事**，上古**伏羲观万物而画卦象、仓颉观鸟迹纹始制文字**就是用图画勾勒物体外形特征的代表，从而让图画起到文字的作用，形成"**图画文字**"。经过公众长期约定俗成的使用，图画文字**有了比较固定的音、形、义**，于是原始文字就从图画中分离出来，此即"书画同源"道理所在。在象形文字基础上，汉字增加了"**会意、指事、形声**"等造字方法，即通过拼合、减省、增加象征性符号等方式造出新字，由此发展成为表意文字<br>中国文字的萌芽始于 6000 年前，**仰韶文化彩陶上的刻画符号、山东大汶口遗址发现的陶文**，都代表着中国文字的最初萌芽。我国最早的成熟文字是**甲骨文**，形成于公元前 14 世纪的殷商后期，因其刻写在**龟甲**和**牛肩胛骨**上而得名。刻写的内容多为"**占卜辞**"和少量的"**记事辞**"，是殷商王朝的官方档案。甲骨文多数是象形字，也有不少形声、会意字，是最早形成体系的汉字 |
| 汉字的发展 | 汉字发展演变最直观体现在汉字**字体形态**的逐步规范化和稳定化，如：**楷书**确定了"横竖撇点捺挑折"的基本笔画，汉字的**笔画数**和**笔顺**随之得到固定。总体来说，汉字发展演变规律有 3 点：**笔画的线条化、字形的符号化、结构的规范化**。这个过程就是汉字由难到易、由繁到简、由乱到治的规范过程 |

| 起源与演变 | 相关知识点 |
|---|---|
| 字与词的关系 | 词是字在不同语言环境中的运用。字义是相对不变的,而词义则随具体的语言环境而多变。不过在确定的语言环境中,词义又是唯一确定的。此外,词义可以是字的**本义**,也可以是**引申义**、**假借义**和**修辞义**等 |

# 要点 2　中国古典和近当代文学重要知识、重要文化名人及代表作品*

| 时期 | 文学形式/概念/标志 | 相关知识点 |
|---|---|---|
| 上古时期 | 原始歌谣和神话 | 最早的口头文学主要分两种形式:**原始歌谣和原始神话**<br>原始歌谣是原始人集体口头的创作,多以简短朴实的语言反映当时的生活内容,如《吴越春秋》里记载的《**弹歌**》;原始神话具有一定的情节故事,是我国浪漫主义文学的源头,大多保存在**先秦诸子散文及**《**楚辞**》《**山海经**》《**淮南子**》等著作中,代表作有《**女娲补天**》《**夸父逐日**》《**精卫填海**》《**后羿射日**》《**鲧禹治水**》《**嫦娥奔月**》等 |
| 春秋战国时期 | 诗歌与散文 | 这一时期文学的主要形式是**诗歌和散文**<br>我国第一部诗歌总集《**诗经**》,收录了西周初年至春秋中叶约 500 年间的 **305篇**作品,按音乐特点不同,分为风、雅、颂三部分。风是**民间歌谣**,又称"十五国风";雅分为大雅、小雅两部分,是**朝廷上演奏歌唱的诗乐**;颂分为周颂、鲁颂、商颂三部分,为**宗庙祭祀用的乐章**。《诗经》采用"**赋、比、兴**"三大表现手法,深远地影响了后世文学<br>在诗歌创作上,战国时楚国诗人**屈原**和**宋玉**地位崇高。屈原是我国**第一位伟**大的诗人,他在楚地民歌的基础上,结合中原文化创作了**楚辞**,其代表作有《**离骚**》《**九歌**》《**九章**》《**天问**》等,其中《离骚》长达 370 多句;宋玉是继屈原之后的著名辞赋家,在楚辞向汉赋过渡阶段其成就最高,代表作有《**风赋**》《**高唐赋**》《**神女赋**》《**登徒子好色赋**》等<br>此时的散文主要有《**尚书**》《**春秋**》《**左传**》等历史散文和诸子百家政论性散文,其中**诸子散文的代表作**有《论语》《墨子》《老子》《孟子》《庄子》《荀子》《韩非子》等<br>《论语》为**语录体散文集,由孔子门人编撰而成**,主要记载孔子及其弟子的言行,有警句如"智者乐水,仁者乐山";《老子》又名《**道德经**》,主要阐述**自然无为**的思想,名句有"祸兮,福之所倚""知足不辱,知止不殆"等;《庄子》是庄周的著作集,大量运用了寓言、历史传说和民间故事,具有**构思奇特**、**想象丰富**、**辞藻瑰奇**的特点,开创了我国浪漫主义文学的先河,名篇有《**逍遥游**》《**庖丁解牛**》《**秋水**》《**胠箧**》等 |

| 时期 | 文学形式/概念/标志 | 相关知识点 |
|---|---|---|
| 秦汉时期 | 碑文、散文、汉赋与汉乐府 | 秦代文学值得一提的唯有李斯的《谏逐客书》和一些石刻碑文。《谏逐客书》写于秦统一六国前,显示出散文辞赋化的倾向。石刻碑文写于秦统一后,用于歌功颂德,碑文在《史记》中保留下来的只有**6**篇,多为四言押韵,文风上承战国、下引魏晋。<br>汉代的政论性散文进步明显,如**贾谊**的《**过秦论**》《**陈政事疏**》、**晁错**的《**论贵粟书**》《**言兵事疏**》等。汉代的历史散文主要有**司马迁的**《**史记**》和班固的《**汉书**》。《史记》被誉为"史家之绝唱,无韵之离骚",开创了**历史传记文学**体裁;《汉书》记载了从高祖建汉到王莽政权230年的历史,其中的《**霍光传**》《**苏武传**》《**外戚列传**》等具有很强的文学艺术感染力<br>汉代文学最引人注目的是**汉赋**和**汉乐府**。汉赋继承楚辞,代表作品有**贾谊的**《**吊屈原赋**》、**枚乘的**《**七发**》、司马相如的《**子虚赋**》《**上林赋**》、张衡的《**归田赋**》、**班固的**《**两都赋**》、扬雄的《**羽猎赋**》《**长杨赋**》等。汉赋总的**特点**是铺陈夸张,想象丰富,辞藻华丽,描写细致,用词典雅,散韵结合<br>汉代诗歌数**两汉乐府民歌**和**东汉后期**无名氏文人创作的**五言古诗**成就最高。乐府,是汉武帝时设立用于收集民间歌谣的官署,后人把经"乐府"整理过的诗统称为乐府诗。名篇有《**战城南**》《**十五从军行**》《**有所思**》《**陌上桑**》等。乐府诗是古代文学继《诗经》、楚辞之后的**第三个重要发展阶段**。受乐府诗影响,东汉文人开始大量创作五言诗,代表作有《**古诗十九首**》。其中《**行行重行行**》《**青青河畔草**》等开创了我国抒情诗的新风格 |
| 魏晋南北朝 | 建安文学 | 魏晋南北朝文学以汉末建安年间的文学为开端,建安文学的重要作家有曹操、曹丕、曹植"曹氏父子"和孔融、陈琳、王粲等"**建安七子**"。他们敢于揭露现实,在感情上多慷慨不平,在语言上多率真不讳,从而形成慷慨悲凉的特色,这就是为后人称道的"**建安风骨**"<br>三曹中,曹操的文学成就主要在**诗歌**,其诗大多采用乐府旧题,以旧题旧调表现新内容,名篇有《**蒿里行**》《**短歌行**》《**步出夏门行**》等。曹丕的文学成就以**诗歌创作和文学批评**最突出,其诗歌代表作《**燕歌行**》是我国现存最早的文人创作的七言诗,其《**典论·论文**》是我国文学史上第一篇文学批评著作。曹植是建安文学的**集大成者**,作品数量多,诗赋散文各体皆备,诗歌代表作有《**白马篇**》《**赠白马王彪**》,赋代表作有《**洛神赋**》<br>建安七子中,成就最高的是**王粲**,其代表作有《**七哀诗**》《**登楼赋**》 |
| | 西晋文学 | 魏晋之际,文人学士的文风"建安风骨"转变为"**标榜老庄、崇尚清谈**"。代表人物为西晋时的"**竹林七贤**":嵇康、阮籍、向秀、刘伶、阮咸、王戎、山涛。他们的创作注重理想人格的塑造与内在性灵的拓展,高洁幽远,名篇有**阮籍的**《**咏怀诗**》、嵇康的《**与山巨源绝交书**》、向秀的《**思旧赋**》等。此时也有部分文人攀附权贵,多歌功颂德作品,人称"**剪彩为花**" |
| | 东晋南朝文学 | 东晋南朝偏安江南,文学上形成了"**吟咏山水美景、崇尚田园生活**"的特点,代表作品有王羲之的《**兰亭集序**》、陶渊明的《**桃花源记**》《**归去来兮辞**》《**饮酒诗**》等。南朝谢灵运**(大谢)**和谢朓**(小谢)**是写山水诗的代表人物<br>南朝·齐武帝永明年间,以**沈约**为代表的一些文人开始注重诗歌音律,讲究对仗,形成一种诗歌新体,称为"**永明体**",标志着我国诗歌从较自由的"古体"向格律严整的"近体"过渡,**是格律诗的开端**。这一时期的散文也采用了新文体——**骈体文**,讲究对偶、音节,多用典故<br>南朝名作还有刘勰的《**文心雕龙**》,这是我国第一部文学理论专著;梁朝昭明太子萧统主编的《**昭明文选**》,是我国现存最早的诗文总集。**徐陵**编辑的诗歌总集《**玉台新咏**》,收集情诗700多首,著名的民间长篇叙事诗《孔雀东南飞》,就首见于此书 |

| 时期 | 文学形式/概念/标志 | 相关知识点 |
|---|---|---|
| 唐代 | 唐诗 | 唐代的文学体裁主要有诗歌、散文、传奇小说和词,以**诗歌成就最高**。仅清人编撰的《全唐诗》就收录了 2200 多位诗人的近 5 万首诗歌。唐诗的发展可以分为初唐、盛唐、中唐和晚唐 4 个时期<br>初唐时期:诗风积极向上、刚健有力,代表诗人有"**初唐四杰**"(王勃、杨炯、卢照邻、骆宾王)和**陈子昂**。其中,王勃代表作有《滕王阁序》《送杜少府之任蜀州》等,陈子昂代表作有《登幽州台歌》<br>盛唐时期:这时期的创作代表唐诗的**最高成就**,有以王维、孟浩然为代表的**山水田园派**,以高适、岑参、王昌龄、李颀为代表的**边塞诗派**,以李白为代表的**浪漫主义诗派**,以杜甫为代表的**现实主义诗派**。其中,李白和杜甫被誉为"双子星座",合称"**李杜**";李白被称为"**诗仙**",代表作有《蜀道难》《将进酒》《行路难》《望庐山瀑布》等;杜甫有"**诗史**""**诗圣**"之称,代表作有"**三吏三别**"及《春望》《闻官军收河南河北》《蜀相》等;崔颢的代表作《**黄鹤楼**》被称为"唐人七言律诗第一"<br>中唐时期:诗歌成就最突出的是**新乐府诗**,发扬了古乐府诗创作中的现实主义传统,具有"**自创新题**、**表现现实**、**不必入乐**"的特点。杜甫的"三吏三别"就是自命新题、抒写现实的新乐府诗创作实践。新乐府名称由**白居易**首先标举,他提出"文章合为时而著,诗歌合为事而作"的创作理论,著有《**新乐府**》《**卖炭翁**》等作品,在当时形成影响很大的"**新乐府运动**"<br>晚唐时期:诗风转向衰颓,但在艺术表现手法和技巧上仍有创新,代表诗人是杜牧和李商隐,杜牧**擅长七绝**,**李商隐工于七律**,两人合称"**小李杜**" |
| | 其他形式 | 魏晋南北朝时期流行志怪小说,如张华的《博物志》、干宝的《搜神记》、王嘉的《拾遗记》;唐代以后则出现以神奇人物为主的**传奇小说**,如白行简的《**李娃传**》、**李朝威**的《**柳毅传**》、**元稹的**《**莺莺传**》等。唐代散文全面繁荣是在中唐,以散文家**韩愈**、**柳宗元**倡导的"**古文运动**"为里程碑,这里的"古文"是指先秦两汉传统的散文,与六朝以来风行的骈文相对。韩愈名篇有《**师说**》《**进学解**》等。词萌芽于南朝,形成于唐朝,李白被认为是文人词的**开山鼻祖**。中唐白居易、刘禹锡,晚唐温庭筠、韦庄等均有词作 |
| 宋元 | 宋词 | 宋代文学以**词**著称。五代时词创作有**西蜀**和**南唐**两个中心,西蜀赵崇祚编成中国第一部词集《**花间集**》;南唐代表词人为后主**李煜**,代表作有《虞美人·春花秋月何时了》《浪淘沙·帘外雨潺潺》《相见欢·林花谢了春红》《相见欢·无言独上西楼》等<br>宋代文人不仅大量写词,而且在思想内容上打破了"诗言志,词言情"的分界,两者具有同等的功能。宋词流派有以柳永、李清照为代表的**婉约派**和以苏轼、辛弃疾为代表的**豪放派**。名篇有柳永的《望海潮》、王安石的《桂枝香·金陵怀古》、苏轼的《水调歌头·明月几时有》《念奴娇·赤壁怀古》、李清照的《如梦令·昨夜雨疏风骤》、辛弃疾的《永遇乐·京口北固亭怀古》等 |
| | 宋代散文 | 成就极高,在唐宋八大家(韩愈、柳宗元、欧阳修、王安石、苏洵、苏轼、苏辙、曾巩)中,宋占其六。散文名篇有**欧阳修**的《**醉翁亭记**》、**王安石的**《**游褒禅山记**》、**苏轼的**《**前赤壁赋**》、**范仲淹的**《**岳阳楼记**》、周敦颐的《**爱莲说**》等 |

| 时期 | 文学形式/概念/标志 | 相关知识点 |
|------|------|------|
| 宋元 | 元代戏曲 | 元代以**剧本创作**成就最高。元曲分**散曲**和**杂剧**两部分,散曲产生于辽金而流行于全国,是在说唱艺术的影响下形成的,有**单曲独唱**的小令和**数曲连唱**的套数之分。散曲名篇有**马致远的《天净沙·秋思》**、张养浩的《山坡羊·潼关怀古》。元杂剧是一种**折子剧**,出现了**关汉卿**、**白朴**、**马致远**、**郑光祖**、**王实甫**等一批剧作家和大量传世佳作 |
| 明清 | 明代小说 | 明代小说空前繁荣,著名长篇有:罗贯中的《三国演义》、施耐庵的《水浒传》、吴承恩的《西游记》、兰陵笑笑生的《金瓶梅》等<br>著名短篇小说有**冯梦龙的"三言"**(《喻世明言》《警世通言》《醒世恒言》)和**凌蒙初的"二拍"**(《初刻拍案惊奇》《二刻拍案惊奇》),内容多为爱情婚姻等市民生活题材 |
| | 明代传奇戏曲 | 传奇戏曲的前身是**南戏**,产生于**浙江温州**一带,明时成为主要的戏曲形式,其腔调因地域不同而各具地方特色,主要有**"弋阳腔""余姚腔""海盐腔""昆山腔"**,其中以昆山腔影响较大<br>明代最杰出的传奇剧本作家是**汤显祖**,代表作有《紫钗记》《牡丹亭》《邯郸记》《南柯记》,世称**"临川四梦"** |
| | 清代小说 | 清代是中国古典小说的黄金时代,名篇有**蒲松龄的《聊斋志异》**、吴敬梓的《儒林外传》、曹雪芹的《红楼梦》。其中,《红楼梦》与《三国演义》《水浒传》《西游记》合称为中国古典长篇小说**"四大名著"**<br>此外,清代传奇戏曲创作领域产生了**洪昇的《长生殿》**和**孔尚任的《桃花扇》**这两部优秀戏曲作品 |
| 近代 | 近代文学概念 | 近代文学指从1840年鸦片战争到1919年五四运动前夕的文学,这一时期的文学创作充满了强烈的忧患意识和抗御外敌的爱国精神,反映了在中国社会危机和民族危机不断加深背景下部分知识分子的觉醒 |
| | 诗文 | 首开近代风气的是**龚自珍的《己亥杂诗》,魏源的《寰海》,以及林则徐的《赴戍登程口占示家人》**。戊戌变法前后,文学界提出"以旧风格含新意境的诗界革命;以白话为维新之本、崇白话而废文言的文界革命;重视小说对改良社会的作用,主张写政治小说的小说界革命"的主张,主要代表人物有**梁启超、黄遵宪、谭嗣同**。辛亥革命时期,**陈天华的《猛回头》《警世钟》,邹容的《革命军》**和秋瑾的诗文,以强烈的反帝爱国情怀鼓舞了人民群众的革命斗志 |
| | 小说 | 近代还流行创作谴责小说,其中李伯元的《官场现形记》,吴趼人的《二十年目睹之怪现状》,刘鹗的《老残游记》,曾朴的《孽海花》,被誉为**"清末四大谴责小说"** |
| | 戏剧 | 近代地方戏创作进一步成熟,而昆曲日渐没落,**京剧**从地方剧中脱颖而出,成为全国性大剧种。同时,在外国戏剧的影响下,早期**话剧(又称"文明戏")**在我国萌芽 |

| 时期 | 文学形式/概念/标志 | 相关知识点 |
|---|---|---|
| 现代 | 诗歌与散文 | 现代文学是指从五四新文化运动到 1949 年中华人民共和国成立这段时间产生的文学作品<br>1917 年初,胡适、陈独秀在《新青年》上发表了《文学改良刍议》《文学革命论》等文章,提倡新文学,反对旧文学。受此影响,率先出现的是"**白话新诗**",胡适是写白话新诗的第一人,他于 1920 年出版第一部白话新诗集《**尝试集**》。1921年,**郭沫若**出版新诗集《**女神**》<br>白话新诗渐成主流后,流派也随之林立,主要有:以茅盾、叶圣陶、朱自清等为主要成员的**文学研究会**,倾向于现实主义;以郭沫若、郁达夫、田汉为主要成员的创作社,倾向于浪漫主义;以蒋光慈、殷夫为主要成员的**普罗诗派**,倾向于革命现实主义;以李金发、穆木天为成员的**象征诗派**,等等。1930 年,各流派结成中国左翼作家联盟,简称"**左联**"<br>这一时期最重要的作家是**鲁迅**,被誉为"**中国现代文学的伟大奠基人**",有**散文诗集《野草》、散文集《朝花夕拾》**、杂文集《热风》《坟》《华盖集》等 10 余部著作。此外,还有朱自清的《荷塘月色》《背影》、冰心的《往事》《寄小读者》、殷夫的《别了,哥哥》、闻一多的《死水》、徐志摩的《再别康桥》《雪花的快乐》等名作<br>抗日战争时期,文学创作分为沦陷区、国统区和抗日民主根据地三大区域,其中抗日民主根据地的创作以**赵树理、孙犁**等为代表,其热烈讴歌中国共产党领导下抗日军民的英勇斗争。这一时期的名诗有艾青的《雪落在中国的土地上》《我爱这土地》、臧克家的《老马》、戴望舒的《雨巷》等<br>解放战争时期,国统区仍以现实主义和现代主义为主,代表作家作品有艾青的诗作《向太阳》、穆旦的诗作《赞美》《春》、梁实秋的散文《雅舍小品》。解放区则于 1942 年 5 月召开延安文艺座谈会,毛泽东发表《在延安文艺座谈会上的讲话》,指出了"**文艺要为工农兵服务**"的方向。这一时期的作品有李季的叙事诗《王贵与李香香》和茅盾的散文《风景谈》《白杨礼赞》等 |
| | 小说 | 1918 年,**鲁迅**在《新青年》上发表了**第一篇白话文小说《狂人日记》**,成为我国现代白话小说的开山之作。随后接连出版短篇小说集《**呐喊**》《**彷徨**》等,其中包括《阿 Q 正传》《祝福》《药》《故乡》《孤独者》等名篇。同时期著名小说还有**郁达夫的《沉沦》**、许地山的《缀网劳蛛》等<br>抗日战争前期,反映社会现实的小说较多。巴金于 1929 年发表第一部长篇小说《**灭亡**》,随后创作长篇小说《**爱情三部曲**》(《雾》《雨》《电》)和《**激流三部曲**》(《家》《春》《秋》);夏衍有报告文学《**包身工**》;茅盾有小说集《蚀》(包括《幻灭》《动摇》《追求》)、长篇小说《**子夜**》、短篇小说《**林家铺子**》《**春蚕**》等;此外,**老舍的《骆驼祥子》、沈从文的《边城》**等都是佳作<br>抗日战争后期和解放战争时期,国统区代表作品有巴金的《寒夜》、茅盾的《腐蚀》《霜叶红似二月花》、萧红的《生死场》《呼兰河传》、钱钟书的《围城》、张爱玲的《倾城之恋》《金锁记》等。解放区作家作品代表有**赵树理的《小二黑结婚》《李有才板话》**、孙犁的《荷花淀》、丁玲的《太阳照在桑干河上》、周立波的《暴风骤雨》等 |
| | 戏剧戏曲 | 清末民初,西方话剧传入中国。1919 年 3 月,胡适在《新青年》上发表了话剧剧本《**终身大事**》,这是中国最早的话剧作品之一。1924 年田汉的《获虎之夜》、1926 年郭沫若的《三个叛逆的女性》,都是早期反封建题材的话剧作品。1934年 7 月,**曹禺**发表第一部话剧作品《**雷雨**》,随后相继创作了《**日出**》《**原野**》《**蜕变**》《**北京人**》等作品,标志着现代话剧创作艺术的**成熟**<br>抗战全面爆发后,中国剧作者协会和上海戏剧救亡协会集体编导了**抗日话剧《保卫卢沟桥》**、街头话剧《**放下你的鞭子**》,并广泛演出。由贺敬之等执笔,延安鲁迅艺术学院集体创作的歌剧《**白毛女**》,是一部具有深远历史影响的优秀文艺作品 |

| 时期 | 文学形式/概念/标志 | 相关知识点 |
|---|---|---|
| 当代 | 小说 | 中华人民共和国成立之初，描写革命斗争历史题材的作品占多。杨沫的《青春之歌》、梁斌的《红旗谱》等，**反映了二十世纪二三十年代革命者的斗争生活**；冯志的《敌后武工队》、刘知侠的《铁道游击队》、李英儒的《野火春风斗古城》等，**展现了抗日战争时期敌后艰苦的斗争生活**；杜鹏程的《保卫延安》、吴强的《红日》等再现了解放战争中几次重大战役的宏伟场景<br>在描写现实题材的小说中，反映农村生活的作品影响较大。**长篇小说**有赵树理的《三里湾》、周立波的《山乡巨变》、柳青的《创业史》等；**中短篇**有李准的《李双双小传》、王汶石的《新结识的伙伴》、马烽的《我的第一个上级》。**反映工业建设和其他现实生活**的作品有周立波的《铁水奔流》、周而复的《上海的早晨》、王蒙的《组织部新来的青年人》、陆文夫的《小巷深处》等。<br>改革开放后，创作群体纷呈，主要有以刘心武的《班主任》、卢新华的《伤痕》等为代表的**伤痕文学**；以李国文的《月食》、谌容的《人到中年》、古华的《芙蓉镇》等为代表的**反思文学**；以蒋子龙的《乔厂长上任记》、张洁的《沉重的翅膀》等为代表的**改革文学**；以贾平凹的《商州纪事》、莫言的《红高粱》、王安忆的《小鲍庄》等为代表的**寻根文学**；以张洁的《爱，是不能忘记的》、古华的《爬满青藤的木屋》等为代表的**人性文学**；以徐怀中的《西线轶事》、李存葆的《高山下的花环》等为代表的**军人文学**；以池莉的《烦恼人生》、刘震云的《一地鸡毛》等为代表的**新写实小说**；以韩寒的《三重门》为代表的**青春派文学**；以猫腻的《间客》、痞子蔡的《第一次亲密接触》等为代表的**网络文学**；其中最有代表性的作品有**路遥的《平凡的世界》、陈忠实的《白鹿原》、贾平凹的"长篇三部曲"（《浮躁》《废都》《秦腔》），以及莫言的《红高粱家族》《丰乳肥臀》《檀香刑》《蛙》**。2012年，**莫言获得诺贝尔文学奖**，这是中国文学史上具有划时代意义的重大突破 |
| | 诗歌 | 中华人民共和国成立初期，诗歌的主旋律是**赞美新生活**、**赞美新时代**，反响较大的有李季的《玉门诗抄》《杨高传》、闻捷的《天山牧歌》《复仇的火焰》、郭小川的《致青年公民》《将军三部曲》、贺敬之的《回延安》《雷锋之歌》，柯岩的《周总理，你在哪里》等<br>改革开放后，有现代主义特质的**朦胧诗派**应运而生，代表作品有北岛的《回答》《迷途》、舒婷的《致橡树》、顾城的《一代人》等 |
| | 散文 | 改革开放前散文成就体现为：第一，**通讯报告**颇受读者欢迎，名篇有魏巍的《谁是最可爱的人》、黄宗英的《小丫扛大旗》等；第二，**抒情散文**成就显著，名篇有秦牧的《花城》、冰心的《樱花赞》等；第三，**杂文创作**再度兴起，如邓拓的《燕山夜话》、吴南星的《三家村札记》等<br>改革开放后，影响较大的有巴金散文集《随想录》、徐迟报告文学《哥德巴赫猜想》、杨绛散文集《干校六记》、余秋雨散文集《文化苦旅》、贾平凹散文集《月迹》等 |
| | 戏剧 | 改革开放前30年，**话剧**有老舍的《龙须沟》《茶馆》，曹禺的《明朗的天》；**历史剧**有郭沫若的《蔡文姬》《武则天》、田汉的《关汉卿》等；歌剧有《洪湖赤卫队》《江姐》《刘三姐》等；**民间戏曲**有昆曲《十五贯》、黄梅戏《天仙配》、京剧《白蛇传》等<br>改革开放后，戏曲创作兴盛，比较有影响的是姚金成的豫剧《焦裕禄》、谭愫等的川剧《山杠爷》、李莉的沪剧《挑山女人》、陈彦的秦腔戏《西京故事》、赵凤凯等的湖南花鼓戏《老表轶事》、苏叔阳的"京味"话剧《左邻右舍》等 |
| | 当代文学标志 | 1949年7月，中华全国文学艺术工作者代表大会在**北平**召开，会议正式确立毛泽东《在延安文艺座谈会上的讲话》提出的**"文艺为工农兵服务"**为中华人民共和国文艺的方向。**中华人民共和国第一次文代会的召开**，标志着现代文学的结束和当代文学的开始。当代文学以**1978年改革开放**为标志，分为前后两个时期 |

# 要点3　（诗词）格律(楹联)常识★

| 文学体裁 | | 相关知识点 |
|---|---|---|
| 诗体流变 | 诗体流变过程 | 南宋严羽《沧浪诗话》将诗体流变过程概括为"风雅颂既亡,一变而为离骚,再变而为西汉五言,三变而为歌行杂体,四变而为沈宋律诗" |
| | 诗经 | "风雅颂"是指《诗经》,《诗经》篇章中大多为**四言句型**,**两字一顿**,偶数句末押韵。如《关雎》:关关雎鸠,在河之洲。窈窕淑女,君子好逑 |
| | 楚辞 | **《离骚》是指楚辞体**,楚辞的句式从三言到八言都有,长短不拘,在句与句之间,或一句之中,用"**兮**"字来停顿语气。如《离骚》中:路漫漫其修远兮,吾将上下而求索。而在七言句中,常在第四字上用"兮",形成**三字一顿**的节奏,如《国殇》:操吴戈兮披犀甲,车错毂兮短兵接。这种三字一顿的节奏,丰富了诗歌语言的表现力,为五言诗、七言诗的发展准备了条件 |
| | 五言诗 | 东汉文学家**班固**的《咏史》,标志着五言诗的成熟。无名氏的《古诗十九首》代表了文人五言诗的最高成就 |
| | 七言诗 | 七言诗的成熟晚于五言诗,东汉**张衡**的《四愁诗》已表现出七言诗的雏形。三国魏**曹丕**的《燕歌行》,通篇七言,被认为是我国现存的文人创作的第一首七言诗,标志着七言诗的形成 |
| | 歌行杂体 | 魏晋南北朝时,以鲍照为代表的一批诗人,继承汉乐府歌行体,运用大量七言句,又夹杂一些五言句,不必严格齐言而又句句押韵,形成一种新的七言——**歌行杂体**,如鲍照的《拟行路难》。这种歌行杂体为唐代五言、七言格律诗的形成,奠定了形式上的基础 |
| | 沈宋律诗 | 沈宋律诗,即指唐代格律诗。初唐诗人**沈佺期**、**宋之问**,世称"沈宋",他们的诗歌多宫廷应制之作,内容空洞,但辞彩绮丽,讲究格律,精研音韵,**标志着五、七言律诗的定型**,成为律诗创作所遵循的标准 |
| 诗词格律 | 近体格律诗 | 格律诗,包括**律诗和绝句**,绝句即截取律诗中的4句而成。在唐朝创制定型后,唐人就把这种新诗体称为"**近体诗**"或"**今体诗**"。今体诗的叫法起自唐代,但至今仍在使用。人们还把**唐代以前的诗**,或者唐以后不合近体格律的诗,统称为"**古体诗**"<br>近体格律诗有固定的格式和规律,主要体现在:(1)**字数**,分为五言和七言。(2)**句数**,4句一首叫绝句,8句一首叫律诗,它们与"五言"和"七言"分别构成五言绝句(简称五绝)、七言绝句(简称七绝)、五言律诗(简称五律)、七言律诗(简称七律)。(3)**平仄**,不论五言或七言,诗句的声调都必须平仄交替,这样才有韵律之美。(4)**押韵**,绝句、律诗一律押平声韵,不换韵。押韵,也叫叶韵。平起的诗,首句起韵;仄起的诗,第二句起韵,其下都是隔句押韵。(5)**对句**,又称对偶、对仗,即上下两句配成对。不但字句平仄要相对,而且字义也要相对。律诗每两句为一联,依次叫**首联**、**颔联**、**颈联**、**尾联**。每联的上句叫**出句**,下句叫**对句**。律诗的颔联和颈联一定要各自对仗,首联和尾联不做规定。绝句只要求平仄相对,而不要求字上的相对 |

| 文学体裁 | | 相关知识点 |
|---|---|---|
| 诗词格律 | 了解平仄声 | 所谓格律,主要讲的就是平仄。平仄,是汉字声调的分类,从六朝以来,即有平、上、去、入四种声调的说法。平声字的调值都与"平"字相当,听起来舒和悠扬,而"上、去、入"三声读起来急促、险仄,所以就用"仄"字来代替这三者,从而形成"平仄"的音律说法。平仄**在同一句中是交替的,在对句中是相反的**。古今语音是不断变化的,现在普通话中的**阴平、阳平**,基本上就是古代的平声,上声、去声基本就是仄声 |
| | 格律诗的押韵和平仄格式 | 押韵的字,称为**韵脚**。律诗押韵的原则是**每联的对句必须押韵**,即二、四、六押韵,且只押平声韵,一韵到底。古人作诗一般都用"**平水韵**",因南宋平水人刘渊的《壬子新刊礼部韵略》而得名,共 107 韵(清王文郁定位 106 韵),它是元代以来近体诗押韵的依据。平水韵基本用的是**隋唐音**,但近代又出现了新编韵书,如《中华新韵》《诗韵新编》等<br>律诗平仄搭配的原则有两个:一是"**对**",即一联当中,出句和对句首句的**平仄须相对**。二是"**粘**",即下联出句的首字和上一联对句的首字平仄**必须相同**,粘在一起。按照"对"和"粘"及押韵的要求,五、七律平仄的格式有 4 种:首句平起入韵式,首句平起不入韵式,首句仄起入韵式,首句仄起不入韵式。五律以**首句不入韵为正轨,以仄起为常见**。七律以**首句入韵为正轨,仍以仄起为常见** |
| | 词牌、词韵、词的平仄和句式 | 词起自民间,本是配乐的歌词,又叫**曲子词**。词牌又叫词调、词谱,原指填词时所依据的音乐曲调名称。后来词与曲调脱离,词牌就由乐曲名称变成一种填词的固定格式,规定了词的字数、句数、分段、平仄、押韵等内容。**不同的词牌,有不同的格式**,必须按照词牌填词,不可移易<br>词牌的来源大致有 3 种:(1)**直接使用乐曲名称**,如《苏幕遮》《菩萨蛮》《竹枝词》等都是乐曲名。(2)**由歌词的内容概括而得名**,如《渔歌子》是歌唱渔夫生活的,《踏歌词》是歌咏舞蹈的。(3)**摘取词的部分字句命名**,如《忆秦娥》《忆江南》等<br>相比诗歌的用韵,词韵会更宽泛、更为自由些。此外,词的句式可分为**律句**和非**律句**两类。所谓律句,**平仄格式与近体诗的句式基本相同**,即以两字为一个节奏点,平仄交替,一三五不论,二四六分明。类似律诗的句式在词中的运用,这在词中占绝大多数。非律句是**词中的特有句式**,比如最短的有一字句,或最长的有十一字句。李清照《十六字令》:"诗,几许清奇几许痴。夕霞晚,魂梦几人知。" |

| 文学体裁 | 相关知识点 |
|---|---|
| 楹联常识 | |

| | 对联的起源和发展 | 对联又称**对子或联语**,因上下两联必须对偶而得名。对联通常是张贴在楹柱上,故又称楹联。对偶这一修辞方法,在我国古代文学创作中被广泛运用,如《诗经》中的对偶,汉魏六朝中的骈文,以及唐代格律诗中的对仗。到了晚唐,对联已开始从诗词、赋体中脱离出来,走向独立。但把对联贴在大门两旁作为春联,是在五代。我国自古在民间就有**挂桃符**的习俗。五代时,人们开始在桃符上写联语,因用于春日,故又叫春联。最早的春联始于五代后蜀**孟昶**自题春联:"**新年纳余庆,嘉节号长春。**"<br>北宋后,对联的创作逐渐被推广。宋太宗太平兴国二年,龙华寺僧人契盈在黄浦江边的碧波亭柱子上题写一副对联:**三千里外一条水,十二时中两度潮。**这被认为是对联史上**较早的游览题联**。较早的名胜题联还有北宋苏轼题黄鹤楼的对联<br>**明代**是对联发展的**黄金时代**,由于**皇帝的提倡**,明代时贴春联、题联、赠联、以联语对答等都十分盛行<br>**清代**是对联发展的**极盛时期**,对联的创作,无论在数量上,还是质量上,都超过了前代。对联形式有了重大的突破和发展,各种**巧联、趣联、哲理联、格言联、讽刺联、劝世联**等大量涌现并流传。另外,**长联的兴起**,使对联蕴含更丰富的内容,如**孙髯的昆明大观楼长联共有 180 字**。著名的**成都望江楼崇丽阁长联**和**贵阳甲秀楼长联**则是特长联。清代在对联的收集整理方面,也取得较好的成绩,有人还出版对联的专著,如梁章钜的《**楹联丛话**》 |
| | 对联的特点 | 对联是单独使用的对仗句,成为对联必须具备 6 个方面的特点:(1)**字句相等**,即上下联的字数和句数都必须相等。(2)**词性相当**,即上下联处于相同位置的词或词组必须有相同的词性,才能构成对仗。如,名词对名词数词对数词,等。(3)**结构相应**,即上下联在句法结构上互相照应,彼此对称。如,主谓结构对主谓结构,动宾结构对动宾结构,等。(4)**节奏相称**,即上下联停顿的地方也必须一致。(5)**语意相关**,即上下联应围绕相关的主题,或并行表达,或正反表达,或前后构成延续、因果等各种关系,应当做到内容上统一。(6)**平仄相谐**,即上下联的用字要平仄相对,一联之内要平仄交替,规律同于七言律诗的平仄规律 |
| | 楹联的横额及书写格式 | 横额,也叫**横批**,有**统领**、**协调上下联**的作用。一般春联以及在名胜古迹、庙宇祠堂等处的楹联,常配有横额。横额要求十分精练,**多为 4 个字**,也有少于 4 字或多于 4 字的。有的横额语句精粹,起到画龙点睛的作用<br>楹联的书写,传统做法是**竖写**,不用标点符号,**上联在右,下联在左**。横额的旧习惯是自右向左书写,现在也有自左向右的写法 |

# 要点4　古典旅游诗词名篇*

| 诗词 | 相关知识点 |
|---|---|
| 《送杜少府之任蜀州》 | 作者**王勃**,唐代诗人,"初唐四杰"之一。本诗是一首著名的**送别诗**,颈联"**海内存知己,天涯若比邻**"是千古名句,高度概括了"友情深厚,江山难阻"的情景。全诗**一改以往送别诗悲苦缠绵的心态**,体现出诗人高远的志向、豁达的情趣和旷达的胸怀。宦游,指到外地做官。无为,意指不必,无须。岐路,指岔路 |
| 《使至塞上》 | 作者**王维**,唐代诗人,是盛唐**山水田园诗的代表**人物。此诗作于王维奉使出塞慰问的过程中,写景抒情,为读者描绘了一片雄奇悲壮的塞外风光。颈联"**大漠孤烟直,长河落日圆**"是千古名句,以烽烟的"直"、落日的"圆",描绘出了一幅让人震撼的边关图,可谓意境悠远。因此,苏轼称王维的艺术创作是"**诗中有画,画中有诗**"。属国,诗中指使臣,也即诗人自己。候骑:骑马的侦察兵 |
| 《宿建德江》 | 作者**孟浩然**,唐代诗人,布衣一生,其诗**多写山水田园**的幽清境界,与王维齐名,世称"**王孟**"。这是一首羁旅诗,诗人极善捕捉景物,"漂泊的小舟,朦胧的江渚,暮色中的旅客,空旷的天空,低矮的小树,清澈的江面,皎洁的月光",这些情形无不表现出诗人心中的一个"愁"字。全诗情景交融,风韵天成,淡中有味,含而不露。**月,指江中的月影** |
| 《黄鹤楼》 | 作者**崔颢**,唐代诗人,此诗是其代表作。黄鹤楼位于湖北省武汉市武昌区,建于三国吴黄武二年,原本是瞭望守戍的"军事楼",后演变为登临游乐的名楼。诗歌的前4句抒发了**登临怀古之情**,后4句写登楼的**所见所感**。全诗意中有像,虚实相生,极富意境美、图画美、音律美。严羽在《沧浪诗话》中评:"唐人七言律诗,当以崔颢《黄鹤楼》为第一。" |
| 《送友人》 | 作者**李白**,又号"**谪仙人**",唐代伟大的浪漫主义诗人,被誉为"**诗仙**",与杜甫并称为"**李杜**"。这是一首情意深长的**送别诗**,诗人通过送别环境的刻画、离别气氛的渲染,表达了依依惜别之意。青山白水,红日白云,色彩璀璨;挥手告别,马匹嘶鸣,形象生动。**自然美和人情美相互交织,有声有色**,新颖别致,动人肺腑。郭,指外城墙。孤蓬,喻离家出游的人,诗中指将孤身远行的朋友。颈联"**浮云游子意,落日故人情**",情景交融,意味深远,是诗中名句 |
| 《登楼》 | 作者**杜甫**,世称"杜工部",唐代伟大的现实主义诗人,宋后别尊为"**诗圣**"。其诗大胆地揭露了当时的社会矛盾,对穷苦人民寄予深切的同情,显示了唐代由盛转衰的历史过程,故又被称为"**诗史**"。在艺术上,诗人尤其**擅长律诗**,风格多样,以沉郁为主。此诗为诗人客居成都时所写。全诗格律严谨,对仗工稳,写景抒情,委婉含讽,融**自然景象、国家灾难、个人情思**为一体,体现了诗人"**沉郁顿挫**"的艺术风格 |
| 《枫桥夜泊》 | 作者**张继**,著有《张祠部诗集》。这首诗以**白描手法**,抒写了诗人羁旅漂泊深夜难眠时的**所见、所闻、所感**。景真情切,意境悠远,语言晓畅,千古传颂。此诗的流传,也让小小的枫桥和寒山寺名声大增,并成为一处旅游胜地。清代邹福保在《苏州寒山寺联》中赞叹道:"诗人题二十八字,长留胜迹,可知佳句不须多。"**姑苏**,苏州的别称,因姑苏山而得名。寒山寺,始建于南朝梁代,唐初**高僧寒山**曾在这里做过主持,因而得名。**夜半钟声**,是本诗的诗眼,韵味深长 |

| 诗词 | 相关知识点 |
|---|---|
| 《泊秦淮》 | 作者**杜牧**,世称"小杜",以别于杜甫,并与李商隐并称为"小李杜"。此诗前两句从烟、水、月等景观意象入手,点名夜泊的地点及环境。后两句借景抒情,由酒家歌妓的靡靡之音,发出"不知亡国恨"的悲叹,思想深刻犀利,富有艺术感染力。**秦淮**,指南朝陈的国都金陵,即今天南京城内的一条河流。**商女**,指卖唱的歌女、歌伎;**后庭花**,原为歌曲名,诗中代指亡国之音 |
| 《夜雨寄北》 | 作者**李商隐**,字义山,终生潦倒,所作咏史诗多托古以讽时政,其无题诗很出名。擅长律绝,情致婉曲,风格独特。但诗中常因用典太多,而让意旨隐晦难懂。他与杜牧合称"小李杜",与温庭筠合称"**温李**"<br>这首七绝表达的是诗人对亲友的深刻怀念,即兴而作,情思缠绵,含蓄隽永。诗中的艺术构思和章法结构独特,一反近体诗要规避字面重复的规则,有意打破常规,短短 28 字中,**重复使用"期""巴山夜雨"字眼,构成了音调和章法的回环往复**之妙,表现了时间和空间回环往复的意境美,达到了内容与形式的完美结合。**何当**,指什么时候;**剪西窗烛**,形容深夜秉烛长谈的情形;**却话**,指回头说,追述 |
| 《望洞庭》 | 作者**刘禹锡**,唐代文学家,他的散文被柳宗元称为"俊而豪,味无穷而炙愈出",和柳宗元并称"刘柳"。诗人与白居易齐名,号称"刘白"<br>此诗是诗人贬官途中,在月夜下游洞庭湖时的杰作。全诗从一个"**望**"字入手,由近及远,把洞庭秋夜里的湖光山色描绘得栩栩如生,就像一幅淡雅的水墨画。尤其是一句"**白银盘里一青螺**",将月光下洞庭湖中的君山,比作一个青螺,比喻新奇,想象丰富,格调清雅,让人难忘 |
| 《暮江吟》 | 作者**白居易**,文学上主张"文章合为时而著,歌诗合为事而作",是**新乐府运动的倡导者**。《暮江吟》《钱塘湖春行》《赋得古草原送别》等都是其代表作,与元稹并称"**元白**"<br>此诗作于诗人赴杭州任刺史的途中,全诗采用**两幅优美的自然画面**,一幅是晚霞映江的绚丽景象,另一幅是露珠晶莹的朦胧月色,寓情于景,构思精妙,愉悦的色彩和生动的比喻,表达了诗人离开朝廷纷争后轻松畅快的心情。**瑟瑟**,意指碧绿的颜色;**可怜**,意指可爱 |
| 《望海潮》 | 作者**柳永**,北宋著名词人,原名三变,世称柳七或柳屯田,毕生作词,并以"白衣卿相"自诩。词多描绘城市风光和歌妓生活,长于书写羁旅行役之情,慢词创作尤多,人称"**凡有井水处,皆能歌柳词**"。代表作有《雨霖铃》《八声甘州》等,是婉约派的代表人物之一。望海潮,是柳永创制的词牌新声<br>此词是**描写杭州风景**的名篇佳作,上阕总写**杭州全貌**,下阕则歌咏**西湖景色**。全篇状物写景,名句迭出,特别是由**数字组成的词组**,如,"三吴都会""十万人家""三秋桂子""十里荷花"等,对仗工整,形象生动,极富艺术感染力。"三吴"指吴兴、吴郡、会稽三郡。"天堑"在诗中借指**钱塘江**。"三秋"指秋季孟、仲、季三秋,也指秋季的第三个月。"风池",在词中指**朝廷** |

| 诗词 | 相关知识点 |
|---|---|
| 《定风波》 | 作者**苏轼**,号东坡居士,唐宋八大家之一,与黄庭坚并称"苏黄"。**词开豪放一派,与辛弃疾并称"苏辛"。**又工书画,堪称北宋文化最高成就的代表人物。此词创作于"乌台诗案"后苏轼被贬到黄州的第三年春天,上阕写词人与朋友出行途中突遇骤雨时,词人勇于搏击风雨,笑傲人生的豪迈之情。下阕写雨后放晴,斜阳照上头,词人因此获得一番人生感悟:人生遭遇如突遇风雨,荣辱得失又何足挂齿! 全诗即景生情,**豪放乐观,**风趣幽默,给人启发,引人深思 |
| 《永遇乐·京口北固亭怀古》 | 作者**辛弃疾**,南宋词人,一生力主抗金,但始终不被重用。其词题材广泛,且善用前人典故入词,风格沉雄豪迈又不乏细腻柔媚,与苏轼同为**豪放派**词人代表。创作此词时,辛弃疾年已66岁,当时被起用为京口,即镇江知府。词人有感于朝政险恶,且自己又壮志难酬,因此在**镇江北固亭**写下了这篇佳作。上阕写京口的历史人物孙权、刘裕等人的英雄业绩,表达了词人渴望抗敌救国的心情。下阕从反向角度写历史,表达了词人对时局危亡的忧虑,以及愿意为国效劳的赤胆忠心。全词善用典故历史,紧扣题旨,影射现实,感染力强,放射着爱国主义的思想光辉 |
| 《扬州慢·淮左名都》 | 作者**姜夔**,号白石道人,南宋文学家,音乐家。其文辞精妙,以**空灵含蓄**著称。本词的词调,为姜夔自创,宋高宗绍兴三十一年,金人南侵,扬州惨遭烧杀抢掠,致使原本繁华的都会变成一片废墟。15年后,当词人经过扬州,见到的仍是一片衰败景象时,便创作此篇以抒发内心情感<br>词上阕写词人在扬州见到的荒凉景象,下阕用杜牧游赏扬州的典故,表达盛衰之叹。全诗移情入景,借景抒情,寄寓深长。笔法清雅空灵,极富感染力 |
| 《游山西村》 | 作者**陆游**,号放翁,南宋越州山阴(今绍兴)爱国诗人,诗词文皆工,尤其创作诗歌数量最多,有存诗9000多首。这是一首**纪游抒情诗,**全诗虽无一"**游**"字,却处处切合"村游",层次分明,游兴十足。颔联"**山重水复疑无路,柳暗花明又一村**"是千古名句,既写景又抒情,道出了世间事物消长变化的哲理,具有很强的艺术生命力。诗中的"春社",是指春社日,即立春后的第五个戊日,用来祭祀土地神和五谷神。"无时",指**随时** |
| 《过零丁洋》 | 作者**文天祥**,南宋末年文学家,创作了《扬子江》《过零丁洋》《正气歌》等名篇,1278年底,文天祥在广东兵败被俘,被押解过零丁洋,次年写下这首诗以明志。首联回顾身世;颔联吟咏国家受难和个人漂泊的沉痛;颈联巧用地名,展示了内心的痛苦;尾联以磅礴气势直抒胸臆,收敛全篇,慷慨激昂,掷地有声。全诗对仗工整,比喻贴切,意境高亢深邃,**格调沉郁悲壮。零丁洋**,在广东珠江口外。**汗青**,古代用来写字的竹简,此处指载入史册 |
| 《浪淘沙·北戴河》 | 作者**毛泽东**,字润之,湖南湘潭人,中华人民共和国的主要缔造者和领导人,诗人、书法家。北戴河是河北秦皇岛海滨一处**夏季疗养胜地**。此诗创作于1954年夏,毛泽东到北戴河小住。那时中国正蓬勃发展,社会形势一片大好。词作**以小见大**,以北戴河之景展现出一种寥廓深邃的宇宙感和历史感,表现出作者改天换地的革命豪情和志向。魏武,指**曹操**;挥鞭,指**出征** |

# 要点 5　名胜古迹中的著名楹联▲

| 楹联 | 相关知识点 |
|---|---|
| 承德避暑山庄万壑松风联 | 作者**清代纪昀**,字晓岚,清代著名学者,曾任四库全书馆总纂官,有《阅微草堂笔记》等著作。承德避暑山庄,是清代皇帝**避暑和处理政务**的地方。上联将"八十"颠倒为"十八",突出一个"松"字(十八公为松字),切合"王壑松风"的风物特点。下联把"九重"颠倒为"重九",表达皇帝避暑的生活情趣。此联对仗工整,切合环境,寓意美好。"八十君王"指乾隆皇帝。介寿,指祝寿的意思。九重天子,指皇帝 |
| 题陕西黄帝陵联 | 作者**姜园宪**。黄帝陵,位于**陕西黄陵县城北的桥山**,早在秦灵公三年,便在此专祭黄帝,以后历代王朝皆在此举行国家大祭。"赤子",古代指**百姓**,现指对故土怀有纯真感情的人。上联讴歌中华祖先轩辕黄帝开创了中华民族五千年的文明,下联表达中华儿女遍布全球,敬仰共同的先祖黄帝 |
| 应县木塔联 | 应县木塔位于山西应县城内佛宫寺中,本名佛宫寺释迦塔,因其"通体上下皆巨木为之",故被称为木塔。木塔为**辽代结构**,高 67.143 米,外观五层六檐,实为 9 层,是我国现存**最高大、最古老的木结构式建筑**。"桑干"指**桑干河**。岫嶂,泛指山峰、山峦。对联展示了木塔的巍峨壮观,比喻贴近,对仗工整 |
| 南京莫愁湖郁金堂联 | 作者**唐理淮**,清末文人,莫愁湖相传为古代**歌女莫愁**的旧居,明代时为中山王徐达的**家园**,并在湖上筑"胜棋楼",清乾隆时建郁金堂,曾被誉为"**金陵第一湖**"。这副对联概括了莫愁湖古往今来的情事,上联讲莫愁的传说,下联叙徐达的故事,写景清雅,抒情深沉,**怀古伤今,抒发了对世事变化的感慨** |
| 苏州寒山寺联 | 作者**邹福保**,清代文人。寒山寺为苏州千年古寺,建于梁天监年间,唐代高僧寒山曾在此做主持,故改名寒山寺。因唐代诗人张继的七绝《**枫桥夜泊**》,寒山寺名扬天下。此联将古寺名诗相互结合,既推崇了佳句,又赞颂了胜迹。全联无一字直接写寒山寺,却字字不离寒山寺,别具匠心 |
| 杭州灵隐寺联 | 作者**江庸**,现当代学者。灵隐寺建于东晋咸和元年,即 326 年。**白傅**,即唐代大诗人白居易,曾在杭州为官,写了大量赞赏杭州的诗词。**苏公**,即北宋文豪苏东坡,在他出任杭州通判时,常在灵隐寺等地评阅公文,处理公务。这副对联借古颂今,把"**白傅留诗**"和"**苏公判牍**"的历史佳话与古刹胜迹巧妙结合,并化用柳永《**望海潮**》中描写杭州的词句,妙趣横生,既赞美了千古胜迹,又颂扬了历代文豪,让人游兴倍增 |
| 温州江心屿江心寺联 | 作者**王十朋**,南宋温州乐清人。江心屿,位于温州瓯江中游的一座小岛,是中国四大名屿之一,被称为"**瓯江蓬莱**",岛上有江心寺。谢灵运、孟浩然、韩愈、陆游、文天祥等历代诗人都曾留处这里<br>此联由温州书法家方介堪正楷重写,利用汉字的"**一字多音多义**"特点,采用谐音假借的手法,巧妙地构成了一副叠字联,展现了江心屿"**潮涨潮落、云聚云消**"的自然景象。"朝"分 zhāo(a. **早晨**)和 cháo(b. **朝拜**,引申为"**聚拢**");"长"分 cháng(A. **长久**,经常)和 zhǎng(B. **同"涨",涨潮**),应读作:"云,ab,aab,aba 散;潮,AB,AAB,ABA 消。" |

| 楹联 | 相关知识点 |
|---|---|
| 湖南岳阳楼联 | 作者**何绍基**,清道光进士,善于写对联。上联从**诗人、儒者、郡吏、神仙**等不同角度惊叹岳阳楼的奇伟,下联对比洞庭湖、扬子江、巴陵山、岳州城等不同地方来渲染岳阳楼的地理形胜,赞美岳阳楼的自然风光。全联层次分明,对仗工整,**用典多却自然贴切** |
| 南昌滕王阁联 | 作者**刘坤一**,清末湘军将领。滕王阁,由唐太宗之弟**滕王李元婴**营建,阁便以其封号命名。唐代才子王勃曾作千古名篇《**滕王阁序**》。上联写了对"滕王阁在兴废之间、依然风景如旧"的庆幸;下联通过古今对比,设问古人,来赞颂滕王阁今天的美景。作者**吊古怀今**,伤感中却不乏高亢之气 |
| 成都武侯祠联 | 作者**赵藩**,时任清四川盐茶使,此联为"**讽谏联**",赵藩还因此被贬。武侯,即诸葛亮。此联为成都武侯祠诸葛亮殿正中的楹联,被誉为武侯祠楹联中的精品。上联写诸葛亮在军事上的**主要特点是"攻心"**而非好战,下联写他治蜀时的主要特点是"**审时度势**"。全联精辟地指出了统治者处理政务的要害,揭示了正反、宽严、文治武功等矛盾的对立统一,概括了诸葛亮的文韬武略。全联思想精深,艺术完美,给人启迪 |
| 成都杜甫草堂大廨联 | 作者**顾复初**,通辞章、善楹对、工书画,光绪年间被推为**蜀中第一书家**。上联感慨像杜甫这样的伟大诗人历史上不多出,下联称颂杜甫常处在困境中却写出无数精彩的诗篇,它们就跟草堂优美的自然风光一般,长留人间,供后人领略。对联的上下两句"**异代不同时**"和"**有长留天地**"都化用了杜甫的诗句,巧妙贴切 |
| 新都宝光寺大雄宝殿联 | 作者**何元普**,清代官员。宝光寺,位于成都市新都区,始建于东汉,清代后被称为南方"四大佛教丛林"之一。**世外人**,指超凡脱俗的人,常代指僧道、神仙;**法**,指法理、规律;**定法**,指固定不变的法理;**非法**,指没有固定不变的法理;**了**,指了结,结束。上联指出世间万物**没有固定不变的法理**,下联建议世人用**不做了结的心态去做一个了**结。对联切合佛家教义,细细品来,仁者见仁智者见智,引人悟得真谛 |
| 崇州陆游祠联 | 作者**汪德嘉**,现当代成都诗人、教师,长于诗词书法。崇州陆游祠**始建于明初**,目的是纪念曾任蜀州(今四川崇州市)通判的爱国诗人陆游。这是除绍兴外,全国仅有的纪念陆游的专祠<br>上联说了陆游在政治上的志向:**收复失地,统一国家**。下联写了陆游在文学上的成就:**诗继杜甫,派开南宋**。全联结构严谨,内容精要,气势雄浑,堪称佳联 |
| 昆明滇池大观楼联 | 作者**孙髯**,清代文人,学识渊博,终身不仕,自称"**万树梅花一布衣**"。滇池,亦即昆明湖,是**云南最大的淡水湖**,有高原明珠之称。大观楼,位于滇池之滨,乾隆年间,孙髯登楼题写了此联<br>全联**180**字,有景有情,有叙有议,将**叙事、写景、抒情、议论**融于一联之中,丰富了对联的表现手法,几百年来备受推崇,被誉为"**古今第一长联**""**四海长联第一佳者**"<br>上联写登楼所见,想象丰富,比喻奇特。下联由景抒情,追溯云南在历史中的嬗变,含蓄地表达了对历史兴亡的感慨。全联结构严谨,首尾贯注,巧于化用前人诗句,遣词造句精练圆熟,音韵节奏铿锵流美 |

| 楹联 | 相关知识点 |
|---|---|
| 蝴蝶泉联 | 作者**彭祜**,生平不详。蝴蝶泉,位于云南大理,以**泉**、**树**、**蝶**为主要景观,明朝徐霞客曾到过这里,泉边还有**郭沫若书写**的"蝴蝶泉"石匾。作者善于联想,用典贴切。上联由蝴蝶联想到**庄周梦化成蝶**的典故,下联由胜迹美景想到东晋女诗人**谢道韫的咏絮典故**,将蝴蝶泉烘托得朦胧迷人 |
| 广州越秀山镇海楼联 | 作者**彭玉麟**,字雪琴,清湘军水师创建者、统领。镇海楼,位于越秀山顶,建于明初,楼名有"雄镇海疆"之意。楼高28米,分5层,俗称"五层楼"。"危楼",高楼,联中指**镇海楼**,化用李白《夜宿山寺》中的诗意。"故侯",指因战功被朱元璋封为**永嘉侯**的**朱亮祖**,他在广州时主持修建了镇海楼。"凭栏看剑",化用宋辛弃疾《水龙吟·登建康赏心亭》的词意。此联**吊古抒怀**,情深意切,格调悲壮激昂 |
| 厦门郑成功纪念馆联 | 作者**郭沫若**,现当代文学家、历史学家、社会活动家。纪念馆位于福建**厦门鼓浪屿**,建于1962年2月,目的是纪念郑成功收复台湾省300年。"开辟荆榛",指开发中国台湾省。"驱除荷房",指打败占据中国台湾38年的**荷兰殖民者**。此联语言简洁明快,平仄合律,朗朗上口 |
| 海角天涯胜迹联 | 作者**李求真**,海南楹联学会名誉会长。海角天涯景区,位于三亚,原名下马岭。此联既突出了独特的晴空碧水,也揭示了游人迷恋天涯景区的心态,并将"**海角**""**天涯**"嵌入上下联,独具匠心,巧妙工稳 |

# 要点6　历代游记名篇赏析★

| 游记名篇 | 相关知识点 |
|---|---|
| 《兰亭集序》 | 作者**王羲之**,世称"王右军",**东晋著名书法家、文学家**,被誉为"书圣"。本文是为《兰亭集》写的序言,更类似一篇游记散文,融**叙事**、**写景**、**抒情**为一体,记叙了春游"修禊"习俗,描绘了兰亭山水的俊美清幽,抒写了游目骋怀的欢乐情怀及年寿有尽的感伤。文辞清新朴直,流畅优美。**修禊**,古代民间一种郊游祭祀的习俗,后世渐成为游春节日。**觞**,指酒杯 |
| 《滕王阁序》 | 作者**王勃**,文章从滕王阁的地域位置和物产名士写起,浓笔描绘了滕王阁之壮观,三秋景色之华美,以及盛宴之高朋满座。进而从欢宴、美景写到自己的身世和羁旅之情,抒发怀才不遇的苦闷,最后请众宾客题诗作赋。通篇辞彩华美,声律严密,用典繁丽。写景抒情,自然融合,为骈文之佳作。其中的"**落霞与孤鹜齐飞,秋水共长天一色**""**老当益壮,宁移白首之心;穷且益坚,不坠青云之志**"更是脍炙人口的名句 |

| 游记名篇 | 相关知识点 |
|---|---|
| 《岳阳楼记》 | 作者**范仲淹**,苏州吴县人。其诗词散文有很高思想性和艺术性。岳阳楼相传原为三国鲁肃训练水师的阅兵台,在唐代建阁,由北宋滕子京重修,并邀请范仲淹作《岳阳楼记》,与武汉的黄鹤楼、南昌的滕王阁并称为"江南三大名楼"。文章从写作的缘由入手,浓墨重彩地铺叙了登楼所见的不同景象。同时,还深切地表达了作者的人生感受和远大抱负。道出了**"不以物喜、不以己悲"**的心声和**"先天下之忧而忧,后天下之乐而乐"**的崇高品质,这也成为后代检验人格品质最简朴的标准,是为千古名句 |
| 《赤壁赋》 | 作者**苏轼**,在其被贬黄州时,曾两次泛舟夜游黄州城外的"赤壁矶",也称赤壁。作者明知三国赤壁战场不在黄州,但巧妙关联,借题发挥,前后写了两篇《赤壁赋》来抒发心境,皆成传世佳作。本篇为《前赤壁赋》,艺术手法高超,把**写景抒情、叙事说理**结合起来,融为一体。行文继承运用赋体传统的**对话手法**,韵文和**对偶句的章法结构、语言格式**,同时又注入更多散文因素,更具节奏感、音韵美,成为**新体散文赋的佳作** |

## 课后学习任务

### 灵活练习——模拟题演练:来,试试你的水平!

**判断题:**

●1920 年,胡适出版中国新诗史上第一部白话诗集《女神》。　　　　　　　　(　　　)

●近体诗又称今体诗,是相对于古体诗而言的,它成熟于唐代,所以唐人称之为今体。

(　　　)

**单选题:**

●被认为文人词开山始祖的是(　　　)。

A. 李白　　　　　　　　　　　　　　B. 白居易

C. 温庭筠　　　　　　　　　　　　　D. 柳永

●昆明大观楼长联共有(　　　)字。

A. 80　　　　　　　　　　　　　　　B. 160

C. 180　　　　　　　　　　　　　　D. 280

**多选题:**

●王维《使至塞上》中颈联的诗句是(　　　)。

A. 征蓬出汉塞　　　　　　　　　　　B. 归雁入胡天

C. 大漠孤烟直　　　　　　　　　　　D. 都护在燕然

E. 长河落日圆

●下列名句出自《滕王阁序》的有(            )。

A. 落霞与孤鹜齐飞,秋水共长天一色      B. 老当益壮,宁移白首之心

C. 不以物喜,不以己悲      D. 先天下之忧而忧,后天下之乐而乐

E. 穷且益坚,不坠青云之志

# 专题五  中国建筑文化

学习目标

了解:中国建筑的历史沿革和基本特征,中西建筑流派风格比较,中国近现代建筑的特点,中国当代著名建筑,等等。

熟悉:中国传统建筑的基本构成与等级观念。

掌握:中国古代著名宫殿、坛庙、陵墓、古城、古长城、古镇古村、古楼阁、古塔和古桥的类型、布局、特点等相关知识;国庆10周年北京"十大建筑"和天安门广场改扩建工程;南京长江大桥、杭州湾跨海大桥、港珠澳大桥、北盘江大桥等建筑成就。

## 要点1  中国建筑的历史沿革和基本特征*

### 一、中国古建筑发展简史

| 时期 | 特点 | 代表性建筑 |
|---|---|---|
| 原始社会早期 | 以天然崖洞或构木为巢作为居所 | |
| 原始社会晚期 | 北方:利用黄土层为壁体修建土穴,并用木架和草泥建造简单的穴居或浅穴居<br>南方:出现了干栏式木构建筑 | |
| 商代 | 有了较成熟的夯土技术,建造了规模相当大的宫室和陵墓 | |
| 西周及春秋时期 | 建造了很多以宫市为中心的城市,简单的木构架已成为中国建筑的主要结构方式<br>瓦的出现与使用,解决了屋顶防水问题,是中国古建筑的一次重大进步 | |
| 战国时期 | 城市规模扩大,高台建筑更为发达,并出现了砖和彩画 | |

| 时期 | 特点 | 代表性建筑 |
|---|---|---|
| 秦汉时期 | 木构架结构技术日渐完善,常见的**抬梁式**和**穿斗式**已发展成熟<br>石料的使用逐步增多,东汉出现了**全部石造的建筑物**,如石祠、石阙和石墓<br>修建了规模空前的宫殿、陵墓、万里长城、驰道和水利工程 | |
| 魏晋南北朝时期 | 在建筑材料方面,**砖瓦的产量和质量有所提高**,金属材料被用于装饰<br>在建筑技术方面,**建造大量木塔**,显示了木构技术的提高;**砖结构被大规模地应用到地面建筑**;石工的**雕琢技术达到了很高水平** | 河南登封嵩岳寺塔的建造标志着石结构技术的巨大进步<br>**大量兴建佛教建筑**,出现了许多寺、塔、石窟,以及精美的雕塑与壁画 |
| 隋唐时期 | 唐朝:在建筑材料方面,**砖的应用逐步增多**,砖墓、砖塔的数量增加;琉璃的炼制技术比南北朝有所进步;在建筑技术方面,**出现了木构架设计的标准**,比例形式趋向定型化,出现了都料匠<br>唐朝的住宅根据主人等级的不同,其门厅的大小、间数、架数及装饰、色彩等都有严格规定,体现了**中国封建社会严格的等级制度**<br>特点:单体建筑的屋顶坡度平缓,出檐深远,斗拱比例较大,柱子较粗壮,多用板门和直棂窗,风格庄重朴实 | 隋朝:建造了规划严整的**大兴城**,开凿了南北大运河,修建了世界上最早的敞肩拱桥——**赵州桥**<br>唐朝:**长安城**成为当时世界上最大的城市<br>现存最早的木结构建筑实物有位于山西省唐代所建的五台县**南禅寺大殿、佛光寺东大殿**和**芮城县广仁王庙正殿** |
| 宋朝 | 出现了各种形式复杂的殿阁楼台和仿木构建筑形式的**砖石塔和墓葬**<br>建筑特征:**屋顶的坡度增大**,出檐不如前代深远,重要建筑门窗多采用菱花隔扇,建筑风格**渐趋柔和** | 《**营造法式**》于北宋崇宁二年(1103)颁行,各种建筑的设计、结构、用料和施工的"**规范**"<br>现存宋代建筑:**山西太原晋祠圣母殿、福建泉州清净寺、河北正定隆兴寺和浙江宁波保国寺** |
| 元朝 | **元大都**是按照汉族传统都城布局建造成的,是自**唐长安城**以来又一个规模巨大、规划完整的都城<br>藏传佛教和伊斯兰教的建筑艺术逐步影响全国各地<br>使用**辽代所创的"减柱法"**已成为大小建筑的共同特点,许多**大构件多用自然弯材稍加砍削而成**,形成当时建筑结构的主要特征 | 现存元代建筑:**山西芮城永乐宫、洪洞广胜寺** |
| 明清时期 | **砖的生产大量增长**,民间建筑也**大量使用砖瓦**<br>**琉璃瓦的生产**,无论数量或质量都超过以往任何朝代<br>**官式建筑已高度标准化、定型化** | 明末出现了《园冶》<br>清朝于1723年颁布《工部工程做法则例》,统一了官式建筑的模数和用料标准,简化了构造方法<br>代表建筑有北京明清故宫和**沈阳故宫** |

## 二、传统思想在古代建筑中的体现

传统思想在古代建筑中的体现：

- **敬天祀祖**
- **皇权至上**
- **以中为尊**
- **阴阳五行**

# 要点 2  中西建筑流派风格比较 *

## 一、中国建筑概述

| 类型 | 定义 | 特点 |
|---|---|---|
| 官式建筑 | 具有一定官方地位，强调庄重感、仪式性的建筑 | 强调**正统性**，通常有石砌基座将建筑抬起，支撑结构主要是大型木料搭建的木结构，下部是粗壮的木柱，上部是梁与额枋，通过复杂的木质斗拱与屋顶结构体系相互连接，建筑顶部是用瓦铺砌的斜坡屋顶 |
| 民间建筑 | 普通百姓建造的住宅、商铺、作坊等民用建筑 | 相对灵活得多，**规模小**、**造价低**、**用料简单**，主要成分也包括台基、木结构以及瓦屋顶等，只是结构构件的尺度与复杂程度都要小很多 |

## 二、西方建筑概述

| 类型 | 特点 |
|---|---|
| 古希腊神庙建筑 | 是欧洲建筑文明**最早的杰出成就**之一<br>一般为**长方形**，建筑周边是**巨石立柱**，支撑上部的石梁以及石梁上部的木质屋顶结构与屋顶瓦<br>主要用**大理石**建筑而成，装饰有丰富的色彩与雕刻，展现了希腊文明伟大的艺术成就 |
| 古罗马建筑 | 一方面吸收了希腊的**柱式与神庙**元素，另一方面**拓展了拱券**、**拱顶**、**穹顶**等结构元素以及砖、混凝土、玻璃等材料的运用<br>代表建筑有罗马斗兽场与罗马万神庙 |

| 类型 | 特点 |
|---|---|
| 拜占庭建筑 | 延续了古罗马建筑的特点,如二耳其伊斯坦布尔的索菲亚大教堂<br>后续的拜占庭建筑往往规模较小,平面**多为中心集中式**,在建筑中央有高耸的穹隆,有时也在 4 个角上建造小一些的穹隆 |
| 罗马风建筑 | 采用**拉丁十字平面**,由砖或石头建造,有鲜明的几何体量,以及高耸的**钟塔**与密集的**拱券**等特征元素 |
| 哥特式建筑 | 采用石质的**尖拱与肋拱拱顶**,使得结构更为纤细与高耸,如巴黎圣母院<br>为保持结构稳定,哥特式建筑周边还采用了**飞扶壁**来强化支撑,形成了其突出特征 |
| 文艺复兴建筑 | 意大利倾向于**使用柱式、圆拱、筒形拱顶**等古典建筑元素,而不是哥特式的尖拱与高塔 |
| 巴洛克建筑 | 大量使用**椭圆、曲线**以及**充沛的装饰**来塑造富有动感与多变的建筑效果,富丽堂皇又新奇欢畅<br>代表性建筑有**罗马耶稣会教学堂、德国十四圣徒朝圣教堂**等 |
| 洛可可建筑 | 产生于**法国**并流行于欧洲,主要表现在**室内装饰**上<br>其特点为**纤弱娇媚、华丽精巧、甜腻温柔**,常用贝壳、旋涡、山石作为装饰题材,形成了**装饰繁杂、形态怪诞**的宫廷内饰倾向 |
| 新古典主义建筑 | 欧洲主流建筑师更为诚实地学习模仿真实的希腊与罗马古代建筑,突出**庄重感、对称性、秩序与理性**等特征<br>代表性建筑有**法国的卢浮宫、凡尔赛宫**等 |

## 三、中西方建筑的差异对比

| 差异 | 对比 |
|---|---|
| 材料差异 | 中国建筑:通常采用**木料、斗拱式**<br>西方建筑:以欧洲为代表的建筑体系以**古典柱式**为主要造型特征,以石构为基础的建筑质地坚硬,作为纪念物保存性能优越 |
| 外观差异 | 中国建筑:体现了**与自然和谐的态度**,以内收的凹线依附于大地,横向铺开来表达与自然相协调的意念,有虚有实<br>西方建筑:体现了**与自然对抗的态度**,在外廊处理中有意强调建筑的几何体量,尤其是那些耸向天空的尖顶和巨大的穹顶,更是赋予向上和扩张的气势,并强调以外部空间为主,与自然山水的柔曲形成对比与反衬 |
| 装饰差异 | 中国建筑:**色彩平和**,具有较长时期的稳定性,并形成一定的规则<br>西方建筑:**色彩变幻**,一个时代有一个时代的特点,追求装饰色彩,标新立异 |

| 差异 | 对比 |
|---|---|
| 布局方式<br>差异 | 中国建筑：崇尚"**封闭型空间**"，如庭院布局，以内向性封闭空间为主，强调紧凑、聚气<br>西方建筑：崇尚"**开放空间**"，如把**中心广场**称为"**城市的客厅**""**城市的起居室**"等 |

# 要点 3　中国近现代建筑的特点 *

| 时期 | 特点 | 作品实例 |
|---|---|---|
| 鸦片战争之后 | 被迫开放培育了上海、武汉、天津的通商口岸，西方建筑开始在租界大量出现 | 上海外滩体现了同时期西方历史主义建筑在中国的引入<br>超高层建筑、装饰艺术风格、新艺术运动等也快速引入上海、哈尔滨等重要的近代城市 |
| 二十世纪<br>二三十年代 | 以梁思成、杨廷宝、吕彦直为代表的一批在西方接受了高等建筑教育的中国建筑师带来新的建筑设计力量，他们一方面吸纳西方经典建筑原则，另一方面试图将西方技术与中国文化要素相结合 | 吕彦直设计的南京中山陵<br>杨廷宝设计的清华大学生物馆 |
| 中华人民共和国成立初期 | 受苏联影响，重要的政府建筑很多采用具有西方新古典主义特征的建筑风格，通过对称体量、柱列等元素体现庄重的纪念性；普通的民用建筑则转向更为相互的功能主义特色 | |
| 改革开放以后 | 中国一跃成为全球最大的建筑市场<br>中国建筑师很快转向以现代建筑为基础的自主创作 | 中国当代建筑已经是全球范围内最具活力的一支力量，一些杰出作品已经具备世界一流的品质 |

62

# 要点 4　中国当代著名建筑*

| 类型 | 地理位置 | 建成时间 | 特点 |
|------|----------|----------|------|
| 国家体育场（"鸟巢"） | 北京奥林匹克公园中心区南部 | 2008 年 6 月落成 | 总建筑面积为 25.8 万平方米，可容纳 9.1 万人。主体建筑是由一系列钢桁架围绕碗状座席区编制而成的，如同孕育生命的"巢"和"摇篮"，寄托着人类对未来的希望；是第 29 届夏季奥运会的主体场馆，并在此举行过第 29 届奥运会、残奥会开闭幕式<br>2022 年也将作为北京冬奥会、冬残奥会开闭幕式场地 |
| 中央电视台总部大楼 | 北京市朝阳区 | 2012 年 5 月竣工 | 由 3 个建筑物组成，分别是西南侧的中央电视台总部大楼（主楼）、西北侧的电视文化中心（北配楼）以及东北角的能源服务中心<br>被美国《时代周刊》杂志评选为 2007 年世界十大建筑奇迹之一 |
| 苏州"东方之门" | 苏州市工业园区 | 2015 年 8 月建成 | 总建筑面积为 45.3 万平方米，总高度达到 301.8 米，由两栋超高层建筑组成的双塔连体建筑，分南、北塔楼和南、北裙房等主要结构单元，空中园林位于"东方之门"塔楼顶部<br>获"中国结构最复杂的超高层建筑""中国最高的空中苏式园林"等美誉 |
| 上海东方明珠广播电视塔 | 上海市浦东新区陆家嘴 | 1994 年 10 月建成 | 塔高约 468 米，为多筒结构，电视塔有下、上、顶 3 个球体，形成大珠小珠落玉盘的意境，是首批国家 5A 级旅游景区<br>塔内有太空舱、旋转餐厅、上海城市历史发展陈列馆等景观和设施，上球体观光层是东方明珠广播电视塔的主观光层<br>是上海新十大地标建筑之一 |
| 上海中心大厦 | 浦东新区陆家嘴 | 2016 年 3 月竣工 | 是上海新十大地标建筑之一<br>建筑主体有 119 层，总高为 632 米，外观呈螺旋式上升；"上海之巅"观光厅位于上海中心大厦第 118 层，可 360 度俯瞰上海城市风貌 |
| 广州塔（"小蛮腰"） | 广州市海珠区 | 2009 年 9 月竣工 | 又称广州新电视塔，总高度为 600 米，是广州市的地标建筑。整个塔身是镂空的钢结构框架，24 根钢柱自下扭转而上，中部最细处的面积与底面和顶部的对比差异突出，从不同的方向看整个塔身都有不同的造型<br>广州塔集都市观光、高空游乐、日常餐饮等多功能于一体 |

| 类型 | 地理位置 | 建成时间 | 特点 |
|------|----------|----------|------|
| 台北 101 大楼 | 台北市信义区 | **2004 年 12 月**启用 | 高 **508 米**,是台北市标志性建筑之一<br>包含办公塔楼 **101 层**、商业裙楼 **6 层**和地下楼面 **5 层**,以**数字 8** 作为设计单元,**每 8 层楼**为 1 个结构单元,建筑面内斜 7°,彼此接续、层层相叠,外观为**多节式结构**<br>第 **89 层**设有室内观景台,第 **91 层**设有室外观景台 |

# 要点 5　中国古代建筑的基本构成与等级观念▲

## 一、中国古代建筑的基本特征

### (一)中国古代建筑的基本特征

- 巧妙而科学的木构架结构
- 庭院式的组群布局
- 丰富多彩的艺术形象

### (二)中国古代木构架结构

| 形式 | 结构 | 特点 |
|------|------|------|
| 抬梁式 | 是在柱上抬梁,梁上安柱(短柱),柱上又抬梁的结构方式 | 可以**使建筑物的面阔和进深加大**,以满足**扩大室内空间的要求**,成了大型宫殿、坛庙、寺观、王府、宅第等豪华壮丽建筑物所采取的**主要结构形式** |
| 穿斗式 | 用穿枋、柱子相穿通接斗而成 | **便于施工,最能抗震**,但较难建成大型殿阁楼台,所以我国**南方民居**和较小的殿堂楼阁多采用这种形式 |
| 井干式 | 以圆木或方木四边重叠,结构如"井"字形 | 这是一种**最原始而简单的结构**,现除山区林地之外,已很少见到了 |

### (三)庭院式的组群布局

中国建筑体系平面布局的特点:

(1)以**"间"**为单位构成单体建筑,再以单体建筑组成庭院,进而**以庭院为单元**,组成各种形式的组群。

（2）中国古代建筑的布局形式**有严格的方向性，常为南北向**，只有少数建筑群因**受地形地势限制**采取变通形式，也有由于**受宗教信仰或阴阳五行风水思想的影响**而改变方向的。

（3）中国古代建筑的庭院与组群布局，一般采用**对称的方式**，沿着纵轴线与横轴线设计。多数**以纵轴线为主，以横轴线为辅**。一般将**主要建筑物布置在纵轴线上，次要建筑物**则布置在**主要建筑物前的两侧**，东西对峙，组成一个方形或长方形院落。

## 二、中国古代建筑的等级

### （一）屋顶

- "**大屋顶**"和飞腾的挑檐是我国古代建筑最具特色的外观特征。
- 根据重檐屋顶的等级高于单檐屋顶的原则，官式建筑屋顶形式级别从高到低依次为**重檐庑殿、重檐歇山、单檐庑殿、单檐歇山、攒尖、悬山、硬山、卷棚**。

| 形式 | 定义 | 等级 |
|---|---|---|
| 庑殿顶 | 屋面**四坡五脊**，前后屋面相交形成 1 条正脊，两侧屋面与前后屋面相交形成 4 条斜脊，俗称五脊顶；有**单檐和重檐**之分 | 官式建筑中**重檐庑殿顶规格最高**，如故宫太和殿 |
| 歇山顶 | 又称九脊顶，由 1 条正脊、4 条垂脊和 4 条戗脊组成。前后两坡为**整坡**，左右两坡为**半坡**，半坡以上的三角形区域为**山花**；有**单檐与重檐**之分 | **重檐歇山顶等级仅次于重檐庑殿顶**，多用于规格很高的殿堂，如故宫保和殿、天安门等 |
| 攒尖顶 | 平面为圆形或多边形，屋面在顶部交会于一点，形成锥形，多在尖端置宝顶装饰；有**单檐与重檐**之分 | 次于**单檐歇山顶** |
| 悬山顶 | 有**五脊二坡**，屋檐悬伸出山墙之外，并由下面伸出的桁（檩）等承托<br>因其挑出山墙之外，故**又称挑山顶** | 次于**攒尖顶** |
| 硬山顶 | 有**五脊二坡**，左右两面山墙或与屋面平齐，或高出屋面。高出的山墙称风火墙，其主要作用是**防止火灾发生时火势顺房蔓延** | 次于**悬山顶** |
| 卷棚顶 | 为**双坡屋顶**，两坡相交处**不做大脊**，由瓦垄直接卷过屋脊呈弧形的曲面<br>屋顶外观卷曲、舒展轻巧，多用于园林建筑 | 次于**硬山顶** |

（二）面阔

1. 定义

• 中国古代木结构建筑都以"间"作为计数单位，由 4 根柱子所组成的空间称为"间"。1 间的宽度，叫面阔。而整个建筑物正面若干间加起来的宽度，叫通面阔，一般简称面阔（如 10 根柱子就是面阔 9 间，6 根柱子就是面阔 5 间）。

• 建筑物侧面间的深度叫进深，若干间合起来的深度叫通进深，简称进深。

2. 等级

面阔间数越多，建筑物级别越高。为保持建筑物正中开门的特征，所以面阔间数一般为奇数。在间数中，往往以"九五"象征帝王之尊（面阔九间，进深五间）。

（三）台基

1. 定义

台基是一种高出地面的台子，是建筑物的底座，用以承托建筑物，使建筑物显得高大雄伟，并有防潮、防腐的作用。

2. 等级

台基根据材料（汉白玉、普通石头、土）、层数（3 层、2 层、1 层）和结构（须弥座、普通座）的不同来区分等级。材料越好、层数越高的台基级别就越高；须弥座台基级别高于普通座。

（四）柱色、门色、彩画

| 类别 | 等级 |
|------|------|
| 柱色 | 金色的级别最高，其次为红色，再次是黑色 |
| 门色 | 清朝规定：皇宫正殿门为红色；一品至三品官员府第门为红色；四品以下官员府第门为黑色 |
| 彩画 | 级别由高到低依次为和玺彩画、旋子彩画、苏式彩画<br>明代规定，庶民民居不得饰彩画 |

# 要点6  中国古代著名宫殿、坛庙、陵墓、古城、古长城、古镇古村、古楼阁、古塔和古桥的类型、布局、特点★

## 一、宫殿

### （一）宫殿的布局

| 布局 | 特点 |
|---|---|
| 严格的中轴对称 | **中轴线上的建筑高大华丽，轴侧的建筑低小简单**,体现了皇权的至高无上;**中轴线纵长深远**,更显示了帝王宫殿的尊严华贵 |
| 左祖右社或称左庙右社 | **"左祖"**:在宫殿左前方设祖庙,是帝王祭祀祖先的地方,又称**太庙**<br>**"右社"**:在宫殿右前方设社稷坛。社为土地,稷为粮食。社稷坛是帝王**祭祀土地神、粮食神**的地方 |
| 前朝后寝 | 这是**宫殿自身的布局**。宫殿由前后两部分组成,一墙之隔,**"前堂后室"**即**"前朝后寝"**<br>**前朝**:帝王上朝治政、奉行大典之处<br>**后寝**:帝王和后妃们生活居住的地方 |

### （二）宫殿建筑的室外陈设

| 类别 | 特点 |
|---|---|
| 华表 | 古代设在宫殿、城垣、桥梁、陵墓前,作为**标志和装饰用的**大柱<br>华表一般为**石质**,柱身通常雕有**蟠龙**等纹饰,上端横插一**云板**,顶上有**承露盘**和**蹲兽朝天犼**<br>华表竖立于皇宫和帝王陵园之前,作为**皇家建筑的特殊标志**。设在陵墓前的又名**墓表** |
| 石狮（或铜狮） | 宫殿大门前都有一对石狮(或铜狮)。石狮(或铜狮)有**辟邪**的作用;又因为狮是兽中之王,所以又有**显示尊贵和威严**的作用<br>成对石狮系**左雄右雌,雄狮爪下为球**,象征一统天下;**雌狮爪下踩幼狮**,象征子孙绵延 |
| 日晷 | 即**日影**,它利用太阳的投影和地球自转的原理,借指针所生阴影的位置来**显示时间**<br>用于宫殿前亦是皇权的象征,一般**与嘉量并列于左右**,象征天地一统、江山永固 |
| 嘉量 | 嘉量是我国古时的**标准量器**。全套量器从大到小依次为斛、斗、升、合、龠。含有**统一度量衡**的意义,象征国家的统一和强盛 |

| 类别 | 特点 |
|---|---|
| 吉祥缸 | 置于宫殿前盛满清水**以防火灾**的水缸,有的是铜铸的。古代称之为"门海",**比喻缸中水似海可以扑灭火灾**,故又被誉为"吉祥缸" |
| 鼎式香炉 | 作为古代的一种礼器,举行大典时被用来**盛放燃烧的檀香和松枝** |
| 铜龟、铜鹤 | 龟和鹤是中国传统文化中的神灵动物,**象征长寿**。最有名的是**龙头龟**、**仙鹤** |

### (三)中国现存的著名宫殿

| 名称 | 地理位置 | 历史 | 特点 |
|---|---|---|---|
| 北京故宫 | 北京市中心 | 始建于 **1406 年**,历时 **14 年**才完工,为**明清两代**的皇宫,有 **24 位**皇帝相继在此登基执政 | 是世界上现存规模**最大**、**最完整**的古代木构建筑群,占地 **72 万平方米**,建筑面积约为 **15 万平方米**<br>宫殿分前后两部分,即**前朝**和**内廷**。前朝是皇帝奉行大典、召见群臣、行使权力的场所,以**太和殿**、**中和殿**、**保和殿三大殿**为中心。保和殿之后为内廷,是皇帝日常处理政务和帝后、嫔妃以及幼年皇子、公主居住、游玩,萨满祭祀之处。主要建筑有**乾清宫**、**交泰殿**、**坤宁宫**及两侧的 **12 座官院**。内廷有 **3 座花园**,即宁寿宫花园、慈宁宫花园和御花园 |
| 沈阳故宫 | 沈阳旧城中心 |  | 占地 **6 万平方米**,全部建筑有 **90 余所**、**300 余间**,是清朝入关前**清太祖努尔哈赤**、**清太宗皇太极建造的皇宫**,又称**盛京皇宫**。清世祖福临在此即位称帝<br>可分为 3 个部分:**东路**为努尔哈赤时期建造的大政殿与十王亭;**中路**为皇太极时期续建的大清门、崇政殿、凤凰楼以及清宁宫等;**西路**为乾隆时期增建的戏台、嘉荫堂、文溯阁等 |
| 布达拉宫 | 西藏拉萨市的红山上 | 始建于 **7 世纪**吐蕃赞普(**藏王**)松赞干布时期,**17 世纪五世达赖喇嘛**时期重建,成为历代达赖喇嘛的驻地 | "布达拉"是梵语音译,又译作"普陀",原指**观世音菩萨所居之岛**<br>布达拉宫是一座规模宏大的**宫堡式建筑群**,主体建筑分为**白宫**和**红宫**。白宫是达赖喇嘛的冬宫,红宫主要是达赖喇嘛的灵塔殿和各类佛殿。以辉煌的艺术作品和珍贵文物而闻名 |

皇家宫殿,君临天下

## 二、坛庙

### (一)祭祀与坛庙建筑

- 因祭天、地、日、月等活动都在郊外进行,所以统称为郊祭。
- 秦始皇、汉武帝等都曾登五岳之首——泰山举行特殊的祭告天地典礼,称为"封禅大典"。

| 活动 | 时间 | 地点 |
|------|------|------|
| 祭天 | 冬至日 | 在南郊的天坛 |
| 祭地 | 夏至日 | 在北郊的地坛 |
| 祭日 | 春分日 | 在东郊的日坛 |
| 祭月 | 秋分日 | 在西郊的月坛 |

祭天祀神,礼制传承

### (二)中国现存的著名坛庙

| 名称 | 地理位置 | 特点 |
|------|----------|------|
| 北京太庙 | **天安门东侧**,今为劳动人民文化宫 | 平面呈南北向长方形,正门在南,四周有围墙三重。主要建筑为**大殿及配殿**,前面有**琉璃砖门及戟门各1座**,两门之间有**7座石桥** |
| 北京社稷坛 | **天安门西侧** | 按"五行"中五方五色的配置,**中央为黄、东方为青、南方为红、西方为白、北方为黑**,用**五色土**覆盖于坛面,以象征"**普天之下,莫非王土**"和祈求全国风调雨顺、五谷丰登<br>祭祀社稷**由北向南设祭**,即享殿、拜殿及正门均在北,以正门、享殿、拜殿、五色土方坛为序,由北向南展开 |
| 天坛 | 北京 | 始建于明**永乐年间**,是明清皇帝**祭天和祈祷丰年**的地方,是**中国礼制建筑中规模最大、等级最高的建筑群**<br>布局上,天坛划分为5组建筑:内墙沿南北中轴线,南部有祭天的**圜丘坛**;中部有存放上天和诸神灵位的**皇穹宇**;北部有祈祷丰年的**祈年殿**;内墙西门南侧是皇帝祭祀前斋宿的宫殿**斋宫**;外墙西门以内有饲养祭祀用牲畜的**牺牲所**和培训舞乐人员的**神乐署**。北圆南方的坛墙和圆形建筑搭配方形外墙的设计,寓意"**天圆地方**"的宇宙观 |

| 名称 | 地理位置 | 特点 |
|------|----------|------|
| 地坛 | 北京 | 始建于**明嘉靖年间**,是明清两朝帝王**祭祀"后土皇地祇神"**的场所,也是我国现存最大的**祭地之坛**<br>坛呈方形,地坛现存有**方泽坛、皇祇室**等古建筑<br>遵照我国古代**"天圆地方""天青地黄""天南地北"**等传统观念和象征传说构思设计 |
| 曲阜孔庙 | 山东省曲阜市 | 是**第一座祭祀孔子的庙宇**<br>原孔子故宅,鲁哀公时立庙,历代增修,至明中叶扩至现存规模,被中国古建筑学家称为**世界建筑史上"唯一的孤例"**<br>孔庙平面呈长方形,建筑群以**中轴线贯穿,左右对称**,布局严谨,共有**九进院落,分成三路**,著名建筑有棂星门、奎文阁、杏坛、大成殿、诗礼堂等。**孔庙与孔府、孔林并称"三孔"** |

## 三、古城、古镇古村、古长城与陵墓

### (一)古城

#### 1.含义

城池指的是城和池两部分。**城,即城墙**。一般有两重:里面的称**城**,外面的称**郭**。城墙上有**城楼、角楼、垛口**等防御工事,构成一套坚固的防御体系。**池,即护城河**,是城垣外的壕沟,是都邑的又一道防御屏障。

#### 2.城池的主要组成部分

**城墙、敌楼、角楼、垛口、城门、城楼、瓮城、箭楼、千斤闸、护城河、吊桥**等组成了一个完整的防御体系。

**巍巍长城,豪迈雄关**

#### 3.中国现存的著名古城

| 类型 | 地理位置 | 特点 |
|------|----------|------|
| 南京古城 | 南京 | 城墙修筑于**明朝**,是**明太祖朱元璋**准备 **3** 年,历经 **21年**建成的<br>城垣内侧周长 **33** 千米,为世界第一。上筑夯土,外砌巨砖,砖缝用**石灰**和糯米浆浇灌,墙用桐油和拌和料结顶,十分坚固。原有城门 13 座,其中**聚宝(中华)、石城、神策、清凉**四门保存至今<br>**聚宝门**规模最大,是我国现存最大、最为完整的堡垒瓮城 |

| 类型 | 地理位置 | 特点 |
|---|---|---|
| 西安古城 | 西安 | 西安城墙是中国**现存规模最大**、**保存最完整的古代城垣**<br>现存城墙为**明代建筑**，全长为 **13.7 千米**，城墙用**黄土分层夯筑**。西安城墙有 **4 座古城门**，每座门外设箭楼，内建城楼，两楼之间建瓮城<br>至今西安城墙已有城门 **18 座** |
| 平遥古城 | 山西平遥县 | 建于**明洪武年间**。**城外表全部用青砖砌筑**，**内墙为土筑**。周辟六门。东西门外又筑瓮城，以利防守。每隔 **50 米**筑城台一座，连同角楼，共计 **94 座**<br>城内**街道**、**集市**、**楼房**、**商店**均保留原有形制，是研究我国**明代县城建置**的实物资料 |
| 丽江古城 | 云南西北部 | 是融合**纳西民族**传统建筑及外来建筑特色的**唯一城镇**。始建于**南宋末年**古城未受中原建城礼制影响，城中道路网不规则，**没有森严的城墙**。**黑龙潭**是古城的主要水源，在**双石桥**处被分为**东**、**中**、**西 3 条支流**，各支流再分为条条细流入墙绕户，**形成水网** |

## (二)古镇古村

| 片区 | 代表地区 |
|---|---|
| 文化地理片区 | 东部片区，包括华北、华中、陕北和巴蜀等地区 |
| 民族片区 | 西部片区，包括新疆、西藏、内蒙古和广西等自治区 |
| 民系片区 | 华南片区，主要包括广东和闽南地区 |
| 混合区 | 主要包括东北地区、中国台湾和海南 |

经过 **7 轮的评选**，目前中国共有 **487 个历史名村**、**312 个历史名镇**。

| 类型 | 典型代表 | 特色 |
|---|---|---|
| 古村 | 北京水峪村 | 位于**北京房山区南窖乡西南部**，起源于**唐代**，形成于**明代**，兴盛于**清代**<br>选址和布局是**随地就势**，经过几百年自发的、逐渐扩大的过程，村内至今还保存着较为完整的古民居、古石碾、古商道遗址和娘娘庙，同时还有非物质文化遗产的中幡表演被保存下来 |
| | 徽州古村 | 指的是位于**皖南地区的传统村落群**，由于**北宋时期**是徽州的辖地，因此该称谓延续至今<br>比较有代表性的是黄山市的屯溪老街区、歙县的呈坎村、黔县的宏村、绩溪县的龙川、休宁县的溪村、江西婺源的理坑和紫阳等 |
| | 哈尼古村 | 主要分布在**云南西南部**等地，保存较好的有元江县那诺村、元阳县的箐口村、胜村乡麻栗寨等<br>典型特征是**人与自然的高度融合**，森林、村寨、梯田相互紧密咬合在一起，山巅常是郁郁葱葱的森林，山腰是蘑菇房的村寨，底层则是层层的梯田 |

| 类型 | 典型代表 | 特色 |
|---|---|---|
| 古镇 | 江南古镇 | 特指分布在今江苏、浙江境内太湖流域、杭嘉湖平原及宁绍平原地区的古村镇<br>**周庄、同里、角直、乌镇、南浔和西塘**"六大古镇"享誉海内外<br>空间布局多依河而建,夹岸为街,舟楫往来,穿梭于桥墩之间,熙熙攘攘的人流在古镇中,市井人文气息浓郁;民居建筑以粉墙黛瓦的风格示人,院落深深,砖木石雕,让人目不暇接 |
| | 山西古镇 | 分布在 **3 个区域**:一是沁河流域的阳城县和沁水县;二是汾水流域的平遥县、太谷县;三是黄河岸边的临县碛口古镇<br>**四大特点:多元的空间布局、突出的军事防御功能、别致的装饰艺术和厚重的文化内涵** |
| | 凤凰古城 | 位于**湖南湘西土家族苗族自治州凤凰县的沱江边**,曾因**沈从文**的小说备受世人追捧<br>以回龙阁古街为中轴,连接纵横交错的石板小巷贯通全城<br>保留了 120 余栋明清民居、30 多座庙祠馆阁、200 多条古色古香的石板路,是**中国西南文物建筑最多的县** |

## (三)古长城

### 1.长城的历史沿革

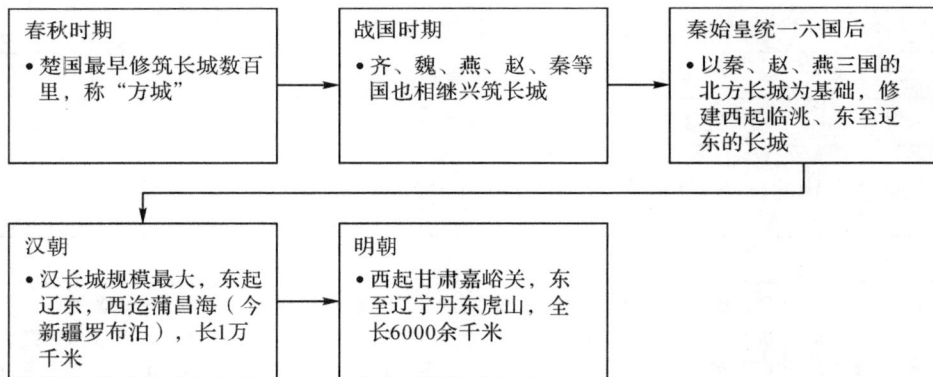

| 春秋时期 | | 战国时期 | | 秦始皇统一六国后 |
|---|---|---|---|---|
| ·楚国最早修筑长城数百里,称"方城" | → | ·齐、魏、燕、赵、秦等国也相继兴筑长城 | → | ·以秦、赵、燕三国的北方长城为基础,修建西起临洮、东至辽东的长城 |

| 汉朝 | | 明朝 |
|---|---|---|
| ·汉长城规模最大,东起辽东,西迄蒲昌海(今新疆罗布泊),长1万千米 | → | ·西起甘肃嘉峪关,东至辽宁丹东虎山,全长6000余千米 |

### 2.长城的结构

| 名称 | 结构 | 特点 |
|---|---|---|
| 城墙 | 是长城的建筑**主体** | 多建于**高山峻岭**或平原险阻之处,依照"**因地而异、就地取材、因材施用**"的原则。城墙外侧一面设**垛口墙**,上部有**望口**,下部有**射洞和礌石孔** |
| 敌台 | **是骑跨城墙突兀于墙外的建筑** | 敌台如上有重楼则称**敌楼**,上层同样环以**垛口**,中层四面开**箭窗**,下层可发火炮。**楼中既可遮风、防雨、休息,又可储存武器** |

| 名称 | 结构 | 特点 |
|---|---|---|
| 烽火台 | 是利用举火和燃烟来**传达军情**的高台建筑 | 一般都筑在长城附近的**小山包上**,如遇敌情,**白天燃烟**,**夜间放火**,并以**鸣炮的数目**告知来敌的大致数目,这样台台相传,通报敌情消息 |
| 关隘 | 是长城沿线的**重要据点** | 通常设在**交通要冲**,有几道关墙,并设置关门。扼守着出入长城的**咽喉要道**。著名关隘有阳关、玉门关、山海关、居庸关、嘉峪关、雁门关、平型关、娘子关、黄崖关等 |

### 3.中国现存著名的长城景观

| 名称 | 地理位置 | 特点 |
|---|---|---|
| 八达岭长城 | 北京西北部 | 作为明长城中**保存最完好**、**最具有代表性**的一段,八达岭长城是重要关口之**居庸关**的前哨,海拔为 **1015 米**,历来是**兵家必争之地**,是**明代重要的军事关隘和首都北京的重要屏障** |
| 居庸关 | **北京市昌平区境内** | 居庸关的得名始自**秦代**,取"徙居庸徒"之意。现存的关城是**明太祖朱元璋**派遣大将军**徐达**督建的,为北京西北的门户 |
| 山海关 | **河北省山海关境内** | 北踞**燕山**,南抵**渤海**,全长 **26 千米**,位居东北、华北间的咽喉要冲,自古为兵家必争之地。**老龙头长城**是长城入海的端头部分,有"**中华之魂**"的盛誉 |
| 嘉峪关 | **甘肃省嘉峪关市西南隅** | 因建于**嘉峪山麓**而得名,是**明朝万里长城西端终点**,建于**明洪武年间**,是目前保存**最完整**的一座城关,有"**天下第一雄关**"的美名,也是**丝绸之路**上的重要一站。城关是由**内城**、**外城**和**城壕**组成的完整的军事防御体系 |

### (四)陵墓

#### 1.封土的沿革

- 大约从周代开始,出现"封土为茔"的做法
- 秦汉两代取"**方上**"形式
- 唐代改为"**以山为陵**"
- 宋代恢复"**方上**"形式
- 明清两代改为"**宝城宝顶**"

## 2.陵园的建筑布局

| 布局 | 特点 | 典型代表 |
|---|---|---|
| 祭祀建筑区 | 为陵园建筑的**重要部分**,用来供祭祀。主要建筑物是**祭殿**,早期曾称作**享殿、献殿、寝殿、陵殿**等 | 秦始皇陵陵园北部设有寝殿,开帝陵设寝的**先例** |
| 神道 | 是通向祭殿和宝城的**导引大道**。唐以前,神道并不长,在道旁置少数石刻。到了**唐朝**,大型的"**石像生**"仪仗队石刻已经形成。**明清时期**,帝王陵神道发展到高峰 | **唐乾陵**的神道,全长约为 **1 千米**。明十三陵的神道全长达 **7 千米**,清东陵的神道长 **5 千米** |
| 护陵监 | 是专门保护和管理陵园的**机构**。每个皇帝的陵都设有护陵监。监的外面有围墙,里面有**衙署、住宅**等建筑 | |

## 3.墓室结构

| 名称 | 时期 | 特点 | 典型代表 |
|---|---|---|---|
| 土穴墓 | 原始社会早期 | 墓穴**形式很简单**,只在地下挖一土坑,墓坑一般都**小而浅**,仅能容纳尸体 | |
| 木椁墓 | 进入阶级社会后 | 墓葬制度中**存在着严格的阶级和等级差别**,统治阶级的陵墓有着十分宏大的规模,贵族的墓都用木材筑成**椁室**。椁是盛放棺木的"**宫室**",即棺外的套棺。在椁内分成数格,**正中放棺**,两旁和上下围绕着几个方格,称为厢,分别安放随葬品 | 湖南长沙马王堆的西汉墓 |
| 砖石墓 | 从汉代开始 | 普遍采用**砖石筑墓室**,木椁墓室逐渐被取代,这是**中国古代陵墓制度一次划时代的大变化**。西汉晚期开始出现石室墓,墓室中雕刻着画像,故称"**画像石墓**"。墓室的结构和布局也是仿照现实生活中的住宅 | 明代万历皇帝的定陵 |

## 4.中国现存的著名古代陵寝

| 名称 | 地理位置 | 特点 |
|---|---|---|
| 秦始皇陵及兵马俑坑 | 陕西省西安市临潼区骊山脚下 | 是中国历史上**第一个皇帝嬴政**的陵墓,是中国古代**最大的一座**帝王陵墓,也是世界上最大的一座陵墓。秦始皇陵筑有内外两重夯土城垣,象征着都城的皇城和宫城。陵园总面积为 **56.25 平方千米**。陵冢位于内城南部,呈覆斗形,现高 51 米,底边周长 1700 余米。**1974 年春**,发现兵马俑坑,俑坑坐西向东,呈"**品**"字形排列,坑内有陶俑、陶马 8000 多件,还有 4 万多件青铜兵器 |
| 汉茂陵 | 陕西省兴平市 | 是**汉武帝刘彻**的陵墓,是西汉帝王陵中规模最大的一座,始建于武帝即位后的**第二年**,历时 **53 年**才修成,是"**汉兴厚葬**"的典型代表 |

| 名称 | 地理位置 | 特点 |
|---|---|---|
| 唐乾陵 | 陕西省乾县 | 是唐高宗李治和女皇武则天的合葬墓,采用**依山为陵**的建造方式,最著名的是**气势磅礴的陵园规划**,以及地表上大量的**唐代石刻**。东侧的无字碑很著名 |
| 北宋陵 | 河南省巩义市 | 北宋 9 个皇帝,除徽、钦二帝被金房后因死漠北外,其余 7 位皇帝均葬于此处,共有**七帝八陵**(包括赵匡胤父亲赵宏殷墓)。附葬皇后 **20 余座**;陪葬宗室及王公大臣,如寇準、包拯等墓 300 多座<br>宋陵面朝嵩山,背负洛水,各陵建制、布局基本相同,四周筑以夯土墙,四面正中辟一神门,四隅建角阙 |
| 明孝陵、明十三陵、明显陵 | 江苏省南京市东郊紫金山南麓、北京市昌平区北天寿山南麓、湖北省钟祥市 | 明朝开国皇帝朱元璋和皇后马氏合葬于明孝陵。作为中国**明陵之首的明孝陵**壮观宏伟,代表了明初建筑和石刻艺术的**最高成就**,直接影响了明清两代 **500 多年**帝王陵寝的形制。明孝陵从起点下马坊至地官所在地的宝顶,纵深为 **2600 多米**,沿途分布着 30 多处不同风格、用途各异的建筑物和石雕艺术品<br>明十三陵方圆 40 平方千米,环葬着**明代的 13 位皇帝**。长陵为朱棣之陵墓,位居陵区正中。长陵是永乐帝朱棣与皇后徐氏的合葬墓,以其宏伟的地面建筑闻名于世<br>明显陵是明世宗嘉靖皇帝的父亲恭睿献皇帝和母亲章圣皇太后的合葬墓,明显陵在明代帝陵规制中具有**承上启下**的作用。尤其是"一陵两冢"的陵寝结构在历代帝王陵墓中绝无仅有 |
| 清陵 | 主要集中在 4 个地区 | **清永陵**在今辽宁新宾,为努尔哈赤以前的肇、兴、景、显四陵;努尔哈赤的**福陵**与皇太极的**昭陵**在今辽宁沈阳附近;**清东陵**位于河北遵化;**清西陵**位于河北易县。清东陵及清西陵的**平面布置**沿袭了**明代诸陵的旧制** |
| 西夏王陵 | 宁夏银川市西 | 西傍贺兰山,东临**银川平原**,是现存规模最大的一处西夏文化遗址<br>西夏王陵的营建年代为 **11 世纪初至 13 世纪初**<br>占地面积约为 **50 平方千米**,分布着 **9 座帝王陵墓**、**250 余座**王侯勋戚的陪葬墓,每座帝陵都是**坐北向南**、呈纵长方形的独立建筑群<br>**规模同明十三陵相当**,其建筑形式及文化内涵神秘,墓冢呈塔状,有"东方金字塔"之称 |

## 四、古楼阁、古塔和古石桥

### (一)古楼阁

#### 1.古楼阁的类型、作用及典型代表

| 类型 | 作用 | 典型代表 |
|---|---|---|
| 宗教楼阁 | 楼阁内常**供奉高大佛像**,是寺院的中心建筑 | 天津市蓟县独乐寺观音阁、承德普宁寺大乘之阁 |

75

| 类型 | 作用 | 典型代表 |
|---|---|---|
| 文化楼阁 | **储藏图书、经卷** | 明代浙江**宁波天一阁,储存四库全书的清代皇家藏书楼文渊阁**、文津阁、文澜阁、文溯阁、文汇阁 |
| 军事性楼阁 | | **城楼、箭楼、敌楼** |
| 游赏性楼阁 | 取其高耸,**可登临远眺,观赏风景**,同时也可**成景** | |
| 居住建筑中的楼阁 | 作为居住建筑的一部分,其**用途多种多样** | |

### 2.我国现存的著名楼阁

| 名称 | 地理位置 | 修建历史 | 特点 | 名人名作 |
|---|---|---|---|---|
| 黄鹤楼 | 湖北武汉 | 相传创建于**三国吴黄武年间**,1700多年来屡毁屡建 | 重建的黄鹤楼在距旧址**约1千米**的**蛇山峰岭上**。共5层,高51.4米,**攒尖顶**,全部采用**黄瓦**,是附会"**黄鹤之意**" | 崔颢、李白、白居易、陆游等都曾先后到过这里 |
| 岳阳楼 | 湖南岳阳 | 始建于**三国东吴时期** | 自古有"**洞庭天下水,岳阳天下楼**"之誉,现在的岳阳楼是**清光绪年间建筑**,坐东向西,面临洞庭湖,遥见君山。屋顶为**四坡盔顶**,屋面上凸下凹,为中国现存**最大的盔顶建筑** | **北宋范仲淹的《岳阳楼记》** |
| 滕王阁 | 江西南昌 | 建于**唐朝**,因滕王**李元婴**始建而得名 | 现在的建筑是1989年按**梁思成**绘制的《**重建滕王阁计划草图**》重建的,主体建筑为**宋式仿木结构**,共**9层** | **唐朝王勃的《滕王阁序》** |

## (二)古塔

### 1.古塔的主要类型

| 类型 | 形式 | 特点 |
|---|---|---|
| 楼阁式塔 | 源于中国传统建筑中的**楼阁形式**,可以登高远眺 | **为数众多、历史最久**,形式也**最为壮观**。其从**木塔起源,隋唐以后多为砖石仿木结构**。按平面形式分,有正方、六角、八角以及十二角等多种形体 |
| 密檐式塔 | 以**外檐层数多且间隔小**而得名 | 塔下部**第一层塔身特别高**,以上各层则**塔檐层层重叠**,距离很近。密檐式塔大都是**实心**的,一般**不能登临** |

| 类型 | 形式 | 特点 |
|---|---|---|
| 覆钵式塔 | 又称喇嘛塔,是藏传佛教一种独特的建筑形式 | 台基与塔刹造型讲究,一个高大基座上安置着一个巨大的圆形塔肚,其上竖立着塔刹,塔刹上刻有许多相轮,顶部有华盖、仰月、日轮和宝珠(火焰珠) |
| 金刚宝座塔 | 一般在高大的台基座上建筑五座密檐方形石塔(象征五方五佛)和一个圆顶小佛殿 | 最早的实物始见于明代。与印度的宝塔相比,中国式的金刚宝座塔提高了塔基座,缩小了基座上的小塔,尤其在塔座和塔身的装饰雕刻中,掺入了大量藏传佛教的题材和风格 |

## 2.我国现存的著名古塔

| 名称 | 地理位置 | 特点 |
|---|---|---|
| 西安大雁塔(楼阁式) | 陕西省西安市南郊大慈恩寺门前广场 | 又名慈恩寺塔,被视为古都西安的象征。大雁塔初建于唐高宗永徽三年(652 年),是由玄奘设计建造的仿印度窣堵坡式佛塔。武则天长安年间,武则天和王公贵族施钱在原址上重建,新建为 7 层楼阁式青砖塔(一说原为 10 层),高 64 米<br>大雁塔是玄奘西行求法、归国译经的纪念建筑物,具有重要的历史价值 |
| 应县木塔(楼阁式) | 山西省应县佛宫寺内 | 即佛宫寺释迦塔,建于辽代,平面呈八角形,外观 5 层,夹有暗层 4 层,实为 9 层,高 67.31 米。塔内明层均有塑像。应县木塔是我国现存最古老、最高大的一座木结构大塔 |
| 泉州开元寺双塔(楼阁式) | 福建省泉州市 | 东塔名镇国塔,西塔名仁寿塔,两塔相距 200 米。东塔始建于唐咸通年间,为木塔,宋代两次改建,先为砖砌,后为石砌,高达 48.24 米。塔基四周有佛本生故事浮雕。西塔初亦为木塔,建于五代后梁年间,北宋时改为砖砌,南宋时再改为石塔,高达 44.06 米 |
| 嵩岳寺塔(密檐式) | 郑州省登封市城西北 5 千米处嵩山南麓峻极峰下嵩岳寺内 | 初建于北魏,是中国现存最早的砖塔。塔高约为 37 米,平面呈十二角形,底层直径约为 10.6 米,外部以密檐分为 15 层。塔身每层各面均砌出拱形门和小窗,这些门窗多为装饰性的,共计门窗 500 余个 |
| 西安小雁塔(方形密檐式) | 陕西省西安市 | 是唐代著名佛寺荐福寺的佛塔,是中国早期方形密檐式砖塔的典型作品。建于唐中宗景龙年间,是为保存佛教大师义净从印度带回的佛经、佛像而建的。塔高 43.4 米,原为 15 层,现为 13 层。塔基平面呈正方形,底层边长 11.38 米,底层特别高,以上逐层递减,玲珑秀气,别具风采 |
| 崇圣寺三塔(密檐式) | 云南省大理市 | 初建于南诏丰祐年间,大塔先建,南北小塔后建。寺的庙宇在清代咸丰、同治年间毁。崇圣寺三塔是大理"文献名邦"的象征,是云南古代历史文化的象征,也是中国南方最古老、最雄伟的建筑之一 |

| 名称 | 地理位置 | 特点 |
|------|----------|------|
| 妙应寺白塔（覆钵式） | 北京 | 是中国**现存年代最早、规模最大**的喇嘛塔,是**元至元八年**,忽必烈敕令建造的一座藏传佛塔,由当时入仕元朝的**尼波罗国**(今尼泊尔)匠师阿尼哥主持,历经 **8** 年建成的。白塔由**塔基、塔身和塔刹**三部分组成。台基高 **9** 米,塔高 **50.9** 米,底座面积为 **1422** 平方米 |
| 北京真觉寺塔(金刚宝座式) | 北京海淀区白石桥以东的长河北岸 | 是我国同类塔中**年代最早、雕刻最精美**的。于**明成化**年间竣工,由**汉白玉石和砖**砌筑而成,通高 **17** 米,分**塔座和五塔**两部分。宝座为**正方形**,**高 7.7** 米,前后辟门,门内有阶梯,盘旋上升可达宝座顶部。顶部有 **5** 座石塔。以**精美的雕刻艺术**而著称 |

## (三)古桥

### 1.古桥的类型

| 类型 | 特点 |
|------|------|
| 梁桥 | 又称**平桥、跨空梁桥**,是以**桥墩**作水平距离承托,然后**架梁**并**平铺桥面的桥**。这是应用得**最为普遍**的一种桥,在历史上也较其他桥形**出现得早** |
| 浮桥 | 又称**舟桥**,常用于军事目的,故也称"**战桥**"。是一种用数艘木船(木筏或竹筏)连起来**并列于水面、船上铺木板**供人马往来通行的桥。浮桥两岸多设柱桩或**铁牛、铁山、石囷、石狮**等以系缆 |
| 索桥 | 也称**吊桥、悬索桥**等,是以**竹索或藤索、铁索**等为骨干相拼悬吊起的大桥。多建于**水流急、不易做桥墩**的陡岸险谷,主要见于**西南地区** |
| 拱桥 | 在**竖直平面**内以**拱**作为主要承重构件的桥梁。拱桥在我国桥梁史上出现较晚,却是古桥中**最富有生命力**的一种桥型 |

### 2.我国现存的著名古桥

| 名称 | 地理位置 | 修建历史 | 特点 |
|------|----------|----------|------|
| 安济桥 | **河北省赵县**城南的洨河上 | 建于隋开皇年间 | 又名**赵州桥**,由著名工匠**李春**设计建造。桥身为**单拱、弧形**,全长 **64.4** 米,宽 **9.6** 米,跨度为 **37.37** 米。拱肩敞开,拱肩两端各建两个小拱,即**敞肩拱**。开创了桥梁的新**类型**,是世界桥梁工程中的**首创**,也是世界上**现存最大的敞肩桥** |
| 苏州宝带桥 | **江苏省苏州市** | 建于**唐代** | 是我国**孔数最多的连拱石桥**,长 316.8 米,宽 4.1 米,共 **53 个桥孔**。跨越**澹台河**,为纤道桥,因此桥栏**不设栏板** |

| 名称 | 地理位置 | 修建历史 | 特　点 |
|---|---|---|---|
| 泉州洛阳桥 | 福建省泉州市东 | 建于北宋 | 又名万安桥,桥原长 1200 米,宽约 5 米,有 46 座桥墩,是我国古代著名的梁式石桥。为当年郡守蔡襄主持建造。为使桥基和桥墩石胶结牢固,采用了"种蛎固基法" |
| 潮州湘子桥 | 广东省潮州古城的东门外 | 初建于宋代 | 又称广济桥,距今已有 800 余年的历史,是我国第一座启闭式桥梁,全长 500 余米,共有 24 座桥墩(东岸 13 座,西岸 11 座)("十八梭船廿四洲"的由来) |
| 卢沟桥 | 北京市丰台区永定河上 | 始建于金代 | 是北京现存最古老的联拱石桥,全长 266.5 米,宽 7.5 米,桥身下分 11 孔涵洞。桥身两侧石雕护栏有望柱 140 根,柱头上均雕刻伏卧石狮,大小共 501 个。卢沟晓月是"燕京八景"之一 |
| 程阳永济桥 | 广西三江侗族自治县 | 建于 1912 年 | 又名程阳风雨桥,长 96 米,宽 4 米,木石结构,5 个石砌的桥墩上建有侗族风格的楼亭 5 座,是侗族文化在建筑艺术上的结晶 |

古桥今韵,匠心之作

## 要点 7　国庆 10 周年北京"十大建筑"和天安门广场改扩建工程、南京长江大桥、杭州湾跨海大桥、港珠澳大桥、北盘江大桥★

| 名称 | 时间 | 实例 |
|---|---|---|
| 国庆 10 周年北京"十大建筑" | 1959 年 | 为迎接中华人民共和国成立 10 周年而完成的 10 项工程,被称为北京"十大建筑",分别是人民大会堂、中国历史博物馆与中国革命博物馆(即今中国国家博物馆)、中国人民革命军事博物馆、民族文化宫、民族饭店、钓鱼台国宾馆、华侨大厦(已被拆除,现已重建)、北京火车站、全国农业展览馆和北京工人体育场 |

| 名称 | 时间 | 实例 |
|---|---|---|
| 天安门广场改扩建工程 | **1958 年** | 为迎接中华人民共和国成立 10 周年,天安门广场开始了史上最大规模的一次扩建改造,保留正阳门和箭楼,拆除中华门,其东西两侧分列革命博物馆、历史博物馆和人民大会堂,广场面积为 40 公顷①,略呈长方形;天安门广场的改建和扩建呈现出人民群众当家作主的社会主义国家首都在政治生活上的新风貌 |
| 南京长江大桥 | **1968 年 12 月 29 日**通车 | 位于南京市鼓楼区下关和浦口区桥北之间,是长江上第一座由中国自行设计和建造的双层式铁路、公路两用桥梁,是新中国技术成就与现代化的象征,有"争气桥"之称;是中国东部地区交通的关键节点,上层为公路桥,长 4589 米,下层为双轨复线铁路桥,长 6772 米,是京沪铁路重要通道和国家南北交通要津,也是南京的标志性建筑、江苏的文化符号 |
| 杭州湾跨海大桥 | **2008 年 5 月 1 日**通车 | 北起嘉兴市海盐枢纽,上跨杭州湾海域,南至宁波市庵东枢纽立交,全长为 36 千米,桥梁总长为 35.7 千米,桥面为双向六车道高速公路。大桥建筑首次引入景观设计概念,总体平面为"S"字形曲线,海上平台"海天一洲"位于杭州湾大桥中部,外观整体造型为"大鹏擎珠",寓意杭州湾地区的发展能如大鹏展翅,越飞越高 |
| 北盘江大桥 | 2016 年 12 月 29 日通车 | 位于云南省与贵州省交界处的尼珠河上,亦称尼珠河大桥或北盘江第一桥,为杭瑞高速公路的组成部分,全长 1341.4 米,桥面至江面距离 565.4 米,其相对高度刷新世界纪录,被誉为"世界最高桥"。2018 年,北盘江大桥获第 35 届国际桥梁大会"诺贝尔奖"——古斯塔夫斯金奖 |
| 港珠澳大桥 | **2018 年 10 月 24 日**建成通车 | 位于广东省珠江口伶仃洋海域内,东起香港国际机场附近的香港口岸人工岛,向西横跨南海伶仃洋水域接珠海和澳门人工岛,止于珠海洪湾立交,桥隧全长 55 千米;是世界第一长的跨海大桥,桥面为双向六车道高速公路,被誉为桥梁界的"珠穆朗玛峰"。它的建成,不仅标志着中国从桥梁大国走向桥梁强国,也意味着粤港澳大湾区建设正式驶入快车道 |

## 课后学习任务

**灵活练习——模拟题演练:来,试试你的水平!**

判断题:

● 宋朝建筑的规划一般比唐朝大,比唐朝建筑更为秀丽、绚烂而富于变化。　　　　（　　）

● 我国古代崇拜"中"的意识与古代人们对北极星的崇拜有关。　　　　　　　　（　　）

---

①　1 公顷＝0.01 平方千米

单选题：

●平面为圆形或多边形，屋面在顶部交会于一点，形成锥形，多在尖端置宝顶装饰。这是
（　　　）。

A. 庑殿顶　　　　　　　B. 歇山顶　　　　　　　C. 攒尖顶　　　　　　　D. 悬山顶

●10 根柱子就是面阔（　　　）间。

A. 8　　　　　　　B. 9　　　　　　　C. 10　　　　　　　D. 11

多选题：

●彩画多出现于（　　　　）等构件上，构图与构件形状紧密结合，绘制精巧、色彩丰富。

A. 梁枋　　　　　B. 斗拱　　　　　C. 天花　　　　　D. 藻井　　　　　E. 门柱

●下列宫殿中属于北京故宫前朝的是（　　　　）。

A. 交泰殿　　　　　B. 太和殿　　　　　C. 口和殿　　　　　D. 乾清宫　　　　　E. 保和殿

# 专题六　中国园林艺术

## 学习目标

了解：中国古典园林的起源与发展，中国现代园林的特点。

熟悉：中国古典园林的特色和分类。

掌握：中国古典园林的构成要素、造园艺术、构景手段和代表性园林。

## 要点1　中国古典园林的起源与发展*

### 一、中国古典园林的历史沿革

| 朝代 | 要点 |
|------|------|
| 商周 | 最初形式为"囿"（公元前 11 世纪，周文王的"灵囿"） |
| 春秋战国 | 园林中有了成组的风景，自然山水园林已经萌芽，具备园林的组成要素 |
| 秦汉 | 出现以宫室为主的宫苑（秦始皇的上林苑，建立了皇家园林一池三山的模式，开创人为造山的先例） |
| 魏晋南北朝 | 转折阶段，园林风格转向崇尚自然 |
| 唐宋 | 成熟阶段，诗画融入，写意山水园体现自然美 |
| 明清 | 精深发展阶段，现存园林大多属于明清时期 |

### 二、世界三大园林体系

| 名称 | 特点 |
|------|------|
| 欧洲园林 | 强调规则和有序，通过人工美追求几何美，体现人文的力量 |
| 西亚园林 | 强调水法，平面布置为"田"字，十字交叉处设水池，把水当作园林的灵魂 |
| 中国园林 | 布局自由、变化、曲折，强调自然美，"虽由人作，宛自天开" |

# 要点 2 中国现代园林的特点 *

中国现代园林是指从中华人民共和国成立至今建设的园林,是当代人居环境体系中(建筑、城市、园林三位一体)的基础性支撑行业。其形式、空间、精神内涵和自然观念可传承于古典园林,格局、功能、尺度和价值又突破了古典园林的基本范畴。其根本目标是创造生态友好、环境优美、人性关怀、浪漫诗意的栖居环境。

现代园林总特点是以**适应时代需求**为出发点,**以人为本**,**强化文化认同**,以重**塑人与自然的和谐环境**为使命。

| 特点 | 说明 | 典型案例 |
|------|------|---------|
| 公共性 | 园林空间扩大到大众市民,赋予现代园林公共服务的基本属性 | 北京 CBD 现代艺术中心公园 |
| 生态性 | 营造可持续性和生物多样性的循环系统 | 哈尔滨群力公园、杭州江洋畈生态公园 |
| 审美性 | 提供视觉优美、身心愉悦的自然之美,满足观赏需求 | 杭州花港观鱼公园、北京奥林匹克公园 |
| 系统性 | 注重不同空间结构间的连通性,形成相互联系和贯通的网络系统 | 深圳绿道规划 |
| 国家性 | 以中国的民族特征和独特地理环境为建设指导原则,重视培育生态伦理意识与强化国家认同感 | 三江源国家公园 |

# 要点 3 中国古典园林的特色和分类▲

## 一、中国古典园林的特色

· 顺应自然的指导思想
· 诗情画意的艺术风格
· 力求含蓄的造园手法

## 二、中国古典园林的分类

### (一)按占有者身份分类

| 类型 | 占有者 | 特点 | 代表性园林 |
|------|--------|------|-----------|
| 皇家园林 | 帝王 | 规模宏大,真山真水多<br>园中建筑富丽堂皇,造型高大<br>表现封建帝王拥有四海的权威 | 北京颐和园、北京北海公园、河北承德避暑山庄等 |
| 私家园林 | 皇家宗亲外戚、王公官吏、富商大贾 | 规模较小,常用假山假水<br>园中建筑色彩淡雅素净、小巧玲珑,居住游览合一<br>表现园主人悠游林下、寄情山水的心态 | 北京恭王府,苏州拙政园、留园,上海豫园,绍兴沈园,等等 |

### (二)按园林所处地理位置分类

| 类型 | 别称 | 规模 | 建筑 | 水、石、绿 | 风格 | 代表性园林 |
|------|------|------|------|-----------|------|-----------|
| 北方类型 | 黄河类型<br>温带园林 | 大 | 富丽堂皇 | 较少 | 粗犷 | 集中于北京、西安、洛阳、开封,尤以北京居多 |
| 江南类型 | 南方类型<br>扬子江类型<br>亚热带园林 | 小 | 淡雅朴素 | 较多 | 细腻精美<br>明媚秀丽<br>略感局促 | 集中于南京、上海、无锡、苏州、杭州、扬州,尤以苏州居多 |
| 岭南类型 | 广东类型<br>热带园林 | 小 | 高而宽敞 | 多 | 热带风光 | 广东顺德清晖园、东莞可园、番禺余荫山房等 |

# 要点 4  中国古典园林的构成要素、造园艺术★

## 一、八大构成要素

山、水、植物、动物、建筑、匾额、楹联、刻石

## 二、造园艺术

### 1.叠山

| | |
|---|---|
| 根本目的 | 登高望远、扩大空间 |
| 材质 | 石山、土山、土石混合 3 种 |
| 石材 | 上部:太湖石——皱、瘦、漏、透——收顶 |
| | 基础:黄石——坚硬——叠脚 |
| | 其他:宣石、灵璧石等 |
| 江南私家园林叠山的典型代表 | 苏州环秀山庄的假山,"造园者未见此山,正如学诗者不知李杜" |
| | "江南三大奇石":上海豫园的玉玲珑、苏州留园的冠云峰、杭州竹素园的绉云峰 |

### 2.理水

| | | |
|---|---|---|
| 理水三法 | 掩 | 以建筑和花木掩映池岸,使其与周边的美景浑然一体 |
| | 隔 | 用堤、桥、水廊等分隔较大的水面增加景深和空间层次,使水面有幽深之感 |
| | 破 | 当水面较小时,可用乱石为岸,并植以细竹野藤使一洼水池也有深邃山野风致 |

### 3.植物

| | |
|---|---|
| 选择标准 | 姿美:树冠、树枝、树皮、树叶追求自然优美 |
| | 色美:自然的色彩美,如红枫、翠竹、紫薇 |
| | 味香:自然淡雅和清幽,尤以梅花最淡雅、兰花最清幽 |
| 作用 | 衬托山石景观 |
| | 体现园主人追求的精神境界:<br>　　竹子——人品清逸、气节高尚<br>　　松柏——坚强和长寿<br>　　莲花——洁净无瑕<br>　　玉兰、牡丹、桂花——荣华富贵<br>　　石榴——多子多孙<br>　　紫薇——高官厚禄 |
| | 营造园林气氛,形成古朴幽深的意境 |

### 4.动物

| | |
|---|---|
| 案例 | 在**最早的苑囿**中,以动物作为观赏娱乐对象 |
| | **唐代王维**的辋川别业中**养鹿放鹤**,以寄托"一生几经伤心事,不向空门何处销"的解脱情趣 |
| | **宋徽宗艮岳**,集天下珍禽异兽数以万计,经过训练后形成鸟兽仪仗队 |
| 作用 | 观赏娱乐 |
| | 扩大和深化自然境界 |
| | 寄予美好寓意 |

### 5.园林中的建筑

| | |
|---|---|
| 作用 | **可行、可观、可居、可游** |
| | **得景、点景、引景、隔景** |
| 类别 | **厅堂、楼阁、书房馆斋、榭、轩、舫、亭、廊、桥、围墙** |

| 类别 | 特点 | 作用 |
|---|---|---|
| **厅堂**<br>(主体建筑) | 建筑体量较大,空间环境相对开阔 | **待客与集会活动的场所**,"凡园圃立基,定厅堂为主" |
| **楼阁**<br>(较高层建筑) | 体量较大,造型丰富 | **点景、赏景、储藏书画、供佛**等 |
| 书房馆斋 | 馆:体量有大有小<br>斋:环境隐蔽清幽,尽可能避开园林中主要游览线路,建筑式样简朴 | **馆:宴客**<br>**斋:读书** |
| 榭 | 建于**水边(水榭:三面临水)**或**花畔**,借以成景;平面常为长方形,一般多开敞或设窗扇 | 供人们游憩眺望 |
| 轩 | 地处**高旷**、环境**幽静**;形式**优美轻快,不讲究对称布局** | |
| 舫 | **仿造舟船**造型,常建于**水际**或**池中** | 与周围环境相协调,也便于内部建筑空间的使用 |
| 亭 | 开敞、小型、形式多样 | 供人**休憩、纳凉、避雨**与观赏四周景色;"**点景**"与"**引景**" |

| 类别 | 特点 | 作用 |
|---|---|---|
| 廊<br>(带屋顶的路) | 按结构形式分类:双面空廊(无墙)、单廊(一面墙)、复廊(中间墙)<br>按总体造型及其与地形、环境的关系分类:直廊、曲廊、爬山廊、水廊、桥廊等 | 既"引"且"观":交通＋观赏<br>名廊:<br>(1)北京颐和园长廊(700多米,双面空廊)<br>(2)"江南三大名廊":苏州沧浪亭的复廊、拙政园的水廊、留园的曲廊 |
| 桥 | 类型:拱桥、平桥、廊桥、曲桥<br>材质:石质、竹质、木质<br>富有民族特色 | 增添景色,用以隔景 |
| 围墙 | 围合空间的构件 | 划分内外范围,分隔内部空间,遮挡劣景,装饰园景 |

### 6.匾额、楹联与刻石

| 定义 | 匾额:悬置于门楣之上的题字牌 |
|---|---|
| | 楹联:门两侧柱子上的竖牌 |
| | 刻石:山石上的题诗刻字 |
| 特点 | 内容多数是直接引用前人已有的现成诗句,或略做变通,也有即兴创作 |
| 作用 | 陶冶情操,抒发胸臆 |
| | 点景,增添诗意,拓宽意境 |

# 要点5　中国古典园林的构景手段★

| 构景手段 | 特点 | 实例 |
|---|---|---|
| 抑景 | "先藏后露""欲扬先抑" | 山抑:园林入口处迎门挡以假山<br>树抑:杭州花港观鱼东大门的雪松<br>曲抑:"山重水复疑无路,柳暗花明又一村" |
| 夹景 | 将远方风景点的两侧用建筑物或树木花卉屏障起来,使其更显得诗情画意 | 在颐和园苏州河中划船,远方的苏州桥主景,为两岸起伏的土山和美丽的林带所夹峙,构成了明媚动人的景色 |

| 构景手段 | 特点 | 实例 |
|---|---|---|
| 添景 | 当甲风景点在远方,如果在中间、近处有乔木、花卉作为过渡景,景色就显得有层次美 | 在杭州白堤观赏雷峰塔或保俶塔远景时,西湖美景因近处盛开的桃花和倒挂的柳丝作为过渡景而更显生动 |
| 对景 | 从甲风景点可观赏乙风景点,从乙风景点可观赏甲风景点 | 杭州西湖北面的保俶塔与南面重建的雷峰塔 |
| 框景 | 园林建筑中的门、窗、洞,或乔木树枝抱合成的景框,把山水美景或人文景观包含其中框起来 | 月洞门<br>扬州瘦西湖吹台 |
| 漏景 | 园林的围墙上或走廊的墙上,常设有漏窗,透过漏窗的窗隙,可见园外或院内的美景 | 杭州三潭印月有雕以梅、兰、竹、菊,分别表示冬、春、夏、秋的一组漏窗 |
| 借景 | 将园外景色风光,巧妙地收进园内游人眼中,以丰富园内景色,使园内外景色融为一体,让游人扩展视觉和展开联想,以小见大"园林巧于因借"(计成《园冶》) | 远借:在北京颐和园东堤一带可遥望西边园外的玉泉山及其宝塔;登上杭州花港观鱼的藏山阁,远处的南屏山、西山尽入眼帘<br>近借:苏州沧浪亭不用围墙而用假山,巧借园外的流水<br>仰借:借空中的飞鸟<br>俯借:借池塘中的鱼<br>应时而借:借四季的花或其他自然景象 |
| 障景 | 用山、石、花木掩盖和处理一些不足之处或必须遮挡之物,形成美景 | 上海豫园鱼乐榭有一上实下空的墙,遮挡了原来流水较近的缺点,产生了源远流长的效果 |

巧妙构景,意蕴无穷

# 要点6  中国古典园林的代表性园林★

## 一、"四大园林"

| 中国"四大园林" | 苏州"四大园林" | 广东/岭南"四大园林"(清) |
| --- | --- | --- |
| 河北承德避暑山庄(清)<br>北京颐和园(清)<br>江苏苏州拙政园(明)<br>江苏苏州留园(清) | 沧浪亭(宋)<br>狮子林(元)<br>拙政园(明)<br>留园(清) | 顺德清晖园<br>东莞可园<br>番禺余荫山房<br>佛山梁园 |

## 二、代表性园林

| 名称 | 地理位置 | 修建历史 | 特点 | 组成部分或重要景点 |
| --- | --- | --- | --- | --- |
| 河北承德避暑山庄/承德离宫/热河行宫 | 河北承德 | 始建于康熙年间,建成于乾隆年间 | 清代皇帝夏天避暑和处理政务的场所<br>中国现存最大的古典皇家园林,占地564万平方米<br>因山就水,顺其自然,同时集南北造园艺术的精华于一身 | (1)宫殿区:正宫、松鹤斋、万壑松风和东宫<br>(2)苑景区:湖泊区、平原区、山峦区共72景<br>山庄外环绕着"外八庙",象征民族团结和中央集权 |
| 北京颐和园 | 北京海淀区 | "清漪园"(乾隆为庆祝母亲60寿辰下旨建成)→咸丰十年(1860)被英法联军焚毁→1886年光绪和慈禧重建,取"颐养太和"之意,改名为颐和园 | 中国目前保存最完整的皇家园林<br>巧借天然山水,体现自然之趣,高度表现出中国皇家园林壮丽、恢宏的气势 | (1)政治活动区:仁寿殿<br>(2)生活区:乐寿堂、玉澜堂<br>(3)风景游览区(核心):昆明湖、万寿山<br>园林建筑珍品:长廊、石舫、佛香阁、大戏楼、十七孔桥 |
| 苏州拙政园 | 苏州市东北隅 | 明正德时王献臣拓建,取晋代文学家潘岳《闲居赋》句意命名 | 苏州现存最大的古典园林,苏州园林代表作,占地5.2万平方米<br>吴门画派文徵明曾设计蓝图,以水为主,疏朗平淡,近乎自然 | 分东、中、西三部分<br>主要建筑有远香堂、雪香云蔚亭、留听阁、十八曼陀罗花馆、卅六鸳鸯馆等 |

| 名称 | 地理位置 | 修建历史 | 特点 | 组成部分或重要景点 |
|---|---|---|---|---|
| 苏州留园 | 苏州姑苏区 | 明嘉靖时徐泰时建东园→清嘉庆时刘恕改筑为寒碧山庄（刘园）→光绪时盛旭人拓建，易名留园 | 建筑布置精巧、奇石众多 | (1)中：以水景见长，全园精华所在<br>(2)东：以建筑取胜，有冠云峰、瑞云及岫云3座石峰<br>(3)西：环境僻静，山林野趣<br>(4)北：田园风光<br>全园四区皆有曲廊相连，廊长700多米 |
| 苏州网师园 | 旧城东南隅 | 南宋史正志"万卷堂"花园名为"渔隐"→清宋宗元重建定名"网师园" | 园内的山水布置和景点题名蕴含浓郁隐逸气息；面积仅为5300平方米，但小中见大，布局严谨，主次分明又富于变化，被陈从周誉为"古典园林中以少胜多的典范" | |
| 扬州个园 | 扬州市老城区 | 明寿芝园→清嘉庆时黄至筠改建，取清袁枚"月映竹成千个字"之句命名 | 小巧玲珑，以假山堆叠精巧著名，融造园法则与山水画理于一体，随候异色，被陈从周誉为"国内孤例" | 分峰叠石，用笋石、湖石、黄石、宣石表现春、夏、秋、冬，号称"四季假山" |
| 上海豫园 | 上海老街城隍庙北 | 明嘉靖时潘允端为"豫（愉）悦老亲"而建 | 规模宏伟，景色佳丽，兼有明清两代南方园林建筑风格，被誉为"奇秀甲于东南" | 五条龙墙将全园40余处景点分割为六大景区，以有限空间表现无穷宇宙，体现了"壶中天地"境界<br>玉华堂前"玉玲珑"为"江南三大奇石"之冠 |
| 无锡寄畅园 | 无锡市西郊惠山东麓 | 明嘉靖时秦金（号凤山）建"凤谷山庄"→万历时取王羲之"取欢仁智乐，寄畅山水阴"中"寄畅"命名 | 是中国山麓别墅园林的代表作<br>利用山水地形，巧妙运用借景，将惠山、锡山秀色揽入 | 是北京颐和园内的谐趣园、圆明园内的廓然大公（后来也称双鹤斋）的蓝本 |
| 顺德清晖园 | 广东佛山顺德区 | 明末状元黄士俊黄氏花园→清乾隆时龙应时购得后数代经营，"清晖"意为和煦普照之日光，喻父母之恩德 | 是岭南园林的代表作<br>为适合南方炎热气候，形成前疏后密、前低后高的独特布局，但疏而不空，密而不塞，建筑造型轻巧灵活，开敞通透 | |

| 名称 | 地理位置 | 修建历史 | 特点 | 组成部分或重要景点 |
|---|---|---|---|---|
| 番禺余荫山房 | 广州市番禺区 | 清同治时邬彬建 | 吸收苏杭庭院建筑艺术风格,以灵巧精致的艺术特色著称"藏而不露""缩龙成寸";是广东"四大园林"中保存原貌最好的 | 占地约为 1598 平方米 |

古典名园,国之瑰宝(颐和园)

古典名园,国之瑰宝(拙政园)

## 课后学习任务

### 灵活练习——模拟题演练:来,试试你的水平!

**判断题:**

● 扬州个园以假山堆叠精巧而著名。园中"四季假山"被陈从周先生誉为"国内孤例"。　（　　　）

● 中国古典园林最初的形式为囿。　（　　　）

**单选题:**

● 在园林中,当水面较小时,可用乱石为岸,并植以细竹野藤,使一洼水池也有深邃山野风致的手法称为（　　　）。

A. 破　　　　　　　B. 隔　　　　　　　C. 对　　　　　　　D. 掩

● 将园外的景色和风光巧妙地收进园内游人眼中,以丰富园内景色,使园内外景色融为一体,让游人扩展视觉和展开联想,以小见大的方法是（　　　）。

A. 夹景　　　　　　B. 对景　　　　　　C. 框景　　　　　　D. 借景

**多选题:**

● 中国现存著名的皇家园林有（　　　）。

A. 北海公园　　　　　　B. 晋祠　　　　　　C. 艮岳

D. 颐和园　　　　　　E. 避暑山庄

● 岭南"四大园林"是（　　　）。

A. 佛山梁园　　　　　　B. 番禺余荫山房　　　　　　C. 惠州梅园

D. 东莞可园　　　　　　E. 顺德清晖园

# 专题七　中国饮食文化

了解：中国饮食文化的发展历史、风味流派。

熟悉：中国风味特色菜——宫廷菜、官府菜、江湖菜、素席的特点和代表性菜品。

掌握：中国四大菜系的形成、特点及代表性菜品，中国传统名茶、名酒的分类与特点等相关知识。

## 要点1　中国饮食文化的发展历史、风味流派*

### 一、中国饮食文化的发展历史

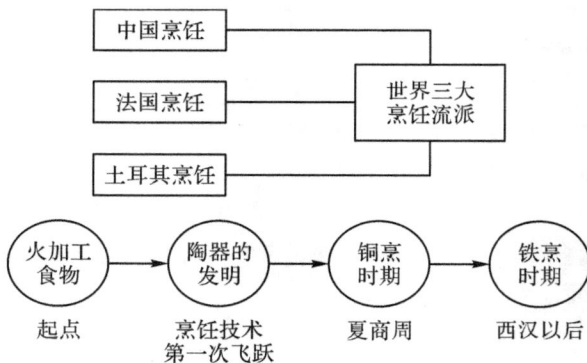

```
中国烹饪 ─────┐
              │
法国烹饪 ─────┼─── 世界三大
              │    烹饪流派
土耳其烹饪 ────┘
```

```
 火加工      陶器的       铜烹       铁烹
 食物   →   发明    →   时期   →   时期

 起点      烹饪技术      夏商周     西汉以后
         第一次飞跃
```

### 二、中国菜系的划分

| 菜系划分 | 具体包含菜系 |
|---|---|
| 四大菜系 | 鲁、苏（淮扬）、粤、川 |
| 八大菜系 | 四大菜系＋徽（安徽）、浙（浙江）、闽（福建）、湘（湖南） |

| 菜系划分 | 具体包含菜系 |
|---|---|
| 十大菜系 | 八大菜系＋京(北京)、沪(上海) |
| 十二大菜系 | 十大菜系＋豫(河南)、秦(陕西) |

## 要点 2　中国风味特色菜的特点和代表性菜品▲

| 风味菜 | 特征 | 分类 | 特点 | 代表性菜品 |
|---|---|---|---|---|
| 宫廷菜 | (1)选料考究,配料严格:广收博取天下**珍奇食材**,要求**严格**<br>(2)讲究刀工,烹调细腻:**入口恰好**,刀法依原料的特性造型,烹制使原料**便于入味**<br>(3)造型美观,寓意吉祥:像盆景般**美观悦目**——在造型时采用"围、配、镶、酿";外形完整饱满,造型独特;**菜名寓意吉祥、文化内涵**;餐具都色形华贵、造型古雅特异 | 清代宫廷菜 | (1)兼**山东**风味、**满族**风味和苏杭风味<br>(2)**选料严格**,制作精细,形色美观<br>(3)口味以**清、鲜、酥、嫩**见长 | |
| | | 北京仿膳宫廷菜 | (1)保留**清代**宫廷菜风味<br>(2)知名饭店:北京**北海**公园仿膳饭庄、颐和园听鹂馆 | 凤尾鱼翅、金蟾玉鲍、一品官燕、豌豆黄、芸豆卷、小窝头、肉末烧饼 |
| | | 西安仿唐宫廷菜 | | 辋川小样、驼蹄羹、遍地锦装鳖等 |
| | | 开封仿宋宫廷菜 | | 两色腰子、东华鲊、水晶脍 |
| | | 杭州仿宋宫廷菜 | | 东坡脯、莲花鸡签、蟹酿橙 |
| 官府菜 | (1)官员官高禄厚,生活奢侈,重金聘请名厨,吸收全国各地风味菜,"**家蓄美厨,竞比成风**"<br>(2)用料广博益寿,制作奇巧精致,味道中庸平和,菜名典雅、名目繁多<br>等级:官廷＞官府＞庶民 | 孔府菜 | (1)**延续时间最长**的官府菜,色、香、味、形、器俱佳<br>(2)用**料极其广泛**,涵盖内容广<br>(3)做工精细,**善于调味**,讲究盛器,烹调技法全面<br>(4)**命名极为讲究**,寓意深远 | 诗礼银杏、八仙过海、怀抱鲤鱼、孔府一品锅、御笔猴头等 |
| | | 谭家菜 | (1)**选料考究**,制作精细,重火功调味<br>(2)菜肴口味适中、**鲜美可口**,讲究原汁原味<br>(3)家庭菜肴,讲究慢火细做、**香醇软烂**<br>(4)以**燕窝和鱼翅**的烹制最为有名 | 清汤燕窝、黄焖鱼翅、红烧鲍鱼、扒大乌参、草菇蒸鸡等 |
| | | 红楼菜 | (1)依《红楼梦》所记贾府的肴馔而研制的菜肴<br>(2)依书中具体做法的菜,或依菜名及原料结合现代烹饪技艺研制并定名 | 糟鹅掌、火腿炖肘子、乌龙戏珠、炸鹌鹑、老蚌怀珠、怡红祝寿等 |
| | | 随园菜 | (1)讲究**原料选择**,加工、烹调精细而卫生<br>(2)色、香、味、形、器:注重筵席的制作艺术 | 素燕鱼翅、鲅鱼炖鸭、**白玉虾圆**、雪梨鸡片等 |

| 风味菜 | 特征 | 分类 | 特点 | 代表性菜品 |
|---|---|---|---|---|
| 江湖菜 | (1)**发迹于重庆大排档**、小酒家;价格低,迎合消费猎奇<br>(2)"**土**":植于民间,乡土气息足<br>(3)"**粗**":技法及形式不拘小节、大锅大碗<br>(4)"**杂**":烹制及材料"**杂交**""**迷宗菜**" | 来凤鱼 | (1)"**江湖菜鼻祖**",源于来凤镇<br>(2)继承**豆瓣鱼**做法,**选草鱼**、**鲤鱼**、**鲢鱼**<br>(3)"**麻、辣、烫、嫩**" | |
| | | 辣子鸡 | (1)以重庆沙坪坝**歌乐山镇**菜品最为著名<br>(2)在辣椒大盆里搜寻鸡丁的**新奇** | |
| | | 毛血旺 | 源自重庆**磁器口**,以血旺、毛肚杂碎为原料 | |
| | | 酸菜鱼 | 源自**江边渔船**,以草鱼为料,配泡菜 | |
| 素席 | (1)源于春秋战国时期,源于祭祀、典礼;"**持斋吃素**"<br>(2)**原料全素**(植物油、蔬菜、豆制品、菌类和干鲜果品等),以**时鲜**为主,清爽素净<br>(3)营养独特,**健身疗疾**<br>(4)**模仿荤菜,形态逼真,口味相似** | 素斋 | **就地取材,烹饪简单**,品种不繁,但质量求精 | 厦门南普陀寺、杭州灵隐寺、上海玉佛寺、成都宝光寺、湖北武当山的素菜 |
| | | 宫廷素菜 | **素菜中的精品**;制作考究复杂、品种繁多 | 散烩八宝、炒豆腐脑等 |
| | | 民间素菜 | 与当地民俗密切相关 | **上海功德林、北京功德林、天津真素园等的素食** |

**孔府筵席,自成一家**

# 要点3　中国"四大菜系"的形成、特点及代表性菜品

| 四大菜系 | 形成 | 特点 | 代表性菜品 |
|---|---|---|---|
| 鲁菜 | **北方历史久、影响最大的代表菜**<br>**八大菜系之首**<br>于春秋形成<br>于南北朝成规模<br>于**唐宋成代表**<br>于元明清进入宫廷 | (1)醇正,口味偏于**咸鲜**,鲜、嫩、香、脆<br>(2)爆、扒技法,善用**酱**、**葱**、**蒜**调味和用**清汤**、**奶汤增鲜**<br>(3)由济南菜(为代表)、青岛菜组成 | 糖醋鲤鱼、九转大肠、德州扒鸡、油爆双脆、海米珍珠笋、燕窝四大件等 |
| 苏菜 | **优越的位置、气候、物产等条件为菜系发展基础** | (1)以**江河湖海水鲜**为主<br>(2)**刀工精细**,烹调方法多<br>(3)追求**本味**,清鲜平和,菜品风格雅丽,**形质均美**<br>(4)由淮扬菜(为代表)、江宁菜、苏锡菜等组成 | 松鼠鳜鱼、碧螺虾仁、响油鳝糊、叫花鸡、清炖蟹粉狮子头、大煮干丝、三套鸭、盐水鸭、霸王别姬、羊方藏鱼等 |
| 粤菜 | **交通通达、岭南中心、外贸发达,著名侨乡,促进**菜系发展 | (1)**选料广博奇杂**,菜肴新颖奇异<br>(2)尤其是对**蛇**的制作有独到之处<br>(3)口味**清淡**,**重汤菜**<br>(4)粤菜由广府(为代表)、客家、潮汕3种风味组成 | 龙虎斗、白灼海虾、脆皮乳猪、白云猪手、太爷鸡、东江盐焗鸡 |
| 川菜 | 从秦到三国,**四川的政治经济地位渐长**,为川菜发展垫定基础<br>**"食在中国,味在四川"** | (1)用料广博,味道多样,菜肴适应面广<br>(2)用**三椒**(辣椒、花椒、胡椒)和**鲜姜**、**豆瓣酱**等配出各种味型<br>(3)厚实醇浓,具有**"一菜一格""百菜百味"**的特殊风味<br>(4)分为蓉派、渝派和盐帮菜 | 鱼香肉丝、宫保鸡丁、夫妻肺片、麻婆豆腐、回锅肉、酸菜鱼、毛血旺、辣子鸡、水煮鱼、怪味鸡等 |

# 要点4　中国传统名茶、名酒的分类与特点

## 一、名茶

### 1.茶文化基础知识

(1)**中国**是茶树的原产地,又是**最早发现**茶叶功效、**最早栽培**茶树和**最早制成**茶叶的国家。

(2)唐代茶圣陆羽的《茶经》是中国也是世界上第一部茶叶科学专著。

(3)茶叶、咖啡与可可现已成为世界三大饮料。

2.茶叶分类

| 分类标准 | | 茶叶种类 | 特点 |
|---|---|---|---|
| 初加工方式 | | 绿茶、红茶、青茶、黄茶、白茶、黑茶 | 下表详述 |
| 再加工茶 | 紧压茶（压制成型） | | 以黑茶、红茶、绿茶为原料，常见于西北、西南少数民族 |
| | 花茶（鲜花窨制） | | 始于宋代，以茶叶、鲜花为原料，深受北方人喜爱 |

3.名茶类型、特点及代表性茶品

| 名称 | 特征 | 分类 | 特点 |
|---|---|---|---|
| 绿茶 | (1)最古老的茶叶品种<br>(2)不发酵，高温杀青；绿叶绿汤，色泽光润；汤澄碧绿，清香芬芳，味爽鲜醇<br>(3)绿茶产量大，品种多 | 西湖龙井 | (1)产于浙江杭州，居中国名茶之首<br>(2)外形挺直削尖、扁平俊秀，色泽绿中显黄<br>(3)香气清高，汤色杏绿，叶底嫩绿<br>(4)四绝："色绿，香郁，味醇，形美" |
| | | 太湖碧螺春 | (1)产于江苏吴县太湖洞庭山，原名为"吓煞人香"，后经康熙皇帝改名为"碧螺春"<br>(2)条索纤细，卷曲成螺，绒毛遍布，花香果味 |
| | | 黄山毛峰 | (1)产于安徽黄山，芽叶肥壮，大小均匀，银毫形如雀舌，油润光滑，绿中微黄<br>(2)极品称为黄山云雾茶，产量极少 |
| 红茶 | (1)出现于清朝，全发酵法制成<br>(2)红叶红汤，香甜味醇，水果香气，醇厚，耐泡 | 祁红 | (1)产于安徽祁门，条索紧细秀长，色泽乌润，毫色金黄，汤色红艳透明，叶底鲜红明亮。<br>(2)香气既似果香又似兰花香，清鲜持久，被称为"祁门香" |
| | | 滇红 | 功夫茶：芽叶肥壮，金毫显露，汤色红艳，最优的是"滇红特级礼茶"，一芽一叶，条索紧直肥壮，金毫多、乌黑油润，叶底红而明亮——条形、醇和 |
| | | | 碎茶：颗粒型碎茶，滋味强烈 |
| 青茶/乌龙茶 | (1)也称乌龙茶，属半发酵茶，叶色青绿，汤色金黄，绿叶红镶边，红茶的醇厚＋绿茶的清香<br>(2)产地主要集中在福建、广东、台湾一带 | 武夷岩茶 | (1)产于闽北武夷山岩上乌龙茶类的总称<br>(2)外形为条索形，紧实匀整，绿褐色<br>(3)茶汤呈深橙黄色，茶性和而不寒，久藏不坏 |
| | | 铁观音 | (1)产于福建省安溪等县，因树种而得名<br>(2)褐绿、重实如铁，冲泡后呈螺旋形，身骨沉重，有天然的兰花香，俗称"观音韵" |

| 名称 | 特征 | 分类 | 特点 |
|---|---|---|---|
| 黄茶 | (1)采用**杀青、焖黄**的方法制成<br>(2)**黄叶黄汤**,香气清悦醇和 | 君山银针 | (1)产于**湖南省岳阳市洞庭湖中君山岛**,芽头茁壮紧实,**茸毛密盖,芽身金黄**,被称为"**金镶玉**"<br>(2)若以玻璃杯冲泡,可见**芽尖**冲上水面,**悬空竖立**,再冲泡再竖起,可**三起三落** |
| 白茶 | (1)**按制作工艺不同**分为**绿茶类的白茶**和轻度**发酵的白茶**<br>(2)**白茶茶性寒凉**,有退热祛暑之功效。冲泡后,**茶汤呈象牙色** | 白毫银针 | (1)产于**福建省东北部**,单芽肥硕,满披**白毫,茸毛莹亮**,色泽银白或银灰<br>(2)冲泡时"**满盏浮茶乳**",常作药用 |
| | | 白牡丹 | 产于**福建**,以绿叶夹银色白毫,芽形似花朵,**两叶抱一芽**,叶背遍布洁白茸毛,具有退热祛暑之功效 |
| 黑茶 | (1)**后发酵茶**,汤色橙黄或褐色<br>(2)茶性温和,**可久藏不坏**,耐煮泡 | 普洱茶 | (1)产于云南普洱,**发酵加工成散茶和紧压茶**<br>(2)色泽褐红,汤色**红浓明亮,越陈越香**,具有**减肥降脂**之功效 |

## 二、名酒

白酒
- **酱香型**:贵州茅台(国酒)
- **浓香型**:泸州老窖、五粮液、贵阳大曲、习水大曲、洋河大曲("老五十三大曲")
- **米香型**:桂林三花酒
- **清香型**:山西汾酒
- **兼香型**:遵义董酒、陕西西凤酒

黄酒
- 绍兴加饭酒:橙黄清澈、芬芳浓郁、越陈越香、久藏不坏
- 福建龙岩沉缸酒:**特甜型酒**

啤酒
- 按色泽分:黄啤酒、黑啤酒
- 按加工工艺及杀菌分:生啤酒、熟啤酒
- 按麦芽汁浓度分:低浓度、中浓度、高浓度

葡萄酒
- **按色泽分**:红、白、桃红
- **按含糖量分**:干型、半干型、半甜型、甜型

## 课后学习任务

**判断题:**

●白酒按香型可分为酱香型、浓香型、米香型、清香型、淡香型。 （    ）

●官府菜讲究用料广博益寿、制作奇巧精致、味道中庸平和、菜名典雅得趣。 （    ）

**单选题:**

●素有"百菜百味"之称的是（    ）。

A. 四川菜          B. 湖南菜          C. 上海菜          D. 浙江菜

●我国已经有两千多年的栽培茶树的历史,也是较早以茶叶为饮料的国家,所以我国的名茶品种繁多,风格各异。其中一种以条索纤细、卷曲成螺为特征,主要产自江苏吴县的名茶是（    ）。

A. 君山银针          B. 铁观音          C. 冻顶乌龙          D. 碧螺春

**多选题:**

●五粮液因采用五种粮食为酿酒原料而得名,属于其原料的有（    ）。

A. 高粱          B. 大米          C. 小米          D. 糯米          E. 小麦

●下列关于中国烹调主要特点的表述中,正确的有（    ）。

A. 讲究色、香、味、形,选料极为广泛

B. 讲究刀工,注意掌握火候

C. 烹调方法复杂多样,令人眼花缭乱

D. 所制成的菜肴具有多种口味

E. 宴会多采用位餐

# 专题八　中国传统工艺美术

学习目标

了解:中国陶器、瓷器发展概况,仰韶文化彩陶、龙山文化蛋壳黑陶,东汉时期瓷器的出现;中国文房四宝、年画、剪纸和风筝的主要产地和特色。

熟悉:中国陶器、瓷器、漆器、玉器的主要产地和特色,中国四大刺绣及代表作品。

掌握:唐三彩、龙泉青瓷、宋代五六名窑、青花瓷、德化白瓷的特点,景泰蓝工艺。

## 要点1　中国陶器、瓷器发展概况*

### 一、陶器、瓷器的定义

(1)陶瓷器是**陶器制品**和**瓷器制品**的总称。

(2)陶器是指用**黏土成型**,经 **700℃—800℃** 的炉温焙烧而成的**无釉**或**上釉**的日用品和陈设品。

### 二、中国陶器、瓷器的发展概况

| 时期 | 特点 | 典型代表 |
| --- | --- | --- |
| 新石器时代 | 早期:制作比较**粗糙**,饰纹较少,**随意性较强**,但不乏古朴的风格<br>晚期:制陶工艺不断发展,**品质提高**,种类增多 | 新石器时代**早期**大多为**红陶**<br>新石器时代**晚期**的仰韶、河姆渡、大汶口等文化遗址出土了大量的**灰陶、红陶、彩陶和黑陶** |
| 商朝 | 以**灰陶**为主,到后期,**白陶和印纹硬陶**有很大发展 | 以**白陶**最为精美,出现了用高岭土作胎、施青色釉的原始瓷器 |

| 时期 | 特点 | 典型代表 |
|---|---|---|
| 西周 | 陶器种类繁多；被大量应用到建筑上 | 如版瓦、简瓦、瓦当、瓦钉、阑干砖等 |
| 两汉时期 | **釉陶大量替代铜质日用品** | 从东汉晚期至三国，**陶器开始向瓷器过渡** |
| 隋唐时期 | 形成了以**浙江越窑**为代表的**青瓷**和以河北邢窑为代表的**白瓷**两大瓷窑系统，以"**南青北白**"概称<br>唐代**瓷器以单色釉为主**，而陶器却有丰富绚丽的**彩釉** | 唐三彩：同时在一件陶器上交错使用白、**黄、绿**或**黄、绿、褐**等色釉，形成了独特的风格，是我国古代陶瓷工艺的精品 |
| 宋代 | 宋代是中国制瓷业极其辉煌的时期<br>这一时期涌现出许多驰名中外的瓷窑 | "**五大名窑**"：**汝窑、官窑、哥窑、钧窑、定窑** |
| 元、明、清 | **元代**在制瓷工艺上有了新的突破，最突出的是**青花瓷和釉里红**的烧制<br>明代**精致白釉**的烧制成功，为瓷器的装饰创造了物质条件，特别是**瓷器加釉方法的多样化**，标志着中国制瓷技术的不断提高 | 元、明、清瓷器的主流是**青花瓷**<br>康熙时期，以**素三彩、五彩**最为出名；雍正、乾隆时期，**粉彩、珐琅彩**都是闻名中外的精品<br>形成**青花类、色釉瓷类、彩瓷类**三大系列 |
| 现代 | 最著名的**瓷都**是**江西景德镇** | 湖南醴陵、福建德化、浙江龙泉、山东淄博和河北唐山也是中国瓷器的主要产地 |

## 要点 2　仰韶文化彩陶、龙山文化蛋壳黑陶 *

### 一、仰韶文化彩陶

**1. 特点**

（1）仰韶文化是指分布在**黄河流域**距今**约 6000 年**的新石器时代文化，因最早发现于**河南省渑池县仰韶村**而得名。

（2）先民已经较好地掌握了选用陶土、造型、装饰等工序；陶器造型有盆、罐、钵、壶、尖底瓶、鼎等，并用**红彩或黑彩**在器表绘出绚丽的**几何形图案和动物形花纹**。

**2. 代表作**

（1）出土于西安半坡村和临潼姜寨遗址的**半坡类型彩陶**，人面鱼纹彩陶盆是半坡类型彩陶的珍品。

（2）出土于河南陕县庙底沟和陕西华县泉护村的**庙底沟类型彩陶**，**曲腹**是庙底沟陶器的一大特色。

**二、龙山文化蛋壳黑陶**

（1）**蛋壳黑陶器皿**是山东龙山文化特有的**标志性陶器**，也是我国古代制陶艺术的**巅峰之作**。

（2）蛋壳黑陶高柄杯"**黑如漆，亮如镜，薄如纸，硬如瓷**"，堪称史前陶文化高超技艺的典型代表，被考古界誉为"**4000 年前地球文明最精致之制作**"。

# 要点 3　东汉时期瓷器的出现 *

**一、发展概况**

（1）自战国时期出现的**彩绘陶器**得到发展，**釉陶**大量替代铜质日用品。
（2）从东汉晚期至三国，**陶器**开始向**瓷器过渡**。

**二、瓷器的特点**

（1）制瓷原料必须是富含石英和绢云母等矿特质的瓷石、瓷土或高岭土。
（2）瓷器的烧成温度必须在 **1200℃** 以上，瓷胎烧结后，质地致密，胎体吸水率不足 **1%**。
（3）在瓷器表面施有**高温下烧成的釉面**。

# 要点 4　中国文房四宝、年画、剪纸和风筝的主要产地和特色 *

**一、文房四宝**

（1）文房四宝：笔、墨、纸、砚。
（2）文房四宝之首：湖笔、徽墨、宣纸、端砚。

文房四宝，传世千年

| 名称 | 产地 | 特点 |
|---|---|---|
| 湖笔 | 浙江省湖州市善琏镇 | 湖笔自元代以后取代了宣笔的地位,分**羊毫、狼毫、紫毫、兼毫**四大类,具有**尖、齐、圆、健**四大特点<br>选料严格,所取毫料须多晒,除去污垢,然后根据毫料**扁圆、曲直、长短、有无锋颖**等特点,浸于水中进行分类组合,一般要经过**浸、拔、并、梳**等**70**余道工序,被誉为"**笔中之冠**" |
| 徽墨 | 古徽州府 | 是以**松烟、桐油烟、漆烟、胶**为主要原料制作而成的一种主要供传统书法、绘画使用的特种颜料<br>成品具有**色泽黑润、坚而有光、入纸不晕、舔笔不胶、经久不褪、馨香浓郁、防蛀防虫**等特点,是**书画艺术的珍品**<br>有**高、中、低**3种规格,高档墨有**超顶漆烟、桐油烟、特级松烟**等 |
| 宣纸 | 安徽南部泾县 | 最早产于**唐代**,它的原料是**青檀皮**<br>**生宣**:渍水渗化,作写意画最好<br>**熟宣**:经过胶矾浸染,不渗化,宜于工笔,细描细写,为书画最理想的用纸<br>**具有纸质柔韧、洁白平滑、细腻匀整、不起皱、不掉毛、不怕舒卷、抗老化、久不变色、不蛀不腐、卷折无损**等特点,有"**纸寿千年**"之说法 |
| 端砚 | 广东省肇庆市 | 因隋在肇庆设端州府,所以称端砚<br>端石是一种水层岩,开采于**唐**,在**宋代**已为世人所重视,其特点是**石质细、易发墨、墨汁细稠而不滞、不易干涸**<br>端石以**紫色**为主,名贵的石品有青花、鱼脑冻、蕉叶白、苏青、冰纹等<br>端砚**贵有石眼**,它是天然生长在砚石上的石核形状的眼,人们利用石眼花纹雕刻的砚台尤为名贵,有"**端石一斤,价值千金**"之说<br>**端砚与歙砚、洮河砚、澄泥砚**被誉为中国"**四大名砚**" |

## 二、年画

我国著名四大民间木刻年画产地为苏州桃花坞、天津杨柳青、山东潍坊杨家埠和四川绵竹。

| 名称 | 产地 | 特点 |
|---|---|---|
| 苏州桃花坞年画 | 江苏苏州桃花坞 | 是我国**南方流传最广、影响最大**的一种民间木刻画<br>以门画、中堂、条屏为主要形式,以**木版雕刻**,用一版一色传统水印法印刷,不仅色彩绚丽夺目,而且**构图精巧,形象突出,主次分明,富有装饰性**,形成了一种**优美清秀、严密工整**的独特风格,民间画坛称之为"**姑苏版**" |
| 天津杨柳青年画 | 天津市杨柳青地区 | 始于明崇祯年间,到清中后期最为风行,有"**家家会刻版,人人善丹青**"之美誉<br>木刻水印和手工彩绘相结合,保留了民间绘画的技法,并受清代画院的影响,多取材于旧戏剧,形象有美女、**胖娃娃**等,构图丰满,线条工整,色彩艳丽,人物的头脸多粉金晕染,**极富装饰性**<br>与南方著名的苏州桃花坞年画并称"**南桃北柳**" |

| 名称 | 产地 | 特点 |
|------|------|------|
| 山东潍坊杨家埠年画 | 山东潍坊杨家埠 | 兴起于**明代**,全以**手工操作**并用传统方式制作<br>发展初期受到杨柳青年画的影响,**清代达到鼎盛期**<br>杨家埠年画**题材广泛**,想象丰富,重用原色,线条粗犷,风格淳朴 |
| 四川绵竹年画 | 四川绵竹 | 以**彩绘见长**,具有浓厚的民族特征和鲜明的地方特色<br>构图讲求对称、完整、饱满,主次分明,多样统一<br>色彩上采用对比手法,设色单纯、艳丽、强烈明快,构成红火、热烈的艺术效果 |

### 三、剪纸

#### (一)剪纸的定义及地位

(1)剪纸是一种用剪刀或刻刀在纸或者其他片状材料上剪刻花纹,用于装点生活或配合其他民俗活动的民间艺术。

(2)**2006 年**,剪纸被列入第一批国家级非物质文化遗产名录。

(3)**2009 年 10 月**,中国剪纸项目被联合国教科文组织列入**人类非物质文化遗产代表作名录**。

#### (二)剪纸的用途

| 用途 | 具体作用 | 实例 |
|------|---------|------|
| 张贴 | 直接张贴于门窗、墙壁、灯彩、彩扎之上用于装饰 | 如窗花、墙花、顶棚花、烟格子、灯笼花、纸扎花、门笺 |
| 摆衬 | 用于点缀礼品、嫁妆、祭品、供品 | 如喜花、供花、礼花、烛台花、斗香花、重阳旗 |
| 刺绣底样 | 用于刺绣底样 | 如衣饰、鞋帽、枕头、鞋花、枕头花、帽花、围涎花、衣袖花、背带花 |
| 印染 | 作为蓝印花布的印版 | 用于衣料、被面、门帘、包袱、围兜、头巾等 |

| 名称 | 定义 | 特点 |
|------|------|------|
| 窗花 | 张贴在窗户上当作装饰的剪纸 | **在北方较为普遍**<br>窗花的形式有装饰窗格四角的**角花**,也有**折枝团花**,更有各式各样的自由花样 |

| 名称 | 定义 | 特点 |
|---|---|---|
| 喜花 | 婚嫁喜庆时用于装点各种器物用品和室内陈设的剪纸 | 一般是将剪纸摆衬在**茶具**、**皂盒**、**面盆**等日用品上,还有的贴在**梳妆镜**上<br>喜花图案多是**强调吉祥如意**、**喜气洋洋的寓意**<br>色彩为**大红**,形状有**圆形**、**方形**、**菱花形**、**桃形**、**石榴形**等,配以**各种吉祥的纹样**,如龙凤、鸳鸯、喜鹊、花草、牡丹等 |
| 礼花 | 摆附在糕饼、寿面、鸡蛋等礼品上的剪纸 | 在广东潮州一带被称作"**糕饼花**""**果花**",在浙江平阳一带被称作"**圈盆花**"<br>礼花题材**多取吉祥喜气的图案** |
| 鞋花 | 用作布鞋鞋面刺绣底样的剪纸 | 一般有 3 种形式:一是剪成小团花或小散花,绣于鞋头,称"**鞋头花**";二是合着鞋面的形状剪成月牙形,称"**鞋面花**";三是由鞋头花的两端延伸至鞋帮,称"**鞋帮花**" |
| 门笺 | 一般用于门楣上或堂屋的二梁上 | 样式**多为锦旗形**,天头大、两边宽,下作流苏<br>多以**红纸刻成**,也有其他颜色的或套色的<br>图案多作几何纹或嵌以**人物**、**花卉**、**龙凤及吉祥文字的**<br>张贴时或一张一字,或一张一个内容,成套悬挂,一般**以贴 5 张为多**<br>贴门笺除有**迎春除旧之意**外,也有**祈福驱邪之意** |
| 斗香花 | 一种套色剪纸,多用于祭祀祖先与神灵等民俗活动时的装饰 | 题材**多选用戏文**、**历史故事**、**民间传说**、**花卉**、**人物**等吉祥图案<br>**一般由金**、**大红**、**桃红**、**绿**、**蓝**、**橘黄**、**淡黄**、**黑**等蜡光纸组成,颜色丰富,效果强烈 |

## (三)剪纸的地域分布

| 名称 | 地域 | 特点 | 实例 |
|---|---|---|---|
| 蔚县剪纸 | 河北蔚县 | **不是"剪",而是"刻"**,以薄薄的宣纸为原料,用小巧锐利的雕刀刻制,再点染明快绚丽的色彩而成;整个工艺过程有**画**、**订**、**浸**、**刻**、**染**、**包 6 道工序** | **2006** 年,蔚县剪纸作为"剪纸"项目的组成部分,被列入第一批国家级非物质文化遗产名录 |
| 山西剪纸 | 山西省 | 具有北方地区**粗犷**、**雄壮**、**简练**、**淳朴**的风格特点<br>最常见的是窗花,其**大小根据窗格的形状来定** | 晋南、晋中、晋东南、晋西北、吕梁山区的剪纸多为**单色剪纸,风格质朴**、**粗犷**<br>流行于雁北地区的**染色剪纸用色鲜明,具有韵味** |

| 名称 | 地域 | 特点 | 实例 |
|---|---|---|---|
| 陕西剪纸 | 陕西省 | 其**造型古拙,风格粗犷,形式多样,寓意明朗有趣**,包含着浓郁的泥土气息和鲜明的地域特色 | 陕北剪纸**淳厚、粗壮,线条有力**,剪纹简洁<br>**定边、靖边剪纸较细致,线条多直线、流利奔放**<br>**宜川剪纸线条粗而曲线多**<br>**关中剪纸线条粗似针尖**,风格别致<br>**三原剪纸以花卉为主,结构简单,色彩对比强烈** |
| 扬州剪纸 | 扬州 | 扬州剪纸**线条清秀流畅,构图精巧雅致,形象夸张简洁**,技法变中求新,为**中国南派剪纸**的杰出代表之一 | 作品一般以**素色**为主,整幅作品由**线条**组成,其清秀流畅的线条,成为**剪出来的中国白描** |
| 浙江剪纸 | 浦江、缙云、乐清、永康、桐庐、临海等地最富有特色 | 风格各有不同,用途亦各异<br>**金华地区多为窗花和灯花,平阳一带送礼时放在礼物上的"圈盆花"最有特色**,乐清的细纹刻纸主要用于装饰**龙盘灯**,几十种图案交织在一起 | 浙江剪纸中的**戏曲窗花**也有独到之处,其**选取戏中典型的场面情节**,充分体现**人物的身段之美**;在大的影像轮廓中剪出细阴线,使形象结构与画面的节奏都增添成色 |
| 佛山剪纸 | 广东佛山 | 佛山剪纸风格**苍劲豪放,结构雄伟奔放,用色夸张富丽**,具有独特的地方风格<br>佛山剪纸艺术在制作上有**剪、刻两大类** | 刻纸利用佛山本地特产的**铜箔、银箔**,用剪、刻、凿等技法,套衬各色和绘印上各种图案,具有鲜明的地方特色 |

## 四、风筝

### 1.发展简史

(1)中国风筝的发明距今已有 **2000 余年**的历史。

(2)风筝**最初是用于军事**。

(3)到了**唐中期**,风筝的功用开始**从军事转向娱乐**。

(4)到了**宋代**,风筝的流传更为广泛,**制作风筝成为一种专门的职业**。

(5)**明清**时期是**鼎盛时期**,明清风筝在大小、样式、扎制技术、装饰和放飞技艺上都有了超越前代的巨大进步。

### 2.技艺

概括起来只有 4 个字——扎、糊、绘、放,简称"四艺",即扎架子、糊纸面、绘花彩、放风筝。

**3.种类**

(1)风筝主要分为**硬翅风筝**和**软翅风筝**两类。

(2)硬翅风筝:**翅膀坚硬,吃风大,飞得高**。

(3)软翅风筝:**柔软,飞不高,但飞得远**。

**4.代表作**

(1)2006年,山东省潍坊市、江苏省南通市、西藏自治区拉萨市、北京市、天津市的风筝制作技艺被列入**第一批国家级非物质文化遗产名录**。

(2)"**南有阳江,北有潍坊**",南北遥相呼应的两大风筝流派也颇具特色。

| 名称 | 产地 | 特点 |
|------|------|------|
| 潍坊风筝 | 山东潍坊 | 属中国三大风筝派系之一,与京、津风筝齐名鼎立<br>**选材讲究,造型优美,扎糊精巧,形象生动,绘画精细,品种繁多,起飞灵活**<br>**题材广泛**,包括人物、飞禽、鱼虾、文玩器物、历史人物、神话传说等<br>最能代表潍坊风筝特点的当数"蜈蚣"风筝,在2012首届中国非物质文化遗产博览会上,以"**龙头蜈蚣**"为代表的潍坊风筝制作技艺获金奖 |
| 阳江风筝 | 广东阳江 | 是南派风筝的代表之一<br>阳江于1993年被国家体委授予"**全国风筝之乡**"<br>**种类繁多,造型美观,技术精巧,形神兼备,栩栩如生**,不但放飞效果良好,而且具有极高的实用价值、欣赏价值和收藏价值<br>1990年,在第七届国际风筝会上,阳江市取材于民间传说《白蛇传》扎制而成的"**灵芝**"风筝,被评为"**世界十绝风筝**"之一 |

## 要点5　中国陶器、瓷器、漆器、玉器的主要产地和特色▲

### 一、中国陶器、瓷器

| 名称 | 发展简史 | 特点 | 典型代表 |
|------|----------|------|----------|
| 景德镇青花瓷 | 自**五代**时期开始生产瓷器,至今已有千年历史 | 造型优美、品种繁多、装饰丰富、风格独特,以"**白如玉,明如镜,薄如纸,声如磬**"的独特风格蜚声海内外 | **青花瓷、玲珑瓷、粉彩瓷、颜色釉瓷**并称为**景德镇四大传统名瓷**<br>**青花瓷**,烧造历史最悠久,居四大名瓷之首,享有"**瓷国明珠**"之美誉 |

| 名称 | 发展简史 | 特点 | 典型代表 |
|---|---|---|---|
| "洛阳唐三彩" | 盛行于**唐代**的陶器 | 以**黄、绿、褐**为基本釉色，因**造型生动、色泽艳丽和富有生活气息**而著称 | 精品**多出土于洛阳地区**，而洛阳出产的仿唐三彩器物精美逼真，所以人们称其为"**洛阳唐三彩**" |
| 龙泉青瓷 | **南北朝时期**，浙江龙泉人利用当地优越的自然条件制造青瓷，在**南宋时达到巅峰** | 具有"**青如玉、明如镜、薄如纸、声如磬**"的特点<br>龙泉青瓷传统烧制技艺于**2009年入选联合国教科文组织世界非物质文化遗产保护名录** | 弟窑是白胎和朱砂胎青瓷。弟窑青瓷**釉层丰润，釉色青碧，光泽柔和，晶莹滋润，胜似翡翠**。有梅子青、粉青、月白、豆青、淡蓝、灰黄等不同釉色<br>哥窑是**釉面开片的黑胎青瓷**。哥窑青瓷以**瑰丽、古朴的纹片为装饰手段**，如冰裂纹、蟹爪纹、牛毛纹、流水纹、鱼子纹、膳血纹、百圾碎等，加之其釉层饱满、莹洁，素有"**紫口铁足**"之称，与釉面纹片相映，更显古朴、典雅，堪称**瓷中珍品** |
| 宜兴紫砂器 | | 紫砂器是用质地细腻、含铁量高的特殊陶土制成的**无釉细陶器**，呈赤褐、浅黄或紫黑色 | 江苏宜兴是**中国陶都**<br>宜兴紫砂器享有"**天下神品**"之称<br>**紫砂茶具造型美观，色彩古朴，胎壁无釉多孔，有较强的吸附力**，泡茶数天后不馊且仍能保持茶香 |
| 醴陵釉下彩瓷 | 起源于**清朝雍正年间**，迄今已有250多年的历史 | **洁白如玉，晶莹润泽**，虽长期存放，但花纹始终保持原来的色彩，**无铅毒、耐摩擦、耐高温、耐酸碱腐蚀**，保护着画面能始终保持原来的色彩 | **醴陵釉下彩瓷**是醴陵日用瓷中具有独特艺术风格的传统产品 |
| 淄博美术陶瓷 | 历史悠久，**汉代**已能生产翠绿、栗黄、茶黄、淡绿4种颜色釉陶 | **雨点釉瓷又名油滴瓷**，在黑色的釉面上均匀地布满了银白色的小圆点。圆点小如米粒，**盛茶时金光闪闪，盛酒则银光熠熠**，映日视之，晶莹夺目<br>**茶叶末釉**是一种含有结晶矿物的无光釉。用这种釉制作的各种文具、瓶、罐，釉色纯正，古朴典雅 | 现代以生产传统的名贵色釉——**雨点釉、茶叶末釉**等美术陶瓷著称 |
| 德化白瓷 | 历史悠久，历经了千年的历史 | **德化窑**因窑址位于德化县而得名。此处瓷土资源丰富，水源充足，交通运输方便，是烧制瓷器的理想之地 | **福建德化**是我国白瓷著名产地<br>在世界陶瓷史上，"**中国白**"一词也成了**德化白瓷**的代名词 |

## 二、中国漆器

### 1.定义

**用漆涂在各种器物的表面上所制成的日常器具及工艺品等,一般称为漆器。**

### 2.发展简史

(1)在中国,**从新石器时代起人们就认识到了漆的性能**并用以制器。

(2)历经商周直至明清,中国的漆器工艺不断发展,达到了相当高的水平。

### 3.分布

当代漆器主要分布于**北京、福建福州、江苏扬州、四川成都、山西平遥、贵州大方、甘肃天水**等地。

| 类别 | 特点 |
|------|------|
| 北京雕漆 | **以雕刻见长**。在漆胎上涂几十层到几百层漆,达到 15—25 毫米厚,再用刀进行雕刻,故称"雕漆"<br>在古代的雕漆制品中主要以红、绿色为主,在史书上雕漆又称为"**剔红**"。此外,还有**剔黑、剔黄、剔绿**等<br>北京雕漆**以剔红、剔黑为主**,其他常见的如红底黑花、黑底红花、黄底红花、绿底红花以及黄、绿、红三色的剔彩 |
| 福州脱胎漆器 | 福州脱胎漆器制作,先用泥土塑出**模型**,然后在模型外面裹上**夏布**,涂上**青漆**,等漆干了之后脱去土模,再行**髹漆**加工上色<br>其质地**坚固轻巧、造型别致**,装饰技法**丰富多样**,色彩**明丽和谐**,可谓集众美于一身,具有非凡的艺术魅力 |
| 扬州镶嵌漆器 | 扬州漆器历史悠久,其产品**以镶嵌螺钿**最具特色,造型**古朴典雅**,做工**精巧细致**,纹样**优美多姿**,色彩和谐绚丽 |

## 三、中国玉器

### 1.定义

(1)玉有软玉、硬玉之分。**软玉**是中国传统的玉料,软玉硬度一般为 5.6—6.5度,呈不透明或半透明状。

(2)**硬玉**是指产于缅甸的翡翠,质地坚硬,密度较高,硬度为 6.5—7 度。

(3)**广义的玉**还包括钻石、玛瑙、水晶、琥珀、绿松石、珊瑚等。

(4)**玉器**:使用天然玉石加工制成的器物。

(5)**玉雕**:玉石经加工雕琢成为精美的工艺品。

2.发展简史

(1)中国素有"玉石之国"的美誉。

(2)**距今7000年的新石器时代晚期**就出现了玉质工具,玉器是从玉质工具发展而来的。

3.中国玉

(1)产地

中国玉主要产于新疆维吾尔自治区和田市、河南省南阳市的独山、辽宁省鞍山市的岫岩满族自治县等地。

(2)中国"四大名玉"

中国"四大名玉"是**指新疆的和田玉、辽宁岫岩县的岫玉、河南南阳的独山玉和陕西蓝田的蓝田玉。**

(3)和田玉

· 和田玉因采自**塔里木盆地南缘的昆仑山**中,故称**昆山玉**,简称**昆玉**。和田玉属软玉,有韧性,质地细腻,光泽柔润,被称为**羊脂玉的白玉**,为和田玉中最佳品。

· 北京故宫的清朝玉雕**"大禹治水玉山"**是用整块和田玉雕琢而成的。

4.中国玉雕

| 类型 | 产地 | 特点 | 典型代表 |
|---|---|---|---|
| 北京玉雕 | 北京市 | **集南北技艺之长**,形成了自己的独特风格京作玉器**造型浑厚、庄重,圆雕和浮雕**的作品较多,图纹工艺比较复杂,呈现出一种**高贵典雅的气质和悠然洒脱、落落大方的京城风貌** | 以北京市玉器厂为代表南玉以**苏州、扬州**为中心,北玉以**北京**为中心 |
| 扬州玉雕 | 江苏省扬州市 | 扬州玉雕创造性地将阴线刻、深浅浮雕、立体圆雕、镂空雕等多种技法融于一体,形成了**浑厚、圆润、儒雅、灵秀、精巧**的基本特征,总体风格以**"南方之秀"**为主,兼具**"北方之雄"**的独特形式 | 清代乾隆年间扬州玉雕进入全盛时期,有着**"天下玉,扬州工"**的说法扬州玉雕尤以**"山子雕"**及**"链子活"**技艺独具一格,显示了扬州玉雕艺人精湛的技艺 |
| 苏州玉雕 | 江苏省苏州市 | 因其加工精巧、历史悠久,素以**"苏帮"**著称,历**宋、元、明、清**数代,**均作为贡品进献皇室**苏州工匠善雕琢**中小件**,以**"小、巧、灵、精"**而出彩 | 苏州的**薄胎器皿件**,充分运用圆雕、浮雕、镂空雕、阴阳细刻、打钻掏膛技术等不同的雕刻工艺,使其更加华美且精巧,成为**"苏作"**细作工艺的扛鼎之作 |

# 要点6 中国"四大刺绣"及其代表作品▲

**明代**上海顾名世家的刺绣品**"顾绣"**尤其闻名。

奇丝妙缕，五彩缤纷

## 一、刺绣

### 1.定义

（1）刺绣属于织绣工艺品，它是**以蚕丝为原料**的纺织品和刺绣品的总称。

（2）刺绣是指用针引线在绣料上穿刺出一定图案和色彩花纹的装饰织物。

### 2.**发展简史**

刺绣起源于**中国**，是中国著名的三大特产之一，并于**汉代之后**由**"丝绸之路"**远销中亚、西亚和地中海沿岸各地。

## 二、中国四大名绣

| 名称 | 产地 | 特点 | 代表作品 |
|------|------|------|----------|
| 苏绣 | 江苏苏州、南通一带 | 在艺术上形成了**图案秀丽**、**色彩和谐**、**线条明快**、**针法活泼**、**绣工精细**的地方风格，被誉为**"东方明珠"** | 最能体现苏绣艺术特征的是**"双面绣"**<br>双面绣**《猫》**是现代作品的代表 |
| 湘绣 | 以湖南长沙为中心 | 汲取**苏绣**和**粤绣**的精华而发展起来<br>以**着色富有层次**、**绣品若画**为特点 | 以**狮**、**虎**为代表图案，有**"苏猫湘虎"**的说法 |
| 粤绣 | 广东地区 | 据传始创于少数民族，明中后期形成特色<br>以**布局饱满**、**图案繁茂**、**场面热烈**、**用色明快**、**对比强烈**、**讲求华丽效果**著称<br>绣工多为**男工**<br>多用金线作刺绣花纹的轮廓线，**金银线垫绣**使绣上的景物形象**富有立体感** | **《百鸟朝凤》** |
| 蜀绣 | 以四川成都为中心 | 以**软缎**、**彩丝**为主要原料，其刺绣技法甚为独特，至少有**100种**精巧的针法绣技，如五彩缤纷的衣锦纹满绣、绣画合一的**线条绣**、精巧细腻的**双面绣**和**晕针**、**纱针**、**点针**、**覆盖针**等都是十分独特且精湛的技法 | **《蜀宫乐女演乐图》**挂屏、双面异色的**《水草鲤鱼》**座屏、**《熊猫》**座屏和北京人民大会堂四川厅的巨幅作品**《芙蓉鲤鱼》** |

# 要点 7 唐三彩、龙泉青瓷、宋代五大名窑、青花瓷、德化白瓷的特点★

## 一、唐三彩

### 1. 特点
（1）盛行于**唐代**的陶器。
（2）以**黄、绿、褐**为基本釉色。
（3）以**造型生动、色泽艳丽和富有生活气息**而著称。

### 2. 典型代表
（1）**精品多出土于洛阳地区**，而洛阳出产的仿唐三彩器物精美逼真，所以人们称其为"**洛阳唐三彩**"。
（2）唐三彩的复制和仿制，在洛阳已有**近百年的历史**。
（3）中华人民共和国成立后，建立了**洛阳美术陶瓷厂**，并设立专门机构研究唐三彩的制作工艺。
（4）"**洛阳唐三彩**"是中国传统出口商品。

## 二、龙泉青瓷

### 1. 发展简史
（1）**南北朝**时期，浙江龙泉人利用当地优越的自然条件制造青瓷。
（2）青瓷制造在**南宋**时达到巅峰。
（3）龙泉市境内烧制青瓷的古代窑址有 360 多处，史称**龙泉窑**。

### 2. 特色
龙泉青瓷具有"**青如玉、明如镜、薄如纸、声如磬**"的特点。

### 3. 典型代表
（1）**弟窑**
（2）**哥窑**

### 三、宋代"五大名窑"

| 名称 | 特点 |
|------|------|
| 汝窑 | 居**五大名窑之首**,专为**宫廷**烧制御用**青瓷器**,以**名贵玛瑙**为釉,色泽独特,随光变幻,其釉色如雨过天晴,温润古朴,被世人称为"**似玉非玉而胜玉**"<br>汝窑传世品极少,被视为**稀世之珍** |
| 官窑 | 专为**宫廷**烧制瓷器,选料精细,用料考究,以古朴庄重的造型、莹润如玉的釉色、粼粼如波的纹片协同"**紫口铁足**"之美,形成了具有宫廷气势、高雅大气的艺术珍品 |
| 哥窑 | 瓷器**釉质莹润**,其重要特征是**釉面开片**,其通体釉面被粗深或细浅的两种纹线交织切割,俗称"**金丝铁线**",是哥窑器物最显著的特点之一 |
| 钧窑 | 以烧制**乳浊釉瓷**为主,以其神奇"窑变"而闻名,素有"入窑一色,出窑万彩""钧瓷无双"的特点 |
| 定窑 | 以烧**白瓷**而著称,以**装饰**见长 |

### 四、青花瓷

1.**特点**

(1)自**五代时期**开始生产瓷器,至今已有千年历史。

(2)造型优美、品种繁多、装饰丰富、风格独特,以"**白如玉、明如镜、薄如纸、声如磬**"的独特风格蜚声海内外。

(3)主要以**色料**在胚胎上描绘纹样,然后上**透明釉**,施釉后经**1300℃左右高温一次烧成**,釉色晶莹,透彻素净,明净雅致。画以墨为韵,瓷以青为贵。

2.**典型代表**

(1)**青花瓷、玲珑瓷、粉彩瓷、色釉瓷**并称为**景德镇四大传统名瓷**。

(2)青花瓷的烧造历史最悠久,**居四大名瓷之首**,享有"**瓷国明珠**"之美誉。

### 五、德化白瓷

1.**特点**

德化窑因窑址位于德化县而得名,历史悠久,有千年的历史。此处**瓷土资源丰富,水源充足,交通运输方便**,是烧制瓷器的理想之地。

2.**典型代表**

(1)福建德化是我国**白瓷著名产地**。

（2）在世界陶瓷史上，"**中国白**"一词也成了德化白瓷的代名词。

陶瓷故乡，琳琅满目

## 要点8　景泰蓝工艺★

### 一、景泰蓝工艺

**1.定义**

（1）景泰蓝又称"**铜胎掐丝珐琅**"，是一种在**铜质的胎型**上，用**柔软的扁铜丝**，掐成各种花纹焊在铜胎上，然后把**珐琅质的色釉**填充在花纹内**烧制而成**的器物。

（2）诞生于**元末明初**，于明朝景泰年间最为盛行，制作技艺比较成熟，使用的**珐琅彩釉多以蓝色为主**，故而得名"景泰蓝"。

**2.特点**

（1）北京景泰蓝以其**典雅的造型**、**繁复的纹样**、**清丽庄重的色彩**而著称，其优美华丽的外表，彰显出大气祥和、富贵典雅的气质，因而深受皇家贵族的喜爱。

（2）制作景泰蓝先要用**紫铜**制胎；接着进行"**掐丝**"，即用铜丝掐、掰成各种精美的图案花纹，将铜丝花纹牢牢地黏附、焊接在铜胎上；再用**五彩珐琅**点填在花纹内进行"**点蓝**"；然后"**烧蓝**"，经反复烧制，直至将纹样内的釉料填到与掐丝纹相平；最后磨光、镀金，一件斑斓夺目的景泰蓝就制作完成了。

**3.典型代表**

（1）景泰蓝从**道光年间**就开始出口了。

（2）**1904 年**，在美国芝加哥世界博览会上，景泰蓝"**宝鼎炉**"获一等奖，后又在**1915 年**巴拿马万国博览会上获一等奖。

（3）景泰蓝是**最具北京特色**的传统手工艺品之一，被称为国宝"**京**"粹，于**2006**年入选首批国家级非特质文化遗产名录。

## 课后学习任务

灵活练习——模拟题演练：来，试试你的水平！

**判断题：**

● 定窑以烧白瓷而著称，烧造工艺达到了中国陶瓷史上的极致。 （    ）

● 江苏宜兴被认为是中国的陶都，宜兴紫砂器享有天下"神品"之称。 （    ）

**单选题：**

● 双面绣《猫》是（    ）现代作品的代表作。

A. 苏绣　　　　　　B. 湘绣　　　　　　C. 粤绣　　　　　　D. 蜀绣

● 宣纸最早产于（    ），它的原料是青檀皮。

A. 唐代　　　　　　B. 宋代　　　　　　C. 明代　　　　　　D. 清代

**多选题：**

● 下列剪纸中，直接张贴于门窗、墙壁、灯彩、彩扎之上为装饰的有（    ）。

A. 窗花　　　　B. 顶棚花　　　　C. 喜花　　　　D. 灯笼花　　　　E. 枕头花

● 湖笔具有（    ）的特点。

A. 尖　　　　B. 齐　　　　C. 圆　　　　D. 直　　　　E. 健

114

# 专题九　中国民族知识

熟悉：中国各民族的基本概况和地理分布。

## 要点 1　中国民族概况

### 一、民族的概念

狭义的民族：**四共同**——**语言**、**地域**、**经济生活**以及表现于民族文化特点上的**共同心理素质**；如汉族、壮族等。

广义的民族：**处于不同社会发展阶段的各种人的共同体**，如**古代民族**、**现代民族**；或**一个国家**、**地区的各民族**，如中华民族。

### 二、中国民族的人口

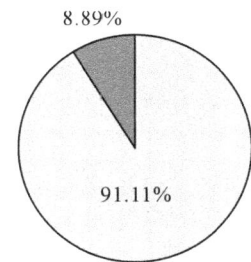

8.89%

91.11%

□ 汉族　■ 55个少数民族

数据来源：2020 年第七次全国人口普查。

人口**最多**的少数民族——**壮族**；人口**最少**的少数民族——**塔塔尔族**。

### 三、中国民族的地理分布

(1)分布特点：**东南密，西北疏**。

（2）人口分布格局：以汉族为主体的**大杂居**、**小聚居**、**交错居住**。

（3）汉族分布在全国各地，主要聚居在**东南部**。

（4）**8.89%**的少数民族分布在全国总面积**60%以上**的范围内，呈"**C**"**字形分布**（**北→西→南**）。

### 四、中国民族的语言文字

| | |
|---|---|
| 语言 | 汉族、回族使用汉语，其他民族有各自的语言 |
| | 五大语系：**汉藏语系**、**阿尔泰语系**、**南亚语系**、**南岛语系**、**印欧语系** |
| | 10 个语族，16 个语支，60 多种语言 |
| 文字 | **非拼音**文字：**汉字**、**音节文字（如彝文）** |
| | 拼音文字 |

# 要点 2　汉族知识

### 一、汉族概况

| 内容 | 特点 |
|---|---|
| 概况 | 中国主体民族，主要源于**黄**、**炎**、**东夷**等部落，吸取了荆蛮、百越、戎狄等成分；汉以前称"**华**""**夏**""**华夏**"，汉以后周边各族以"**汉人**"称呼中原人 |
| 人口 | 以**华夏**为核心，**秦汉**时形成了统一、稳定的民族；世界人口**最多**的民族 |
| 语言 | **汉语**，属汉藏语系，是世界上历时最悠久、最丰富的语言之一；**汉字**，属表意文字 |
| 宗教信仰 | **天命崇拜**、**祖先崇拜**；对各种宗教兼容并蓄 |
| 饮食 | 以**家庭种植和养殖**为主的**农业民族**，农耕文化悠久<br>以**米**、**面**等粮食作物为主食，以**鱼肉**、**蔬菜**为副食。讲究色、香、味、形、器、意的完美结合，**酒文化**、**茶文化**内涵深厚 |
| 服饰 | 上万年历史，不断演进与更新。主要有上衣下裳和衣裳相连两种基本形式，**大襟右衽**是鲜明特点。**染织工艺独步世界** |

| 内容 | 特点 |
|---|---|
| 民居 | 鲜明的地域文化特征：<br>北方——以北京四合院为主要代表<br>陕北黄土高原——窑洞<br>南方——天井式瓦房（徽派建筑、江南水乡民居、上海石库门等）<br>闽赣粤地区的客家人——大围屋<br>受"风水术"影响极大：<br>对居住环境进行选择和处理，体现了中华民族崇尚的人与自然和谐统一 |

## 二、汉族主要传统节日

| 节日名称 | 特点 |
|---|---|
| 春节 | "新年"，农历正月初一，中国最隆重的传统节日。蒙古、壮、布依、朝鲜、侗、瑶等族也过此节<br>源于腊祭；过年（腊月廿三至正月十五）<br>民俗：操办年货、做新衣、掸尘、祭灶、祀祖、吃团圆饭、守岁、贴春联挂年画（源于古代桃符）、饮屠苏酒、给压岁钱、拜年、放爆竹、南方多吃年糕（"生活步步高"）、北方多吃饺子（"更岁交子"）、闹元宵、舞狮、扭秧歌、玩花灯等 |
| 元宵节 | 正月十五、上元节，春节的高潮和结束<br>闹元宵：赏灯、耍灯（源于汉代）、猜灯谜、吃元宵等 |
| 清明节 | 又称踏青节，公历4月5日前后；二十四节气之一；节前一天为"寒食节"（传说为纪念春秋介子推）<br>主要习俗：扫墓（秦以前已有，唐代成为定俗）、踏青（源于唐）、插柳、射柳、蹴鞠、放风筝、荡秋千等 |
| 端午节 | 农历五月初五，又称端阳节、天中节、女儿节、五月节等，被列入人类非物质文化遗产代表作名录<br>节日起源以纪念屈原说流传最为广泛<br>主要习俗：赛龙舟（流行于我国南方水乡）、吃粽子（魏晋已盛行，唐宋成为端午节名食）、挂钟馗像（清代成为端午之神）、做布老虎、佩香囊香袋、饮雄黄酒、插菖蒲、采药以避毒除害等 |
| 七夕节 | 七月初七，牛郎织女鹊桥相会，被称为"中国情人节" |
| 中元节 | 七月十五，鬼节 |
| 中秋节 | 八月十五，又称团圆节、仲秋节、八月节，象征团圆<br>起源于古代的秋祀、祭月习俗。祭月赏月活动始于周，北宋始定为中秋节<br>主要习俗：祭月、赏月、吃月饼、吃团圆饭、舞龙灯、赏桂花、斗蟋蟀等；中秋节前后也是钱塘观潮的最佳时节 |

| 节日名称 | 特点 |
|---|---|
| 重阳节 | 九月初九,双九相重(重阳)<br>源于民间**登高避灾**<br>主要习俗:**登高、插茱萸、饮菊花酒、吃重阳糕、江南地区持蟹赏菊**等<br>**1989 年**,我国将重阳节定为**老人节** |
| 腊八节 | 十二月初八,食腊八粥,"过了腊八就是年" |

自 **2008 年 1 月 1 日起**,除春节外,**清明节、端午节、中秋节**也成为全国性法定节假日。

## 课后学习任务

灵活练习——模拟题演练:来,试试你的水平!

**判断题:**

●我国 56 个民族中,汉族使用汉语,其余 55 个少数民族都有各自的语言,大部分少数民族都有自己的文字。　　　　　　　　　　　　　　　　　　　　　　　(　　)

●清明是二十四节气中唯一一个法定传统节日。　　　　　　　　　　　　　(　　)

**单选题:**

●第七次全国人口普查数据显示,中国少数民族总人口占全国总人口的(　　　)。

A.8.98％　　　　　　B.8.49％　　　　　　C.8.89％　　　　　　D.9.11％

●我国少数民族中人口最少的是(　　　)。

A.塔塔尔族　　　　B.珞巴族　　　　　　C.独龙族　　　　　　D.高山族

**多选题:**

●以下活动中,属于清明节时汉族主要习俗的有(　　　)。

A.踏青　　　　　B.插菖蒲　　　　C.荡秋千　　　　D.扫墓　　　　E.插茱萸

●自 2008 年 1 月 1 日起,以下属于全国性法定节假日的传统节日有(　　　)。

A.春节　　　　　B.元宵节　　　　C.端午节　　　　D.中秋节　　　　E.重阳节

# 专题十　中国旅游景观

## 学习目标

了解：中国自然地理相关基础知识。

熟悉：中国主要地貌类型及代表性地貌景观；山、水、动物、植物、天象等自然景观知识。

掌握：常见自然景观的地质成因。

## 要点1　中国自然地理相关基础知识*

1.旅游景观：自然与人文环境各要素中，能使人们产生美感或情趣、具有旅游与休闲功能的景物与事件。

2.自然旅游景观特点：多样性、地域性、季节性。

| 自然旅游景观类型 | 特点 |
|---|---|
| 山地旅游景观 | (1)定义：500米以上高地，起伏大、坡度陡、沟谷深<br>(2)组成：山峰、丘陵、盆地、河谷、岗地<br>(3)知名山峰：**第一高峰——珠穆朗玛峰**(8848.86米)，**第二高峰——乔戈里峰**(8611米)；"五岳" |
| 水体旅游景观 | (1)海滨：我国海岸线总长为3.2万千米，由**中朝边境鸭绿江至中越边境北仑河口**；3S(阳光、沙滩、海水)；**以钱塘江口为界**，北为泥沙质海岸(开发海滨浴场)，南为基岩海岸(海蚀地貌景观)<br>(2)河流：河流＋沿岸景观＝水路交汇景观组合<br>(3)湖泊：我国湖泊密集分布于青藏高原、东部平原；**藏北高原为世界海拔最高、湖泊数量最多的高原湖区——纳木错(世界最高的大湖)、青海湖(中国第一大咸水湖)**；五大淡水湖——鄱阳湖、洞庭湖、太湖、洪泽湖、巢湖<br>(4)瀑布：我国三大瀑布——黄果树瀑布、壶口瀑布、吊水楼瀑布<br>(5)涌泉：主要分布于山区；温泉易出现于地壳活动活跃地带 |

| 自然旅游景观类型 | 特点 |
|---|---|
| 气象、气候和天象旅游景观 | 将一个地区的自然景观与气候、天气变化融合在一起,成为著名景观 |
| 生物旅游景观 | (1)森林:针叶林、落叶阔叶林、常绿阔叶林、热带雨林及中间过渡类型<br>(2)草原:温带草原、干旱荒漠草原、高寒草原;**我国天然草地面积位居世界第二(澳大利亚为第一)**<br>(3)湿地:**"地球之肾""鸟类的乐园"**;我国是亚洲湿地类型最齐全、数量最多、面积最大的国家<br>(4)名木古树、奇花异卉:**"化石植物"**——孑遗树种(水杉、银杉、珙桐、银杏);植物人格化——赋予某种含义,增加文化内涵 |

# 要点 2　中国主要地貌类型及代表地貌景观

# (山、水、动物、植物、天象等自然景观知识)▲

## 一、山地旅游景观

| 景观名称 | 地理位置 | 主峰及高度 | 岩性 | 特点 |
|---|---|---|---|---|
| 东岳泰山 | 山东泰安 | 玉皇顶<br>**(1545 米)** | 片麻岩、花岗岩 | (1)象征国家统一、**权力,封禅祭祀**;被称为"五岳之首""五岳独尊"<br>(2)四大自然名景是旭日东升、晚霞夕照、黄河金带、云海玉盘;人文景观有岱庙、摩崖石刻<br>(3)山东泰安岱庙与北京故宫、山东曲阜三孔、河北承德避暑山庄并称我国四大古建筑群,岱庙的天贶殿同北京故宫的太和殿、曲阜孔庙的大成殿并称中国古代三大宫殿式建筑 |
| 西岳华山 | 陕西华阴 | 南峰落雁<br>(2154.9 米) | 花岗岩 | (1)以**险峻著称**,被称为"奇险天下第一山"<br>(2)由中(玉女)、东(朝阳)、西(莲花)、南(落雁)、北(五云)5 座山峰组成<br>(3)著名景点:长空栈道、鹞子翻身、千尺幢、百尺峡、老君犁沟等,玉泉院、"陕西故宫" |
| 南岳衡山 | 湖南衡阳 | 祝融峰<br>**(1300.2 米)** | **花岗岩** | (1)**有"寿岳"之称,以秀丽著称**<br>(2)"南岳四绝":"祝融峰之高,方广寺之深,藏经殿之秀,水帘洞之奇"<br>(3)著名景点:南岳庙、黄庭观、祝圣寺 |

| 景观名称 | 地理位置 | 主峰及高度 | 岩性 | 特点 |
|---|---|---|---|---|
| 北岳恒山 | 山西浑源 | 天峰岭 (2016.8 米) | 麻粒岩 | (1)以幽静著称,兵家必争之地<br>(2)悬空寺为景观之最,"奇、悬、巧"<br>(3)"天下巨观":释迦牟尼、老子、孔子共居一室 |
| 中岳嵩山 | 河南登封 | 峻极峰 (1491.7 米) | 以石英岩为主 | (1)以峻著称,"峻极于天"<br>(2)中国最古老的岩系:"登封杂岩" |
| 黄山 | 安徽黄山 | 莲花峰 (1864.8 米) | 花岗岩 | (1)三大主峰:莲花峰、光明顶、天都峰<br>(2)黄山四绝:奇松、怪石、云海、温泉<br>(3)徐霞客:"五岳归来不看山,黄山归来不看岳。" |
| 庐山 | 江西九江 | 大汉阳峰 (1474 米) | | (1)素有"匡庐奇秀甲天下"的美誉,是避暑胜地<br>(2)著名景点:美庐别墅、庐山会议会址、花径、仙人洞、含鄱口、三叠泉 |
| 雁荡山 | 浙江温州 | | 流纹岩地貌 | (1)芦苇茂密,结草为荡,"海上名山,寰中绝胜",史称"东南第一山"<br>(2)"雁荡三绝":灵峰(特)、灵岩(特)、大龙湫 |
| 武夷山 | 福建武夷山 | | 丹霞地貌 | (1)有"碧水丹山""奇秀甲东南""三三秀水清如玉,六六奇峰翠插天"之美誉<br>(2)是同纬度最完整、最典型、面积最大的中亚热带森林生态系统 |
| 三清山 | 江西上饶 | 玉京峰 (1819.9 米) | 花岗岩 | (1)拥有世界花岗岩地貌中分布最密集、形态最多样的峰林<br>(2)被誉为"中国古代道教建筑的露天博物馆" |
| 武陵源 | 湖南张家界 | | 石英砂岩峰林 | (1)素有"奇峰三千,秀水八百"之美誉<br>(2)武陵源五绝:奇峰、幽谷、秀水、深林、溶洞 |
| 梵净山 | 贵州铜仁市 | | | (1)被称为"地球绿洲""动植物基因库""人类的宝贵遗产"<br>(2)因"梵天净土"而得名,是佛教名山 |
| 苍山 | 云南洱海 | | 板块碰撞隆起 | 被誉为"天然地质天书";苍山雪,是素负盛名的大理"风花雪月"四景之一 |
| 桂林山水 | 广西桂林至阳朔 | | 岩溶地貌 | (1)是世界上规模最大、风景最优美的岩溶景区,喀斯特峰林和峰丛地貌发育最典型的地区<br>(2)"平地涌千峰":山清、水秀、洞奇、石美<br>(3)索有"桂林山水甲天下"之美誉;韩愈赞美其为"江作青罗带,山如碧玉簪" |

| 景观名称 | 地理位置 | 主峰及高度 | 岩性 | 特点 |
|---|---|---|---|---|
| 天山 | 新疆中部 | 托木尔峰<br>(7443.8米) | | **是世界上最大的独立纬向山系,也是世界上距离海洋最远的山系和全球干旱地区最大的山系;处于我国地形第二阶梯** |
| 五大连池 | 黑龙江五大连池 | | 火山堰塞湖 | (1)以火山景观、矿泉疗养胜地著称<br>(2)拥有世界上保存最完整、分布最集中、品类最齐全、状貌最典型的新老时期火山地质地貌——"天然火山博物馆"和"打开的火山教科书" |
| 长白山 | 吉林东南 | 白云峰<br>(2691米)<br>(东北地区最高峰) | 玄武岩 | (1)由多次火山喷发形成,被誉为"关东第一山"<br>(2)以天池为代表,有瀑布、温泉、峡谷、地下森林、火山熔岩林等景观 |
| 阿里山 | 台湾嘉义市 | 大塔山<br>(2663米) | | (1)三大名景:云海、日出、森林;山之北为日月潭<br>(2)天然植物园;3000年树龄的红桧(神木) |
| 历史文化名山 | | | | (1)兼备自然与人文景观(历史、文化、宗教价值等)<br>(2)有"革命摇篮"井冈山,"佛宗道源、山水神秀"天台山,佛教四大名山,道教四大名山 |

## 二、水体旅游景观

### 1.海滨

| 景观名称 | 地理位置 | 特点 |
|---|---|---|
| 大连海滨—旅顺口海滨 | 辽东半岛南 | 大连:海滨疗养、避暑胜地,以山、海、礁、岛闻名<br>旅顺:海上门户,著名的军港,爱国主义教育的课堂 |
| 北戴河海滨 | 河北秦皇岛 | (1)"一脉青山,山光积翠;一汪碧水,水色含青"<br>(2)滩缓、沙细、浪小、潮平;海蚀地貌 |
| **青岛海滨** | 山东半岛南 | **"青山、碧海、绿树、红瓦"** |
| **舟山群岛** | 浙江东北 | (1)是中国第一大群岛,也是中国第一个以群岛建制的地级市<br>(2)是国务院批准的中国首个以海洋经济为主题的国家战略层面新区 |
| **厦门海滨** | 福建东南 | (1)被誉为**"海上花园""城在海上,海在城中"**,厦门半岛＋鼓浪屿<br>(2)拥有成千上万白鹭,被誉为**"鹭岛"** |
| 三亚海滨 | 海南南端 | 拥有**"椰风海韵"**热带海滨风光,被誉为**"东方夏威夷"** |

## 2.河流

| 景观名称 | 发源 | 流经 | 特点 |
|---|---|---|---|
| 长江 | 青藏高原唐古拉山 | 11省 | (1)中国第一长河,世界第三长河<br>(2)三峡(西向东):瞿塘峡(最短、雄伟险峻;"夔门天下雄")、巫峡(幽深秀丽)、西陵峡(最长、滩多水急) |
| 黄河 | 青海巴颜喀拉山 | 9省 | (1)中国第二长河,世界上含沙量最高的河流<br>(2)壶口瀑布,有"黄河之水天上来"之势<br>(3)下游河段淤积抬升形成"地上悬河" |
| 三江并流 | 青藏高原 | | 三条江在云南省境内自北向南并行奔流170多千米,"江水并流而不交汇" |
| 京杭大运河 | 以洛阳为中心,北达涿郡(今北京南),南至余杭 | 6省 | (1)始凿于春秋时期,是世界上里程最长、工程最大、最古老的运河,全长约为1797千米<br>(2)沟通了海河、黄河、淮河、长江、钱塘江五大水系 |
| 钱塘江 | 安徽黄山 | 2省 | (1)是浙江第一大河。钱塘江潮有"天下第一潮"之美誉<br>(2)古名"浙江",亦名"折江"或"之江" |
| 珠江 | 云贵高原乌蒙山系马雄山 | 6省及越南 | 又名粤江,长度居全国第四位 |
| 黑龙江 | | 3国(蒙、中、俄) | 是中俄界河;松花江为其支流,流经哈尔滨 |

## 3.湖泊

| 景观名称 | 地理位置 | 特点 |
|---|---|---|
| 青海湖 | 青海 | (1)我国第一大内陆湖泊,也是我国最大的咸水湖<br>(2)青海湖鸟岛是我国重要的鸟类自然保护区 |
| 鄱阳湖 | 江西北部 | (1)我国最大的淡水湖,有"白鹤世界""珍禽王国"之称<br>(2)和湖南洞庭湖、与江苏和浙江相邻的太湖、江苏洪泽湖、安徽巢湖并称我国五大淡水湖 |
| 杭州西湖 | 浙江杭州 | 世界遗产名录中罕见的、中国唯一一个湖泊类文化遗产 |
| 千岛湖 | 浙江省西北部 | (1)钱塘江支流,后成为新安江水库<br>(2)水库中有1078个岛屿,水质为国家一级水体 |
| 太湖 | 江苏、浙江两省境内 | (1)有"茫茫复茫茫,中有山苍苍"的自然美<br>(2)著名景点:蠡园、鼋头渚 |

| 景观名称 | 地理位置 | 特点 |
|---|---|---|
| 九寨沟 | 四川九寨沟 | (1)以**高原钙华**湖群、钙华瀑群和钙华滩流为主体<br>(2)海拔在 2000 米以上,原始森林遍布,是中国风景名胜区水景之冠<br>(3)"九寨沟六绝":翠海、叠瀑、彩林、雪峰、藏情、蓝冰 |
| 黄龙 | 四川松潘 | (1)**钙华景观类型齐全**,是中国唯一保护完好的高原湿地<br>(2)"黄龙四绝":彩池、雪山、峡谷、森林。被誉为"**圣地仙境,人间瑶池**" |
| 泸沽湖 | 川滇交界 | 被誉为"**高原明珠**";有摩梭人独特的文化和民族风俗 |
| 洱海 | 云南大理 | 是"风花雪月"四景之一"洱海月"之所在 |
| 滇池 | 云南昆明 | (1)作为构造湖,滇池是云南省最大的淡水湖,被誉为"高原明珠"<br>(2)《滇海曲》:"天气常如二三月,花枝不断四时春。" |
| **镜泊湖** | 黑龙江牡丹江 | 是**中国最大的火山堰塞湖**;有唐代渤海国遗址和吊水楼瀑布 |
| 喀纳斯湖 | 新疆阿勒泰 | 属于**冰川湖泊**;颜色随季节变换,被称为"变色湖" |
| 纳木错湖 | 西藏中部 | (1)被称为"天湖",**断陷构造湖**加冰川构造<br>(2)是世界上海拔最高的大型湖泊,也是**中国第二大咸水湖** |
| **长白山天池** | 吉林东南 | (1)是**中国最大的火山口湖**<br>(2)作为中国和朝鲜的界湖,长白山天池是**松花江、图们江、鸭绿江的源头** |

### 4.瀑布

| 景观名称 | 地理位置 | 特点 |
|---|---|---|
| 黄果树瀑布 | 贵州安顺 | 岩溶广布;以其雄奇壮阔的**大瀑布**、连环密布的瀑布群而闻名海内外;被誉为"**中华第一瀑**" |
| 壶口瀑布 | 陕西宜川 | 受两岸束缚,上宽下窄,是我国水流量最大的瀑布 |
| **德天瀑布** | 广西大新 | **亚洲第一大跨国瀑布** |
| **吊水楼瀑布** | 黑龙江宁安 | 由于**火山熔岩阻塞牡丹江**上游形成(堰塞湖) |
| **蛟龙瀑布** | 中国台湾嘉义 | 是**台湾最高的瀑布**,也是**中国落差最大的瀑布** |

### 5.泉

| 景观类型 | 代表性景点 |
|---|---|
| 温泉<br>(泉口水温明显高于当地年平均气温) | **台湾、广东、福建、云南、西藏等地温泉较多(福州有"温泉城"之称)**<br>著名温泉有云南安宁温泉、西安华清池温泉、黄山温泉、广东从化温泉等 |

| 景观类型 | 代表性景点 |
|---|---|
| 冷泉<br>（水质清醇甘冽，矿化<br>度一般小于1克/升） | 具有"天下第一泉"之称的四大名泉是镇江中冷泉（唐—刘伯刍）、庐山谷帘泉（唐—陆羽）、北京玉泉（清—乾隆帝）、济南趵突泉（清—乾隆帝）济南有七十二泉，"家家泉水，户户垂杨"，有"泉城"之誉 |
| 奇特泉<br>（景观奇特，<br>具有观赏价值） | 云南大理的蝴蝶泉，安徽寿县的喊泉，四川广元的含羞泉，广西桂平的喷乳泉，台湾台南的水火泉 |

### 三、气象、气候、天象、康乐气候旅游景观

#### 1.气象、气候景观

| 景观名称 | 特点及代表性景点 |
|---|---|
| 云雾、云海 | (1)云雾多见于名山胜景中<br>(2)我国著名的云海景观有**黄山云海、庐山云海、峨眉云海、衡山云海** |
| 雾凇、雨凇 | (1)雾凇俗称"树挂"。我国雾凇出现最多的是吉林省吉林市<br>(2)我国**峨眉山雨凇最多**，庐山雨凇被誉为"玻璃世界" |
| 烟雨 | (1)我国著名雨景有江南烟雨、巴山夜雨等<br>(2)**巴山夜雨**现象是指渝陕交界大巴山地的山间谷地，气温高、湿度大，谷地中湿热空气不易扩散，夜间降温后湿热的空气上升使水汽凝结而出现的细雨蒙蒙的景象 |
| 冰雪 | (1)容易出现于纬度较高地区的寒冷季节或海拔较高的高山地区，如东北的"林海雪原"、关中的"太白积雪"、长沙的"江天暮雪"等<br>(2)冰雪运动有"**白色旅游**"之称，哈尔滨（"冰城"）每年冰雪节都举办大型冰雕、冰灯、雪雕的展览活动 |
| 佛光 | **峨眉山的佛光最精彩**，有"峨眉宝光""金顶祥光"之誉；著名佛光景观地还有庐山、泰山、黄山、五台山等 |
| 蜃景 | 山东蓬莱蜃景出现次数最多 |

**风云雷电，雨雪霜虹**

### 2.天象景观

| 景观名称 | 相关知识点 |
|---|---|
| 日出日落 | 泰山日观峰、峨眉山金顶、北戴河鹰角亭等,西湖雷峰塔、泰山"晚霞夕照"、庐山**天池亭**是夕阳景观最佳观赏之地 |
| 月色 | 西湖十景中的"平湖秋月""三潭印月"、岳阳的"洞庭秋月"、避暑山庄的"梨花伴月"、无锡的"二泉映月"等都是赏月好去处 |
| **极光** | **我国黑龙江漠河和新疆阿尔泰易出现极光(高纬度地区高空出现)** |
| 日食、月食 | 日食——朔日;月食——望日 |

### 3.康乐气候旅游资源

(1)适宜气温:10℃—22℃(气候学划分为春秋季)。

(2)适宜地形:山地(气温凉爽、负氧离子足)、海滨(空气清新、尘埃少)。

(3)适宜地区及对应季节:闽粤南部、海南岛、台湾、南海诸岛(终年或冬季避寒);中部地区(春秋季);内陆地区(秋季)。

## 四、动植物旅游景观

### 1.植物旅游资源

| 景观名称 | 特点 |
|---|---|
| **北京香山红叶** | 以**黄栌树**(清代乾隆年间栽植的)为代表<br>观赏时间:每年 10 月中旬—11 月上旬,延续 1 个月左右 |
| 杭州满陇桂雨 | 满觉陇位于西湖西南,有金桂、银桂、丹桂、四季桂等品种 |
| 宜宾蜀南竹海 | 占地 120 平方千米,被称为"海";融山水、溶洞、湖泊、瀑布为一体 |

### 2.动物旅游资源

| 景观名称 | 特点 |
|---|---|
| 四川卧龙 | 以大熊猫、小熊猫、金丝猴为代表;"五一棚"大熊猫野外观测站"**熊猫之乡**" |
| 黑龙江扎龙 | 以**丹顶鹤**为代表;是我国以鹤类等**大型水禽为主的珍稀水禽**分布区,也是世界上最大的丹顶鹤繁殖地 |
| 青海湖鸟岛 | 4 月来自中国南方云贵的 10 多种候鸟在此筑巢栖息<br>**每年 5 月是观鸟的最好季节** |
| 西双版纳野象谷 | 是我国最大的亚洲象聚集地 |

| 景观名称 | 特点 |
|---|---|
| 大连老虎滩极地海洋馆 | 拥有世界上最大的展示**极地海洋动物及极地体验**的场馆——极地馆<br>拥有亚洲最大的以展示**珊瑚礁生物群**为主的大型海洋生物馆——珊瑚馆 |
| 香港海洋公园 | 拥有**东南亚最大的海洋水族馆及主题游乐园** |

# 要点3　常见自然景观的地质成因★

| 地貌类型 | 成因及特点 | 典型代表 |
|---|---|---|
| 花岗岩地貌 | (1)**由地下深处岩浆上升冷凝形成,属于侵入岩浆岩,岩性坚硬**<br>(2)**垂直节理**发育,主峰明显、**群峰簇拥、峭拔危立、雄伟险峻**<br>(3)易球状风化成巨大的"石蛋"或浑圆多姿巨石 | 山东泰山、崂山,安徽黄山、九华山,陕西华山,江西三清山,浙江普陀山,福建鼓浪屿 |
| 丹霞地貌 | (1)**红色砂砾岩**在内外引力作用下形成的顶平、**身陡、麓缓的方山**、石墙、石峰、石柱<br>(2)由地质学家冯景兰在广东仁化的丹霞山发现,以此命名<br>(3)中国丹霞:2010年8月成功申报世界自然遗产 | 广东丹霞山、福建武夷山、江西龙虎山、浙江江郎山、安徽齐云山、湖南崀山、贵州赤水、甘肃张掖 |
| 岩溶地貌 | (1)**又称喀斯特地貌;水对可溶性岩石(碳酸岩)溶蚀**,分为地表喀斯特和地下喀斯特<br>(2)地表景观——峰林、峰**丛**、石林、溶洞、峡谷、天坑、天生桥、地表钙华堆积;地下景观——地下河、石钟乳、石笋、石柱等<br>(3)**我国是世界上岩溶地貌分布最广泛、发育最充分、类型最齐全的国家** | 广西桂林山水,云南石林,贵州织金洞,重庆武隆喀斯特及奉节天坑——地缝景观,四川九寨沟、黄龙,湖南张家界黄龙洞 |
| 石英砂岩峰林地貌 | 石英砂岩地层中夹有薄砂质页岩,由于风化和重力作用断裂崩塌,加之地表流水侵蚀,呈现密度和规模很大、千姿百态的石峰 | 湖南张家界是世界上该地貌最典型的代表 |
| 流纹岩地貌 | (1)**火山喷发**岩浆、火山灰,**流动冷却形成**的流纹状构造;辅以岩浆局部流失、构造上升、河流下切、重力崩塌等作用形成**奇峰异洞、峭壁幽谷**<br>(2)欣赏要点在于**步移景迁、一步一景** | 浙江雁荡山、神仙居、仙都峰、西湖宝石山 |
| 海岸地貌 | 海岸地带受构造运动、海水动力、生物作用、气候因素形成的地形 | 台湾野柳、海南东寨港红树林、山东成山头等 |
| 荒漠地貌 | 极端干旱地区,**风力**是塑造形态最主要的地质营力;风化、重力、流水作用影响较大 | 新疆乌尔禾、甘肃鸣沙山、宁夏沙坡头等 |

| 地貌类型 | 成因及特点 | 典型代表 |
| --- | --- | --- |
| 冰川地貌 | (1)在冰川侵蚀、堆积、搬运作用下形成<br>(2)**侵蚀地貌**:雪线以上——冰斗、角峰、羊背石等<br>**堆积地貌**:雪线以下——冰瀑、冰塔林等 | 四川贡嘎山海螺沟冰川、新疆喀纳斯冰川湖、云南丽江玉龙雪山冰川等 |

## 课后学习任务

### 灵活练习——模拟题演练:来,试试你的水平!

**判断题:**

●沉积岩易发生球状风化,形成巨大的"石蛋"造型或浑圆多姿的巨石兀立形态。沉积岩垂直节理发育,名山常有群峰簇拥、峭拔危立、雄伟险峻的特点。　　　　　　　　(　　)

●中国是世界上喀斯特地貌分布最广泛、发育最充分、类型最齐全的国家,以广西、云贵高原最为集中。代表性景观有四川九寨沟、湖南张家界、广西桂林山水、云南石林。(　　)

**单选题:**

●下列各组名山中,分别属于花岗岩名山、岩溶山水、丹霞风光的是　　　　(　　)

A. 黄山、织金洞、仁化丹霞山　　　　　　　　B. 华山、雁荡山、千山

C. 衡山、漓江山水、三清山　　　　　　　　　D. 庐山、路南石林、阿里山

●亚洲第一大跨国瀑布是(　　　　)。

A. 蛟龙瀑布　　　　B. 德天瀑布　　　　C. 诺日朗瀑布　　　　D. 壶口瀑布

**多选题:**

●下列湖泊中,由火山喷出岩浆、地震引起的山崩或泥石流引起的滑坡体等壅塞河床、积水成湖的有(　　　　)。

A. 千岛湖　　　　B. 镜泊湖　　　　C. 五大连池　　　　D. 长白山天池　　　　E. 西湖

●关于泰山的叙述,正确的有(　　　　)。

A. 泰山古称"岱山""岱宗",其主峰玉皇顶海拔 2154.9 米,是五岳最高峰

B. 泰山同衡山、恒山、华山、嵩山合称"五岳",因地处东部,故称东岳,以雄伟著称

C. 泰山享有"五岳独尊""五岳之首"的盛誉

D. 泰山石刻可以说是中国文化史中的一朵奇葩,泰山摩崖石刻居各名山之最

E. 旭日东升、晚霞夕照、黄河金带、云海玉盘是泰山四大自然名景

# 专题十一 中国主要客源国概况[*]

![学习目标图标] 学习目标

了解：中国主要旅游客源国的基本情况、风俗习惯、主要城市与景点。

## 要点1 亚洲主要客源国概况

| 国家 | 首都 | 自然环境 | 政治 | 经济文化 | 风俗习惯 | 特产 |
|---|---|---|---|---|---|---|
| 日本 | 位于本州中部的东京 | 位于**亚洲东部**，由**北海道、本州、四国、九州**4个岛屿和沿海**7000**多个小岛组成；属于**温带海洋性季风气候**；被称为"**火山、地震之国**" | 国家政体为议会君主立宪制。天皇为国家象征，无权参与国政。**内阁总理大臣(首相)**为政府首脑。日本的主体民族是大和民族，通用语言是**日本语**，主要宗教有**神道教和佛教**。国旗为太阳旗，国花是**樱花** | 制造业是**支柱产业**，银行业、金融业、航运业、保险业以及商业服务业等占GDP 3/4；GDP总量位居**世界第三**，货币为**日元**。日本的传统文化以"**三道**"——**茶道、花道、书道**为代表 | **主食是大米**，主**菜是鱼**，生鱼片、寿司最受欢迎。日本人**最爱喝啤酒**，最忌讳绿色，忌讳荷花，忌用山茶花及淡黄色、白色的花，语言忌讳：苦、死、**4、42、13** | 和服、珍珠、竹编工艺品、版画、日本娃娃、京都油纸伞（"京和伞"）和果子 |

| 国家 | 首都 | 自然环境 | 政治 | 经济文化 | 风俗习惯 | 特产 |
|---|---|---|---|---|---|---|
| 韩国 | 位于西北部汉江流域的首尔 | 位于**东亚朝鲜半岛的南半部**,三面环海,西临黄海,与中国胶东半岛隔海相望,东南是朝鲜海峡,东边是日本海,北面与朝鲜接壤,北部属**温带季风气候**,南部属**亚热带气候**,四季分明 | 国家政体为**总统内阁制**,实行**三权分立**,总统为政府首脑。韩国的主体民族是朝鲜族(韩国人称为韩族),通用语言是**朝鲜语**(韩国称为**韩国语**),主要宗教有**佛教**、**基督教新教和天主教**。国旗为**太极旗**,国花是**木槿花** | 作为"**亚洲四小龙**"之一,韩国创造的经济繁荣被称为"**汉江奇迹**"。作为世界造船大国,其钢铁、汽车、造船、电子、纺织等是支柱产业。货币是**韩元**。食物以**泡菜文化**为特色,主食是大米,传统名菜有烤肉、泡菜、冷面 | 素称"**礼仪之邦**""**君子之国**",主客双方都使用敬语;请客吃饭时,一定**有汤**;"**4**"被认为**不吉利**,"**7**"被认为**幸运**;红色和黄色是皇家颜色;送礼不用绿色、白色和黑色纸包装 | 高丽参、化妆品、泡菜、紫菜、海苔 |
| 新加坡 | 位于新加坡岛南岸的**新加坡市** | 作为东南亚的一个岛国,北与**马来西亚**为邻,南与**印度尼西亚**相望,毗邻马六甲海峡南口,由新加坡岛、圣约翰岛、龟屿、圣淘沙等60多个岛屿组成,是世界上**最袖珍的国家之一**、**花园城市**,属于**热带雨林气候** | 别称"**狮城**",国家政体为**议会共和制**,总统为国家元首。新加坡是个**多元文化的国家**,华人占77%左右,新加坡的官方语言为英语、汉语、马来语和泰米尔语。主要宗教有佛教、伊斯兰教、基督教和印度教。国旗为星月旗,国花是**胡姬花** | 作为世界上**最富裕的国家之一**和"**亚洲四小龙**"之一,新加坡是继纽约、伦敦、香港之后的**第四大国际金融中心**,也是亚洲重要的航运和服务中心。货币是新加坡元 | 全面**禁售**、**禁食口香糖**,在封闭的公共场所吸烟是**违法的**,禁止随地吐痰、扔垃圾,忌讳男人留胡须、长发,最讨厌数字"**7**",视黑色为倒霉色,**紫色**不受欢迎,偏爱**红色**。忌用左手吃东西、递物品。**不可摸别人头**,**不可露出脚底或鞋底** | 鳄鱼皮制品、胡姬花饰品、锡器、美珍香猪肉脯、肉骨茶 |

| 国家 | 首都 | 自然环境 | 政治 | 经济文化 | 风俗习惯 | 特产 |
|---|---|---|---|---|---|---|
| 泰国 | 曼谷 | 全称泰王国,旧名暹罗,位于中南半岛中部,东北与老挝相邻,西北与缅甸接壤,东南是柬埔寨,南边狭长的半岛与马来西亚相连。大部分地区属于热带季风气候,全年分热季、雨季和凉季 | 国家政体为君主立宪制,国王为国家元首,总理为政府首脑。泰国是一个多民族国家,共有30多个民族。泰族为主要民族,占人口总数的40%。通用语言是泰语,英语是第二通用语言。佛教是泰国国教,佛教徒占全国人口90%以上,有"黄袍佛国"的美名。国花是金链花 | 20世纪90年代,泰国经济发展较快,跻身"亚洲四小虎"行列,是世界新兴工业国家和新兴市场经济体之一。制造业、农业和旅游业是其主要产业。泰国是亚洲唯一的粮食净出口国,是世界五大农产品出口国之一,还是天然橡胶的最大出口国。泰国的货币为泰铢 | 最喜欢的食物是咖喱饭,不喝热茶,不喜欢吃酱,不爱吃红烧、甜味的菜肴,和尚绝对不能与女性有任何身体接触。在公众场合,任何亲昵的举动都是不道德的。泰国人习惯行合十礼。忌讳左手服务或用左手吃东西。忌讳拍打对方肩膀;泰国人妖是最为独特的文化现象 | 各色热带水果、各类海产品、稻米,鳄鱼皮、鸵鸟皮、蜥蜴皮、蛇皮、珍珠鱼皮制品,燕窝、鱼翅、鳄鱼肉、锡制品 |
| 印度 | 新德里位于印度西北部 | 位于亚洲大陆突出印度洋的南亚次大陆,形状像倒三角形,是南亚地区最大的国家,国土面积居世界第七位,大部分地区属于热带季风气候,一年分热季、雨季和凉季 | 印度83%以上的国民信奉印度教,信奉伊斯兰教的占11%左右。印度的官方语言为印地语和英语 | 货币是卢比,古印度是世界四大文明古国之一。1950年1月26日,印度共和国成立,为英联邦成员国。是金砖国家,是世界人口第二大国。孟买是印度最大的海港,素有印度"商业首都"和"金融首都"之称,新德里、斋浦尔和阿格拉是印度著名的旅游金三角,以泰姬陵最为著名,是世界八大奇迹之一 | 妇女额头上常点吉祥痣,表示喜庆、吉祥之意,纱丽是妇女传统服饰,男性则大多包头巾。饮食口味特点淡而清滑,印度烙饼和咖喱大米饭是印度人喜欢的主食。印度教徒禁食牛肉,进餐前有洗澡的习惯 | 黄铜制品、香料、神油、克什米尔地区的地毯和披肩、木制品、首饰、大吉岭红茶、咖喱等 |

| 国家 | 首都 | 自然环境 | 政治 | 经济文化 | 风俗习惯 | 特产 |
|---|---|---|---|---|---|---|
| 马来西亚 | 吉隆坡 | 位于**东南亚的中心**,地处太平洋与印度洋的交汇处,被**南中国海分为东马来西亚和西马来西亚**。属于**热带雨林气候**,无明显四季之分,终年炎热多雨 | **伊斯兰教是马来西亚的国教**,官方语言是**马来语**,英语和华语为通用语言,布特拉贾亚(**太子城**)是马来西亚新政府行政中心,是个"智慧型花园城市"。首相府和联邦行政中心于1999年6月迁入,2005年前搬迁完毕 | 货币是马币。马来西亚是**亚洲新兴的工业国之一**,是世界上**最大的天然橡胶、棕榈油及锡的出产国**。兰花、巨猿、蝴蝶被誉为马来西亚三大珍宝。马来西亚是由30多个民族组成的**多民族国家**,其中**55％为马来人,华人占24％**。吉隆坡是马来西亚**最大的城市**,有"**世界锡都、胶都**"之美誉。**双子塔**是吉隆坡的标志性建筑 | **蜡染花布**做的巴迪服被称为**国服**。饮食以**米饭、椰浆、咖啡**为主,其中沙嗲尤为出名 | 锡制品、蝴蝶标本、风筝、豆蔻膏、巴迪布、兰卡威水晶、蜡染工艺品、热带水果、三叔公牌点心 |
| 菲律宾 | 马尼拉,也称"**小吕宋**",位于吕宋岛西岸、马尼拉湾畔 | 作为东南亚的一个群岛国家,菲律宾由**7000多个大小岛屿组成**,划分为吕宋、维萨亚和棉兰老三大部分。属于**热带雨林气候**,**高温、多雨、湿度大、台风多** | 菲律宾**90％以上的人信奉天主教**,官方语言为**菲律宾语和英语**,现作为发展中国家,实行出口导向型经济模式,旅游业是菲律宾外汇收入的重要来源之一。菲律宾是一个**多民族国家**,成为世界上**第12个人口过亿的国家** | 货币为**菲律宾比索**,马尼拉是全国政治、经济、文化和宗教中心,有"**热带花园之都**"之称,是全国**最大的港口**。马尼拉市被称为"**亚洲的纽约**"。宿务市是菲律宾第二大城市,被誉为"**南方皇后市**"。**长滩岛**是世界最美丽的十大海滩之一 | 菲律宾男子的国服叫"**巴隆他加禄**"衬衣,女子的国服称为"**特尔诺**"。菲律宾人的主食是**米饭**,无论是主菜还是汤,都喜用少量的**食醋**和香辣调味品 | 吕宋雪茄、木吉他、椰壳制品、木刻工艺品及刺绣、杧果干 |

| 国家 | 首都 | 自然环境 | 政治 | 经济文化 | 风俗习惯 | 特产 |
|------|------|----------|------|----------|----------|------|
| 印度尼西亚 | 雅加达,被称为"椰城",位于爪哇岛西北部海岸 | 位于**亚洲东南部**,是全世界**最大的群岛国家**,别称"**千岛之国**"。是**多火山、多地震**的国家,属于典型**热带雨林气候** | 印度尼西亚受**荷兰殖民统治长达近300年**,于1945年8月宣告独立。**人口位居世界第四**,仅次于**中国、印度、美国**。是东南亚国家联盟创立国之一,也是**东南亚最大经济体及二十国集团成员国**。**87%以上的人信奉伊斯兰教**,官方语言是**印度尼西亚语** | 法定货币是**印度尼西亚盾**。雅加达是东南亚最大的城市,也是世界著名海港。巴厘岛有"**诗之岛**"的美誉,是印度尼西亚唯一信奉印度教的地区,有寺院**4000多座**,故称"**千庙之岛**"。婆罗浮屠与中国长城、印度泰姬陵、柬埔寨吴哥古迹、埃及金字塔齐名,被誉为"**古代东方的五大奇迹**" | 印度尼西亚人的**日常服装简朴轻便**。印尼菜的特点为**多辛辣味香**,**大米**是印度尼西亚人的主食,玉米、薯类、面食也较普遍,什锦黄饭是印度尼西亚人喜欢的一种米饭。印度尼西亚人吃饭**不用筷子**,喜欢用手抓 | 巴迪布、格里斯短剑、木雕、银制品、铜或铜合金神像、皮影戏傀儡、彩贝制品、龙目岛瓷壶 |

## 1. 日本著名旅游城市与景点

| 城市名称 | 概况 | 景点 |
|----------|------|------|
| 东京 | 日本首都,人口约为1200万人,面积为2187平方千米,时差上比北京时间早1小时。东京创建于**1457年**,古称江户。**相扑、歌舞伎、能剧**是东京**最重要的传统技艺** | 有**银座、东京塔、富士山、东京迪士尼度假区、上野公园、浅草寺**等。最为著名的是富士山,它是日本**最高峰**,海拔为3776米,被日本人尊称为"**圣岳**",是世界著名火山及风景游览区,成为**日本的象征** |
| 京都 | 位于**东京西南500千米处**,面积为827.90平方千米,人口约为150万人,在**全日本位列第七,与大阪、神户共同组成京都阪神大城市圈** | 清水寺、金阁寺、岚山、京都御苑 |
| 奈良 | **奈良县是日本历史文化遗产的宝库**,**奈良市是日本著名的旅游城市**。从**公元6世纪开始**,这里就是**日本佛教文化的中心**,也是**日本的古都** | **唐招提寺**是日本**佛教律宗的总寺院**,是由中国唐代**鉴真和尚**亲自建造的,保留着**中国唐代的建筑风格**,现已被确定为**日本国宝和世界文化遗产** |
| 北海道 | 位于**日本最北部**,濒临日本海、鄂尔霍次克海和太平洋,面积为8.35万平方千米,人口约为600万人,是著名的**避暑胜地** | 大雪山国立公园、知床半岛、支笏洞爷国立公园,有登别、定山溪、层云峡等许多温泉区 |

## 2.韩国著名旅游城市与景点

| 城市名称 | 概况 | 景点 |
|---|---|---|
| 首尔 | 韩国首都,时差上比北京时间早1小时,距今已有2000多年的历史。首尔是韩国金融和商业中心,也是世界经济实力最强的城市之一 | 拥有4处世界遗产:昌德宫、水原华城、宗庙神殿和朝鲜王朝的皇家陵墓。昌德宫是首尔规模最大、最古老的宫殿之一,是韩国封建社会后期的政治中心,是韩国的"故宫"。崇礼门叫南大门,是首尔乃至韩国的主要地标,也是首尔留存历史最悠久的木制建筑 |
| 釜山 | 作为韩国第二大城市和最大的港口城市,釜山是世界第五大集装箱港,是韩国海、陆、空交通的枢纽,也是金融和商业中心 | 釜山观光大致分为海岸观光和内陆观光两部分。海岸观光主要是指海水浴场、岛屿、海岸公园等,内陆观光则是指釜山市内、历史遗址、金井山城、梵鱼寺、龙头山公园等 |
| 济州岛 | 位于韩国最南端的北太平洋上,是个火山岛,也是韩国第一大岛 | 以"三多、三无、三丽"著称。"三多"是指石多、风多、女人多;"三无"是指无小偷、无大门、无乞丐;"三丽"也称"三宝",是指济州美丽的自然、民俗和传统工艺,也指农作物、水产品和旅游三大资源。著名景点有火山口、汉拿山、龙头岩等,其中汉拿山是济州岛的象征 |

## 3.新加坡著名旅游城市与景点

| 城市名称 | 概况 | 景点 |
|---|---|---|
| 新加坡市 | 新加坡的首都,一个城市就是一个国家。市中心区在新加坡河口的南北两岸。南岸是繁华商业区,著名华人街——牛车水也在此区。北岸是行政区,具有英国建筑风格 | 有鱼尾狮公园、新加坡国家博物馆、亚洲文明博物馆、牛车水(新加坡唐人街)、乌节路(购物区)、新加坡金沙娱乐城等。鱼尾狮公园坐落于新加坡河畔,高8米,是新加坡的标志。裕廊飞禽公园是世界上最大的鸟类公园 |
| 圣淘沙 | 作为新加坡最为迷人的度假小岛,占地500公顷,是新加坡本岛以外的第三大岛,被誉为"欢乐宝石"。圣淘沙南面的海滩包括西罗索海滩和丹戎海滩,西面安置着第二次世界大战中英军留下的西罗索炮台、两个高尔夫球场及7家酒店 | 圣淘沙名胜世界、新加坡环球影城、蝴蝶馆、海豚世界、昆虫王国等 |

#### 4.泰国著名旅游城市与景点

| 城市名称 | 概况 | 景点 |
|---|---|---|
| 曼谷 | 原意为"天使之城",是泰国首都,也是中南半岛最大的城市、东南亚第二大城市。曼谷作为泰国的经济中心,是贵金属和宝石的交易中心;曼谷港是泰国和世界著名的稻米输出港。曼谷被誉为"佛教之都",是世界佛教联谊会总部所在地。曼谷也是世界上佛寺最多的地方,有大小寺院400多个 | 以大王宫、玉佛寺、卧佛寺、金佛寺和郑王庙最为著名。大皇宫是泰国艺术的巨作,是历代皇宫保存最完美、规模最大、最有民族特色的王宫,也是泰国著名的旅游景点。玉佛寺、卧佛寺、金佛寺被称为泰国三大国宝,其中玉佛寺是泰国唯一没有和尚居住的佛寺 |
| 芭提雅 | 位于泰国首都曼谷东南154千米处,已成为"海滩度假天堂"的代名词,素以阳光、沙滩、海鲜名扬世界 | 东芭乐园文化村、海滩、珊瑚岛、大象表演、人妖歌舞表演、小人国(微缩景观)等 |
| 清迈 | 位于曼谷北方海拔305米的山谷中,是泰国第二大城市、著名避暑胜地,有"北方玫瑰"之称。曾长期作为泰王国的首都,是佛教圣地,全城有寺庙约100座。清迈的丝绸、纺织品等著称于世,是泰国制造业的重要支柱产业 | 帕烘寺、布帕壤寺、柴迪隆寺、兰花园等 |
| 普吉岛 | 作为泰国境内唯一受封为省级地位的岛屿,普吉岛是一座南北较长、东西稍窄的狭长状岛屿,是泰国最大的岛,也是泰国最小的府。普吉岛以其迷人的热带风光和丰富的旅游资源被称为"安达曼海上的一颗明珠",有"珍宝岛""金银岛"的美称 | 有芭东、卡伦和卡塔等著名海滩。普吉岛还是泰国潜水行业的主要中心,也是世界排名前10的潜水目的地之一 |

## 要点 2　欧洲主要客源国概况

| 国家 | 首都 | 自然环境 | 政治 | 经济文化 | 风俗习惯 | 特产 |
|---|---|---|---|---|---|---|
| 英国 | 伦敦 | 全称**大不列颠及北爱尔兰联合王国**,是位于西欧的一个岛国,由大不列颠岛上**英格兰、苏格兰、威尔士**以及爱尔兰岛东北部的北爱尔兰及一些附属岛屿共同组成。分四部分:**英格兰东南部平原、中西部山区、苏格兰山区、北爱尔兰高原和山区**。英国属**温带海洋性气候**,冬暖夏凉,全年温和,年均气温较高,温差较小,多雨雾,日照时间少 | 古称**日不落帝国**,国家政体是议会制君主立宪制,女王是国家元首,内阁首相拥有最高政治权力。以**英格兰人为主体民族**,占 85%以上,主要语言是**英语**,居民多信奉**基督教新教**,主要分英格兰教会和苏格兰教会。英国国旗是**米字旗**,国花是**玫瑰** | 作为世界上第一个完成工业革命的国家,英国是全球**最富裕、经济最发达和生活水准最高的国家**之一。旅游业收入居世界第五位,仅次于美国、西班牙、**法国和意大利**,是英国最重要的经济部门之一。货币为**英镑** | 饮食习惯一般是一日三餐加茶点,英国人尤其喜欢喝下午茶。食物以牛肉、羊肉和土豆为主,炸鱼、薯条和三明治是英国人发明的。注重餐桌礼仪,"绅士风度""女士优先"体现在生活许多方面。通行西方礼仪,**忌讳"13",不喜欢星期五** | 银器、泰迪熊、烟斗、陶瓷、皮革制品、羊毛制品、被誉为"液体黄金"的威士忌、英国红茶、英国巧克力、英国雪利酒 |
| 法国 | 巴黎 | 位于欧洲西部,法国地势东南高、西北低,平原占总面积的 2/3。法国西部为**温带海洋性气候**,东南部濒临地中海,为亚热带地中海气候,中部和东部为**大陆性气候**,温差相对较大 | 是典型的**半总统半议会制的共和制国家**。总统为国家元首,总理为政府首脑。法国是一个以**法兰西民族为主体的国家**,通用语言是**法语**,主要宗教为天主教。法国的国花是**香根鸢尾花** | 作为世界上第二个完成工业革命的国家,法国是世界主要发达国家和欧洲四大经济体之一,是世界第二大农产品出口国,葡萄酒的出口量占世界出口量的一半。法国是世界第一旅游接待国,服务业产值占国内生产总值的 75%以上。作为欧盟成员国,法国的通用货币是**欧元** | 法国素有"时尚之都、浪漫之都",法国人讲究服饰美,法国妇女是世界上最爱打扮的群体。法国人的礼节主要有握手礼、拥抱礼、贴面礼和吻手礼,忌黄色的花、黑桃图案、数字"13",不喜欢星期五,也忌讳墨绿色,还忌讳孔雀和仙鹤图案 | 巴黎时装、格拉斯香水、古董、巴卡拉水晶、玻璃精工、花边编织、波尔多的红葡萄酒、康涅克白兰地、勃艮第的香槟 |

| 国家 | 首都 | 自然环境 | 政治 | 经济文化 | 风俗习惯 | 特产 |
|---|---|---|---|---|---|---|
| 德国 | 柏林 | 位于**欧洲中部**,是**欧洲邻国最多的国家**。德国西北部**海洋性气候较明显**,相对于南部较暖和,往东、南部逐渐向**大陆性气候过渡**。德国地势北低南高,可分为**4个地形区**:北德平原、中德山地、西南部莱茵断裂谷地区、南部的巴伐利亚高原和阿尔卑斯山区 | 德国是**联邦制国家**,国家政体为**议会共和制**,联邦总统为国家元首。德国以**德意志人**为主,还有约700万人的外籍人,以**土耳其人**为最多。官方语言为**德语**,主要宗教有**基督教新教、罗马天主教**等。国花是**矢车菊** | 作为世界第四经济大国、全球最大的汽车生产国之一,德国是**欧洲最大经济体**,被称为"**欧洲经济的火车头**"。德国是欧洲货币联盟的创建成员,欧洲中央银行总部设在**法兰克福**。通用货币是**欧元** | 德国人喜欢肉类和啤酒,尤其爱吃**猪肉**。德国人的规则和法律意识很强,时间观念强,忌讳送菊花、玫瑰和蔷薇,不喜欢红色、红黑相间色以及褐色,尤其忌墨绿色。忌讳"**13**",最不吉利的是"**13日星期五**" | 望远镜、照相机、刀具、皮革制品、锡蜡制品、瓷器、手表、羊毛制品、木刻、小提琴、黑森林香肠 |
| 意大利 | 罗马 | 地处**欧洲南部地中海北岸**,其领土还包围着两个微型国家——**圣马力诺与梵蒂冈**。意大利大部分地区属**亚热带地中海气候**,全国分为**3个气候区**:南部半岛和岛屿区、马丹平原区和阿尔卑斯山区。阿尔卑斯山区是全国气温最低的地区。意大利地形狭长,境内多山 | 意大利是世界文明古国、文艺复兴运动的发祥地。国家政体为**议会制共和制**,总统是国家元首,内阁是国家权力的核心。**94%**的居民为意大利人,官方语言是**意大利语**,大部分居民**信奉天主教**。意大利的国花是**雏菊** | 意大利是**发达的工业国家**,以私有经济为主体,98%以上的企业为中小企业,堪称"**中小企业王国**"。意大利的汽车工业居欧洲第五位,高级时装和鞋类定制在世界上有很高声誉,素有"**制鞋王国**"之誉。旅游业高度发达。作为欧盟成员国,其货币为**欧元** | 意大利人喜爱面食,喜欢喝葡萄酒,拥有全世界最悠久的起泡酒酿造历史。开朗、乐观、热情是意大利人的特点,但守时观念较差。忌讳送十字架形的礼物,忌送**手帕**,忌送**菊花**,送花的花枝、花朵应为**单数**;喜爱**绿、蓝、黄三色**,忌用紫色。忌讳数字"**13**" | 大到古玩、皮具、丝绸、家居用品、金银饰品、小到佩饰、化妆品、水晶玻璃制品、纸工艺品 |

137

| 国家 | 首都 | 自然环境 | 政治 | 经济文化 | 风俗习惯 | 特产 |
|---|---|---|---|---|---|---|
| 俄罗斯 | 莫斯科 | 位于**欧洲东部、亚洲北部**,是世界上**面积最大的国家**。跨越北寒带、亚寒带、北温带和亚温带4个气候带。大部分地区处于北温带,以**大陆性气候**为主,夏季短暂凉爽,冬季漫长寒冷。俄罗斯**地形以平原和高原为主** | 俄罗斯联邦实行**联邦民主制**,总统是国家元首。俄罗斯共有**民族193个,俄罗斯族占人口总数的77%**。通用语言是俄语,主要宗教为**东正教**,约有**91%的居民信奉东正教**,其次为**伊斯兰教**。国花为**向日葵** | 作为**世界经济大国**,俄罗斯工业和科技基础雄厚,**航空航天和核工业**具有世界先进水平。苏联曾是世界**第二大经济强国**,苏联解体后俄罗斯经济一度严重衰退,2000年后,其经济得到快速回升。其货币为**卢布** | 一般以**面包为主食**,喜爱牛、羊肉,**喜欢饮酒**,伏特加特别受大众欢迎。对**盐十分崇拜**,用"**面包加盐**"方式迎接贵宾,**以示最热烈欢迎**。用餐多用**刀叉**,忌发出声响,忌讳"**13**",常用"**7**",送花数量宜为**单数** | 裘皮服装、皮靴、围巾、大披肩、木制套娃、珠宝首饰、铜版画、邮票、玻璃制品及土特产品 |
| 西班牙 | 马德里 | 地处**欧洲与非洲的交界处**,地势以**高原为主**,间以山脉,分为三大气候带:中部高原属**大陆性气候**,北部和西北部沿海属**海洋性温带气候**,南部和东南部属**地中海型亚热带气候**。有"**太阳王国**"之称 | **96%的人信奉天主教**。官方语言为**西班牙语**。西班牙是一个高度发达的资本主义国家,是**欧盟和北约成员国**,西班牙主体民族是卡斯蒂利亚人,还有加泰罗尼亚人、巴斯克人、加利西亚人等少数民族 | 西班牙2014年国内生产总值居**欧洲国家第六位**,**服务业**是其国民经济的重要支柱之一,尤以**旅游和金融业**较为发达。民风奔放热情,以斗牛、弗拉门科舞蹈、吉他而闻名。斗牛是传统的**民族文化**,也是"**国粹**" | **斗牛士服饰**、安达卢西亚长裙和萨拉曼卡地区传统服饰等是西班牙的传统民族服饰。**海鲜饭**是西餐三大名菜之一,还有三大特色小吃,分别是哈蒙(生火腿)、托尔大(鸡蛋土豆煎饼)和巧里索(肉肠) | 刺绣披肩、油画、唱片、民族服装、陶瓷等手工艺品,高档时装、皮鞋和手袋等皮革制品 |

| 国家 | 首都 | 自然环境 | 政治 | 经济文化 | 风俗习惯 | 特产 |
|------|------|----------|------|----------|----------|------|
| 荷兰 | 阿姆斯特丹 | 位于**欧洲西部**,荷兰是著名的**亚欧大陆桥的欧洲始发点**,也是世界有名的**低地之国**,其1/4国土海拔不到1米,1/4的土地低于海平面。荷兰属于**温带海洋性气候,冬暖夏凉** | 对荷兰影响最大的宗教是**天主教和新教**。荷兰的官方语言是**荷兰语**。荷兰是**发达的资本主义国家** | 作为欧盟成员国,通用货币是**欧元**。**花卉**是荷兰的支柱产业,荷兰有"**欧洲花园**"的称号。荷兰是**世界上主要造船国家之一**,也是仅次于美国的**世界上第二大农产品出口国**,是世界主要蛋、乳出口国之一,是世界上**人口密度最大的国家之一** | 风车、木鞋、奶酪、郁金香号称"**荷兰四宝**",木鞋为"四宝之首" | 钻石 |
| 瑞士 | 伯尔尼 | 作为**欧洲中南部的内陆国家**,瑞士以**高原和山地为主**,分为**中南部的阿尔卑斯山脉、西北部的汝拉山脉和中部高原**3个自然地形区,有"**欧洲屋脊**"之称。地处北温带,阿尔卑斯山区南部属**地中海气候**,阿尔卑斯山以北地区逐步向冬寒夏热的**温带大陆性气候**过渡 | 瑞士是一个**高度稳定发达的资本主义国家**,瑞士的宗教主要是**天主教和新教**。瑞士以**德语、法语、意大利语及拉丁罗曼语4种语言为官方语言**,首都伯尔尼是瑞士行政中心,**伯尔尼老城**被联合国教科文组织列为**世界文化遗产**,苏黎世是**瑞士第一大城市**,享有"**欧洲百万富翁都市**"的称号,日内瓦是瑞士第二大城市 | 货币是**瑞士法郎**。人均国民生产总值一直位居世界前列,号称是世界上**最富有的国家**。工业是瑞士国民经济的主体,瑞士有"**钟表王国**"之称。拥有**发达的金融业**,服务业在经济中也占有重要的位置。旅游资源丰富,享有"**世界公园**"的美誉 | 瑞士的美食有**香肠、奶油小牛肉意大利面、奶油汤及芝士火锅**等 | 军刀、名表、军用包、八音盒、乳牛造型商品、雀巢咖啡和巧克力等 |

139

| 国家 | 首都 | 自然环境 | 政治 | 经济文化 | 风俗习惯 | 特产 |
|---|---|---|---|---|---|---|
| 土耳其 | 安卡拉 | 地跨亚、欧两大洲，国土包括西亚的小亚细亚半岛（安纳托利亚半岛）和南欧巴尔干半岛的东色雷斯地区。土耳其地形东高西低，大部分为高原和山地，仅沿海有狭长平原。南部沿海地区属亚热带地中海气候，内陆为大陆性气候 | 99％的土耳其人信奉伊斯兰教，大多数属逊尼派。土耳其语为官方语言 | 货币是新土耳其里拉，畜牧业较为发达。主要贸易伙伴是欧盟国家。土耳其族占80％以上。土耳其被称为"鲜花的王国"，是郁金香的真正原产地。曾是罗马帝国、拜占庭帝国、奥斯曼帝国的中心，被称为"文明的摇篮"。世界八大奇迹中占两个：以弗所的阿尔忒弥斯神庙和位于哈利卡纳苏斯的摩索拉斯陵墓 | 土耳其人注意着装，追逐潮流，但东方游牧族的宽裆收脚灯笼裤等传统服饰仍有人穿着。土耳其菜肴以烤、炸、煎、煮为主，多肉食品。烤全羊是土耳其人招待贵宾的特色菜 | 地毯、羊剪绒皮衣、海泡石烟斗、恶魔眼、装饰瓷盘及彩蛋，还有皮毛制品、金饰、银具、铜器、瓷器、刺绣产品 |

## 1. 英国著名旅游城市与景点

| 城市名称 | 概况 | 景点 |
|---|---|---|
| 伦敦 | 是英国的首都，跨泰晤士河。在 12 世纪成为英格兰的首都。伦敦是欧洲最大的都会区，是世界三大金融中心之一。白金汉宫是英国王宫，是英国王室成员生活和工作的地方，也是英国重大国事活动的场所；唐宁街 10 号自 1937 年后，成为历任首相办公和居住的地方；大英博物馆是世界上历史最悠久、规模最大的博物馆；伦敦塔桥建于 1894 年，是一座上开悬索桥，属维多利亚时代的哥特式建筑，也是伦敦的象征；大本钟也叫伊丽莎白塔或威斯敏斯特官钟塔，于 1858 年建成，是伦敦的标志性建筑之一，也是英国最大的钟，每 15 分钟响一次 | 白金汉宫、唐宁街 10 号、议会大厦、大英博物馆、圣保罗教堂、威斯敏斯特教堂、伦敦塔、伦敦塔桥、大本钟、温莎城堡、格林尼治天文台、中国城、海德公园等 |
| 爱丁堡 | 苏格兰首府，是目前英国仅次于伦敦的第二大金融中心和旅游城市，素有"北方雅典""欧洲最有气势的城市"之称。2004 年，爱丁堡成为世界上第一座文学之城。英国最古老的大学之一——爱丁堡大学就坐落于此 | 爱丁堡的旧城和新城一起被列为世界遗产。著名景点有爱丁堡城堡、荷里路德宫、圣吉尔斯大教堂等 |

| 城市名称 | 概况 | 景点 |
|---|---|---|
| 利物浦 | **作为英格兰西北部的一个港口城市**,利物浦是英国著名的商业中心,也是**英国第二大商港**,市内建有**欧洲最古老的中国城**。利物浦是英国国家旅游局认定的**英国最佳旅游城市**<br>利物浦是**披头士乐队的故乡**,也是体育运动之城,**其足球俱乐部和埃弗顿足球俱乐部**享誉世界 | 大教堂、市政厅、圣乔治大厅、大剧院和 Philharmonic 音乐厅等 |

### 2. 法国著名旅游城市与景点

浪漫之国——法国

| 城市名称 | 概况 | 景点 |
|---|---|---|
| 巴黎 | 是**法国首都**,塞纳河将其一分为二,河北为右岸,河南为左岸。右岸主要是**贸易和商业、国家级文物古迹和高级时装店**,左岸则是知名大学和咖啡馆。从 **12 世纪**开始一直是历代王朝的首都,是世界四大国际化都市之一,被称为"**世界花都**""**时装之都**""**香水之都**""**世界会议城**" | **巴黎圣母院、凯旋门和埃菲尔铁塔**是巴黎的**三大地标**,还有凡尔赛宫、协和广场、香榭丽舍大道等闻名世界。巴黎圣母院被称为"**法国最伟大的艺术杰作**",成为**古老巴黎的象征**。凯旋门位于巴黎戴高乐星形广场的中央,是世界上**最大的凯旋门**;埃菲尔铁塔是世界上**第一座钢铁结构的高塔**,也是巴黎最高的建筑物,成为巴黎和法国的象征;卢浮宫始建于 **1204 年**,是**法国最大的王宫建筑**,也是世界上最大、最古老、最著名的博物馆之一,名画《蒙娜丽莎》、雕像《爱神维纳斯》和《胜利女神》是著名的"**宫中三宝**" |
| 马赛 | 位于**法国南部**,是**法国第二大城市、地中海最大的港口**。建于公元前 6 世纪的古希腊时代,距今已有 **2500 多年**的历史,是**法国最古老的城市** | 主要景点有伊夫岛、贾尔德圣母院、马赛美术馆、马赛旧港。最著名景点是**伊夫岛**,因**大仲马**的小说《**基督山伯爵**》而闻名 |
| 尼斯 | 位于**法国东南部**,是仅次于巴黎的**法国第二大旅游城市**,拥有欧洲乃至全世界最具魅力的黄金海岸,**蔚蓝的地中海与巍峨的阿尔卑斯山**是这座城市永恒的地标。属于典型的**地中海气候**,是**法国大陆最温暖的城市**之一,是**世界富豪聚集的中心**,也是游客心中的度假天堂 | 尼斯歌剧院、古罗马大剧院、海洋学博物馆、蒙特卡洛(属摩纳哥公国的赌城)等 |

| 城市名称 | 概况 | 景点 |
|---|---|---|
| 戛纳 | 因每年国际电影节而闻名于世,位于法国**南部**,拥有世界上**洁白、漂亮的海滩**。**戛纳**与**尼斯、蒙特卡洛**并称为**南欧三大游览中心**,是欧洲人冬日度假、夏日避暑的**首选之地** | 海滨大道、老城区、建于 11 世纪的城堡等 |

### 3.德国著名旅游城市与景点

| 城市名称 | 概况 | 景点 |
|---|---|---|
| 柏林 | 是**德国首都**,位于德国东北部,是德国"**最翠绿**"的大都市。柏林始建于 **1237 年**,是**欧洲著名的古都**。第二次世界大战后,柏林墙把柏林一分为二,分别为**东柏林**和**西柏林**。直到 **1990 年**,柏林墙被拆除,德国重新统一,柏林获得全德国首都的地位 | 主要景点有勃兰登堡门、国会大厦、波茨坦广场、柏林墙遗迹、柏林大教堂、菩提树下大街等。**勃兰登堡门**是为纪念普鲁士在 7 年战争中取得的胜利而建的,于 1791 年竣工,是**德国的象征** |
| 慕尼黑 | 位于德国南部,是巴伐利亚州的首府、德国第三大城市,拥有"**欧洲建筑博物馆**"的美誉,被人们称作"**百万人的村庄**"。慕尼黑是**宝马汽车的故乡**,一年一度的**慕尼黑啤酒节**吸引着世界各地的游客 | 新天鹅堡、玛利亚广场、宝马汽车博物馆、奥林匹克中心、圣母教堂、皇宫及皇宫博物馆等 |
| 科隆 | 位于德国西部莱茵河畔,是**德国最古老、历史最悠久的城市**,也是**德国第四大城市**,与北京是姐妹城市。**香水、狂欢节和教堂被称为科隆三宝** | 主要景点有科隆大教堂、莱茵河、科布伦茨、瓦尔拉特博物馆等。**科隆大教堂**有两座哥特式尖塔,是**目前世界上最高的双塔教堂** |
| 法兰克福 | 位于德国西部的黑森州境内,是德国**第五大城市**,也是**德国乃至欧洲重要的工商业、金融服务业和交通中心**,拥有**德国最大的航空和铁路枢纽**。法兰克福国际机场(FRA)是**欧洲第三大机场**,也是全球最重要的国际机场 | 拥有"**德国最大的书柜**"——**德意志图书馆**,是世界图书业的中心,也是**欧洲最繁忙的展览场所**。法兰克福的主要景点有歌德故居、法兰克福大教堂、罗马贝格广场、德国电影博物馆等 |
| 海德堡 | 位于内卡河畔,是**德国著名的旅游文化之都**。德国最古老的大学——**海德堡大学**成立于 **1386 年**。马克·吐温称海德堡是他到过的最美的地方 | 最著名的旅游景点当数位于**内卡河畔**的红褐色古城堡——**海德堡城堡** |

啤酒王国——德国

#### 4. 意大利著名旅游城市与景点

| 城市名称 | 概况 | 景点 |
|---|---|---|
| 罗马 | 作为意大利首都，罗马是有着辉煌历史的欧洲文明古城，于公元前753年兴建，至今已有2700多年的历史，被称为"七丘城"和"永恒之城"。罗马有三多——雕塑多、教堂多、喷泉多，被喻为全球最大的"露天历史博物馆" | 世界八大名胜之一——古罗马露天竞技场，也称斗兽场，建于公元1世纪，是古罗马帝国的象征。万神庙是迄今保存最完整的古罗马时代的建筑，万神殿、斗兽场和地下墓穴并称为罗马三大古迹。还有最大的广场——威尼斯广场和许愿池 |
| 佛罗伦萨 | 位于意大利中部，是世界闻名的文化古城，以博物馆、画廊、宫殿和教堂著称，被称为"博物馆之城"，是世界上文艺复兴时期艺术作品保存最丰富的地区之一，也是艺术与建筑的摇篮。但丁、达·芬奇、米开朗基罗等名人在此诞生 | 比萨斜塔、洗礼堂、市政广场、圣十字教堂、乌菲兹美术馆、花之圣母大教堂（圣母百花大教堂）等 |
| 威尼斯 | 位于意大利北部，已有1000多年的历史。有"水上都市"和"百岛之城"之称，也是世界上唯一一座没有汽车的城市，主要交通工具是贡多拉。威尼斯全城有近180条运河，运河上有400多座桥梁 | 最著名的当数建于16世纪的里阿尔托桥和叹息桥。圣马可广场是城市活动的中心，周围有圣马可教堂、总督宫、圣马可图书馆等拜占庭和文艺复兴时期的建筑 |
| 米兰 | 位于意大利北部，是意大利第二大城市，也是意大利最重要的经济中心，有"经济首都"之称。米兰是连接地中海及中欧的主要交通枢纽，是意大利商业及金融中心，也是世界时装之都 | 杜奥莫教堂是世界第三大教堂，是米兰的象征，与梵蒂冈的圣彼得大教堂、佛罗伦萨的佛罗伦萨大教堂并称为欧洲三大教堂。1980年，圣玛丽亚感恩教堂被列入世界遗产名录，里面有达·芬奇的巨画——《最后的晚餐》 |
| 梵蒂冈 | 作为世界上最小的国家，梵蒂冈坐落在罗马城西北角，是一个"国中国"，也是全世界天主教的中心——以教皇为首的教廷的所在地 | 有可容纳50万人的圣彼得广场、世界上最大的教堂——圣彼得大教堂及梵蒂冈博物馆等 |

#### 5. 俄罗斯著名旅游城市与景点

| 城市名称 | 概况 | 景点 |
|---|---|---|
| 莫斯科 | 作为俄罗斯首都，莫斯科是俄罗斯政治、经济、科技、文化和交通中心。已有870多年的历史，是世界上绿化最好的城市之一。以布局严整的克里姆林宫和红场为中心，向四周辐射伸展 | 主要景点有红场、克里姆林宫、圣瓦西里大教堂、列宁陵墓、克格勃博物馆等。克里姆林宫和红场是俄罗斯的标志。克里姆林宫是俄国历代沙皇的宫殿，是世界上最大的建筑群之一 |

| 城市名称 | 概况 | 景点 |
|---|---|---|
| 圣彼得堡 | 位于俄罗斯西北部,是俄罗斯第二大城市,是世界上人口超过百万的最北端的城市,又被称为俄罗斯的"北方首都"。整个城市由40多个岛屿组成,多条河流穿越而过,故又有"北方威尼斯"之称 | 有冬宫、夏宫、叶卡婕林娜宫、彼得保罗要塞、彼得保罗大教堂、涅瓦大街、普希金村等,其中位于十二月党人广场上的青铜骑士是圣彼得堡市的标志性雕塑 |

# 要点3　美洲主要客源国概况

| 国家 | 首都 | 自然环境 | 政治 | 经济文化 | 风俗习惯 | 特产 |
|---|---|---|---|---|---|---|
| 加拿大 | 渥太华 | 作为北美洲最北的国家,加拿大的领土面积位居世界第二,是一个地广人稀的国家。加拿大人习惯称自己国家是"从海洋到海洋"的国家。大部分地区属大陆性温带针叶林气候 | 素有"枫叶之国"的美誉,是英联邦国家之一。国家政体为联邦议会制,英国女王是名义上的国家元首,任命总督为其代表,联邦总理为政府首脑。以英裔和法裔居民为主。英语和法语是官方语言。主要宗教是天主教和基督教新教。枫树是国树 | 是世界上拥有最高生活品质、社会最富裕、经济最发达的国家之一。资源工业、初级制造业和农业是国民经济的主要支柱产业,是世界上最大的钻石生产国之一,也是全球最重要的教育枢纽之一。加拿大货币是加拿大元 | 饮食上以西餐为主,特别爱吃烤制食品,喜欢中餐。生活习性包含英、法、美三国人的综合特点。视枫叶为国宝,偏爱白雪,请客吃饭一般都在家里,可以给女主人带些小礼物或鲜花,忌送白色百合花,忌数字"13"和"星期五"。忌称人"老""白""胖" | 印第安人和因纽特人的手工艺品、枫糖浆、冰酒、熏鲑鱼等 |

| 国家 | 首都 | 自然环境 | 政治 | 经济文化 | 风俗习惯 | 特产 |
|---|---|---|---|---|---|---|
| 美国 | 华盛顿 | 位于北美洲中部，由华盛顿哥伦比亚特区、50个州和关岛等众多海外领土组成，国土面积位居世界第四。除佛罗里达半岛南端属热带气候外，大部分地区属暖温带和亚热带大陆性气候。地势东西高，中央低，西部约占本土面积的1/3，以山地高原为主；东部以平原低地为主 | 国家政体是总统内阁制，总统是国家元首兼政府首脑。国家结构为联邦制。行政、立法、司法三权分立。白人占80%，其余分别为非洲裔、亚裔等。国旗是星条旗，国花是玫瑰花。英语成为事实上的国家语言。主要信奉基督教新教、天主教 | 作为世界第一大经济体，美国的劳动生产率、国内生产总值和对外贸易额均位居世界第一。科技先进，工业和农业现代化水平高，汽车工业和建筑业是美国经济的两大支柱，航空和宇航工业位居世界第一，是世界最大的农产品出口国。货币为美元 | 美国是快餐文化代名词，热狗、汉堡包、三明治等是美国人最常吃的快餐。美国人的主食是肉、鱼、菜类，主要饮料是咖啡。见面和分手时行握手礼；美国人送礼讲究单数。忌讳数字"13""星期五"，忌讳蝙蝠图案和黑猫图案。喜欢白色、黄色和蓝色，喜欢白色秃鹰图案和白猫图案 | 概念产品、印第安人传统工艺品、时装、电脑产品、篮球用品、COACH包、赌场纪念品、花旗参、枫糖浆等 |
| 巴西 | 巴西利亚 | 位于南美洲东南部，是南美洲最大的国家，国土面积居世界第五位。巴西南部主要是高原，北部和西部为平原，其中亚马孙平原约占全国面积的1/3。时差上比北京时间晚11小时。巴西大部分地区属热带气候，南部部分地区为亚热带气候 | 巴西是世界上天主教徒最多的国家，83%的居民信奉天主教，少数居民信奉基督教新教和犹太教。巴西的官方语言是葡萄牙语 | 货币是雷亚尔。经济实力居拉美首位，是农牧业大国，咖啡、可可、甘蔗等产量都居全球首位，畜牧牛的数量居世界第二位。是世界铁矿石生产和出口额最大的国家之一，被称为"足球王国"，是世界人口第五大国 | 巴西人平常主要吃欧式西餐，肉类所占比重较大。巴西有"咖啡王国"之称，咖啡是国人每天的必需品 | 宝石、皮制品、陶器、手工蕾丝、刺绣等工艺品，运动服饰、咖啡、红酒等 |

### 1. 加拿大著名旅游城市与景点

| 城市名称 | 概况 | 景点 |
|---|---|---|
| 渥太华 | 作为加拿大的首都,渥太华是世界上最寒冷的首都。1867年,被英国维多利亚女王钦定为加拿大首都。是"冰球之城",世界遗产里多运河贯穿全城,每年二月初,里多运河是世界上最大的天然滑冰场 | 国会大厦是渥太华最著名的标志性建筑,也是加拿大的象征。还有加拿大总督府、加拿大文明博物馆等景点也闻名世界 |
| 多伦多 | 作为安大略省的省会城市,多伦多位于加拿大心脏地带,接近美国东部工业发达地区,是加拿大最大的城市和经济中心,也是世界上最大的金融中心之一,是世界上最具多元文化的城市,居民来自100多个民族,讲140多种不同的语言 | 主要景点有国家电视塔、皇家安大略博物馆、卡萨罗玛城堡、安大略艺术馆、加登纳陶瓷艺术博物馆等。多伦多国家电视塔是多伦多市的标志性建筑。尼亚加拉瀑布是世界第一大跨国瀑布,其中"马蹄瀑布"气势最大、最为惊险,是世界著名的奇观 |
| 蒙特利尔 | 作为加拿大面积第二大的城市,蒙特利尔是除法国巴黎外世界上最大的法语城市,有"小巴黎"之称。以法式建筑为主,被称为"尖塔之城" | 旧城区、唐人街、圣母大教堂、皇家山公园等 |
| 温哥华 | 作为加拿大第三大都会,温哥华是加拿大西海岸最大的港口、文化中心和国际贸易中心,被誉为加拿大的"西部天堂"。温哥华也是加拿大冬季最暖和的城市 | 全球最大的城市公园斯坦利公园、狮门大桥、加拿大广场、伊丽莎白女王公园、唐人街、惠斯勒滑雪场(2010年冬奥会赛场) |
| 魁北克市 | 作为魁北克省省会,魁北克市是加拿大最古老的城市,也是北美洲唯一一座拥有城墙的城市,是加拿大境内法兰西文化的发祥地,是加拿大第一座城市,被称为"新法兰西之父" | 魁北克老城区于1985年被联合国教科文组织列入世界文化遗产名录 |

### 2. 美国著名旅游城市与景点

| 城市名称 | 概况 | 景点 |
|---|---|---|
| 华盛顿 | 位于美国的东北部,全称为"华盛顿哥伦比亚特区"。华盛顿被美国人称为"国家的心脏"。1791年,为了纪念开国元勋华盛顿和发现新大陆的哥伦布而命名并成为美国首都。华盛顿是美国标志性的旅游胜地。全城最高点国会山上的国会大厦是华盛顿的象征,美国国会参众两院都在此办公 | 国家图书馆是世界上最大的图书馆之一。白宫是华盛顿之后美国历届总统办公和居住的地方。国会大厦和白宫之间有"联邦三角"建筑群,包括联邦政府机构、国家美术馆、国家档案馆、史密森国家博物馆等。华盛顿面积最大的建筑是美国国防部所在地五角大楼。有杰弗逊纪念堂和林肯纪念堂等纪念性建筑物 |

| 城市名称 | 概况 | 景点 |
|---|---|---|
| 纽约 | 位于纽约州东南部,纽约有"美国的门户"之称,是著名国际大都会,是美国最大的城市,也是联合国总部所在地。作为美国工业、商业、金融、出版、广播等行业的中心的纽约分为五大区,其中曼哈顿是纽约的核心和象征 | 主要景点有自由女神像、帝国大厦、时报广场、中央公园、联合国总部大楼、百老汇、华尔街、大都会博物馆等。帝国大厦是纽约摩天大楼的象征,是纽约的标志性建筑之一。自由女神像是法国送给美国独立 100 周年的礼物,成为美国的象征 |
| 旧金山 | 又称"圣弗朗西斯科",是 19 世纪美国淘金热的中心;也是华侨在美国的聚集地,有著名的中国城;是世界上最重要的科教文化中心之一,拥有加州大学伯克利分校、斯坦福大学等世界知名高等学府 | 主要景点有世界知名的标志性景点——金门大桥、伦巴第街、联合广场、渔人码头等。金门大桥是世界上最大的单孔吊桥之一,被誉为近代桥梁工程的一项奇迹,是旧金山市的象征 |
| 洛杉矶 | 含义是"天使之城"(西班牙语),位于美国加利福尼亚州西南部,是美国第二大城市,是美国西部最大的工业中心和港口,有"科技之城"的称号,是文化中心 | 著名的好莱坞和迪士尼乐园 |
| 拉斯维加斯 | 是美国内华达州最大的城市,别称"世界娱乐之都""赌城"。拉斯维加斯是一座在沙漠上建起的神奇城市,是世界知名的度假胜地之一 | |
| 夏威夷 | 位于北太平洋,是美国最年轻的州,是现代冲浪、草裙舞和夏威夷地方美食的发源地,拥有全世界最活跃的火山 | |

# 要点 4  大洋洲、非洲主要客源国概况

| 国家 | 首都 | 自然环境 | 政治 | 经济文化 | 风俗习惯 | 特产 |
|------|------|----------|------|----------|----------|------|
| 澳大利亚 | 堪培拉 | 位于南半球,是世界上唯一一个国土覆盖整个大陆的国家,是世界6个大陆中最小的一个。地形很有特色,东部山地,中部平原,西部高原,境内多沙漠和半沙漠,是**全球最干燥的地区之一**。北部属于热带气候,分雨季和旱季;南部属于温带气候,四季分明 | 全称为澳大利亚联邦,政体是**美英政治体制的混合体**,国家结构为**联邦制**,为英联邦成员国,英国女王是名义上的国家元首,任命总督为其代表。**联邦总理**是政府首脑,**联邦议会**是最高立法机构。官方语言为英语。主要宗教是**基督教新教**。国花是**金合欢** | 作为后起的发达资本主义国家,澳大利亚是**全球经济最发达、生活水平最高的国家之一**,有"骑在羊背上的国家""坐在矿车上的国家"和"手持麦穗的国家"之称,是世界上屈指可数的产金大国,旅游业和服务业占国内生产总值的70%左右。货币是**澳大利亚元** | 澳大利亚家庭一般是**三餐加茶点**,喜欢中餐,**鱼和海鲜**是澳大利亚美食的特色。**通用西方礼仪**,很注重礼貌修养,时间观念强,谈话时很少大声喧哗。交谈时可讲旅行、体育运动和见闻。**不可竖大拇指表示赞扬,乘出租车喜欢和司机并排坐,忌讳兔子** | 绵羊油、澳宝、羊毛皮、树皮画、蜂蜜、深海鱼油、牛初乳、鲨鱼软骨粉、鳄鱼肉、红酒等 |
| 新西兰 | 惠灵顿 | 位于太平洋西南部,被誉为"**世界边缘的国家**"。新西兰绝大部分属**温带海洋性气候**,一年四季气候温和,阳光充足,雨量丰富。12月至次年2月为夏季,6—8月为冬季 | 是个高度发达的资本主义国家,主要宗教是**基督教新教和天主教**。新西兰现为**英联邦成员国**之一,官方语言是**英语、毛利语和新西兰手语** | 货币是**新西兰元**。新西兰是世界上**最年轻的移民国家**之一,是世界上**最大的鹿茸生产国和出口国**,羊肉、奶制品和粗羊毛的出口额皆为世界第一,是世界第四大专属经济区。旅游业收入仅次于**乳制品业** | 新西兰毛利人的传统服饰鲜艳而简洁,最常见的是**毛利草裙**。新西兰美食以**天然新鲜**著称,夏天通常**以烧烤方式用餐**,传统美食有羊肉、鹿肉、黑边鲍鱼、三文鱼、生蚝等 | 羊毛羊皮制品、毛利玉饰及鲍鱼壳、乳制品、蜂产品、绵羊油、火山泥化妆品、葡萄酒、婴儿用品等 |

| 国家 | 首都 | 自然环境 | 政治 | 经济文化 | 风俗习惯 | 特产 |
|---|---|---|---|---|---|---|
| 南非 | 茨瓦内、布隆方丹、开普敦 | 位于非洲大陆的最南端,时差上比北京时间晚6小时。南非大部分属于热带草原气候,东部沿海为热带季风气候,西南部沿海为地中海气候,被称为"太阳之国" | 有黑人、白人、有色人和亚裔四大种族,南非的官方语言有11种,其中前五大语言分别为祖鲁语、科萨语、阿非利卡语、斯佩迪语和英语 | 货币为南非兰特。南非是非洲经济最发达的国家,有"非洲经济小巨人"之称,是世界上矿产最丰富的国家之一。南非是世界上唯一一个有3个首都的国家,行政首都是茨瓦内,司法首都为布隆方丹,立法首都为开普敦,被誉为"非洲明珠" | 南非黑人的主食是玉米、薯类、豆类。一般不吃猪肉,也较少吃鱼 | 主要特产有碗、泥罐、珠饰、非洲木雕、动物毛皮挂毯等传统工艺品、鸵鸟工艺品、鸵鸟蛋、非洲葡萄酒、大象酒等,黄金和钻石是昂贵特产 |
| 埃及 | 开罗 | 埃及跨亚、非两洲,时差上比北京时间晚6小时。96％的地区是沙漠,属热带沙漠气候,全年干燥少雨、气候干热,尼罗河三角洲和北部沿海地区属亚热带地中海气候,气温相对温和 | 埃及在阿拉伯语中意为"辽阔的国家",古埃及是世界四大文明古国之一,是世界上最早的王国,伊斯兰教是埃及国教,其信徒主要是逊尼派。官方语言是阿拉伯语 | 货币为埃及镑。是非洲第三大经济体,在经济、科技领域长期处于非洲领先态势,是中东人口最多的国家,也是非洲人口第二大国。世界第一长河——尼罗河是世界文明的发祥地,是埃及的"母亲河" | 埃及人多穿宽大的长袍,不论寒暑,男子都扎头巾或戴毡帽,妇女则以黑纱蒙面。埃及人喜欢吃甜食,通常以耶素为主食,耶素就是不用酵母的平圆形埃及面包 | 纸莎草画、石雕甲虫、水烟袋、象形文字雕刻饰品、刻花铜盘、香水香料、埃及棉织品等等 |

## 🔖 课后学习任务

### 灵活练习——模拟题演练:来,试试你的水平!

判断题:

● 宿务市是菲律宾的第二大城市,也是最早开发的城市,被誉为"南方皇后市"。　　（　　　　）

● 印度尼西亚人吃饭用筷子,不喜欢用手抓。　　（　　　　）

单选题:

● 世界上最寒冷的首都是（　　　　）,当地人特别喜欢冰球运动,是"冰球之城"。

A. 渥太华　　　　B. 莫斯科　　　　C. 惠灵顿　　　　D. 奥斯陆

●瑞士的第一大城市是（    ），也是欧洲较安全、较富裕和生活水准较高的城市之一。

A. 伯尔尼　　　　　　　B. 苏黎世　　　　　　　C. 日内瓦　　　　　　　D. 鹿特丹

**多选题：**

●被世人誉为"古代东方五大奇迹"的是（    ）。

A. 婆罗浮屠　　　　B. 长城　　　　　　C. 泰姬陵　　　　　D. 吴哥古迹　　　　E. 金字塔

●在法国一般不宜送（    ）。

A. 菊花　　　　　　B. 玫瑰　　　　　　C. 水仙花　　　　　D. 金盏花　　　　　E. 百合花

# 专题十二　华北地区导游基础知识要点

## 学习目标

了解：历史、地理、气候、区划、人口、交通等概况。

熟悉：列入世界遗产名录的中国遗产地景观，列入人类非物质文化遗产代表作名录的遗产项目，国家 AAAAA 级旅游景区，国家级旅游度假区和国家级生态旅游示范区；各民族具有代表性的历史文化和民俗风情。

掌握：各地代表性饮食的特点、主要美食和风物特产，国内知名的地域文化、民族文化及特色产业。

## 要点 1　北京市

| 类别 | 相关知识点 |
|------|-----------|
| 地理* | 北京位于华北平原北部，东面与天津相邻，其余均与河北省相邻<br>地形西北高，东南低，西部、北部和东北部三面环山，东南部是一片向渤海倾斜的平原<br>北京被形容为"**幽州之地，左环沧海，右拥太行，北枕居庸，南襟河济，诚天府之国**"<br>境内有**潮白河、北运河、永定河、大清河和蓟运河**五大水系 |
| 气候* | 属**暖温带半湿润半干旱季风气候** |
| 区划人口* | 北京是全国**政治和文化**中心、世界著名**古都**和现代化国际城市<br>总面积约为 1.64 万平方千米，有 16 个市辖区，2020 年末常住人口为 2189 余万人 |
| 交通状况* | 主要有**京九铁路、京沪铁路、京广铁路、京哈铁路**等<br>**北京与上海**、广州是国家重点建设的中国航空三大门户复合枢纽 |
| 历史沿革* | 北京远古历史可追溯到"**北京猿人**"时期<br>北京最早见于文献的名称叫"**蓟**"，蓟城一直是**燕**的都城<br>938 年后，蓟城成为辽的陪都，因为蓟位于所辖疆域的南部，所以改称**南京**，又叫**燕京**<br>一个多世纪后，女真人建立的**金朝**灭辽，并迁都燕京，改名**中都**<br>1285 年，蒙古在中都城东北郊建筑新城，即**元大都**，从此北京取代长安、洛阳等古都，成为中国的政治中心，并延续到明清两代 |

| 类别 | 相关知识点 |
|---|---|
| 民族风情▲ | 北京少数民族人口分布特点是**大分散、小聚居**<br>北京少数民族人口最多的区是**朝阳区和海淀区**<br>北京少数民族人口比例最高的区是**怀柔区和密云区** |
| 文旅资源▲ | **7**项世界遗产名录景观:长城、故宫、周口店"北京人"遗址、颐和园、天坛、明十三陵和大运河(北京段)<br>**8**家国家AAAAA级旅游景区:故宫博物院、天坛公园、颐和园、八达岭—慕田峪长城、明十三陵、恭王府、北京奥林匹克公园和圆明园<br>**3**家国家生态旅游示范区:南宫国家生态旅游示范区、野鸭湖国家生态旅游示范区和平谷金海湖风景区<br>北京远古原始文化融合了中原和北方原始文化,其发展内容包含了整个人类社会发展的各个阶段;主要代表有中国旧石器时代的重要遗址——周口店北京人遗址(世界同类遗址中,材料最丰富、最系统,是公认的人类发祥地之一),新石器时代早期的"**东胡林人"墓葬文化遗址**等<br>从辽代开始的800多年里,北京成了我国拥有帝王宫殿、庙坛和陵墓数量最多、内容最丰富的城市<br>北京文化名人马致远是"元曲四大家"之一,有散曲代表作《**天净沙·秋思**》和杂剧代表作《**汉宫秋**》<br>京剧形成于北京,这里还是京剧艺术的中心<br>**京味文化**是北京文化中最鲜活、最接地气的部分,其载体包括了**王官文化、士大夫文化和市民文化**<br>北京有明清两代的最高学府——**国子监**<br>北京最具特色的地方性民俗是**四合院、胡同和市肆庙会**<br>老北京以**胡同**众多著称,而其源于**元代**院落式民居的四合院建筑,则是我国传统院落式民居建筑的典范之一<br>北京是新文化运动的发祥地、五四运动的爆发地,在这里打响了中华民族抗战的第一枪等<br>**北京故宫**是中国**明清两代**的皇家宫殿,旧称**紫禁城**,以**三大殿为中心**,占地面积约为72万平方米,建筑面积约为15万平方米,有大小宫殿70多座、房屋**9000余**间<br>故宫博物院是中国**最大的**古代文化艺术博物馆,馆藏丰富,总数超186万件<br>**八达岭长城**雄踞西北通往北京咽喉要道的最高处,素有"北门锁钥"之称,明王朝经营80多年,使八达岭长城成为一处纵深军事防御体系<br>**天坛**是中国现存最大的古代祭祀性建筑群,是圜丘、祈谷两坛的总称,坛墙南方北圆,象征天圆地方<br>**颐和园**是中国保存最完整的皇家园林,集传统造园艺术之大成,借景周围的山水环境,既有皇家园林的恢宏富丽气势,又有自然之趣 |

| 类别 | 相关知识点 |
|---|---|
| 饮食<br>文化★ | 北京传统名吃荟萃,源于宫廷帝后的**众多御用菜**<br>以民间家居及市肆饮食为基础的中国烹饪技术造就了以**满汉全席**为代表的清宫御膳<br>宫廷菜的主要名菜有**溜鸡脯**、**一品官燕**、**烤鹿肉**、**蛤蟆鲍鱼**等<br>官府菜在规格上一般不得超过宫廷菜,又与平民菜差别极大<br>谭家菜以烹制**海味菜**最为有名,其中又以**燕窝**和**鱼翅**的烹制最为有名<br>**北京烤鸭**、**涮羊肉**、**老北京烤肉**、**京酱肉丝**是北京地方菜的经典名菜<br>**富华斋饽饽铺**、稻香村、**百年义利**、**大顺斋**等都是北京的知名食品品牌<br>北京糕点品种多,著名的有**蜜饯果脯**、**小桃酥**、**茯苓饼**、**京八件**等<br>北京小吃样样俱全,宫廷风味小吃最别致,代表品种有**芸豆卷**、**豌豆黄**、**豆汁**、**驴打滚**、**艾窝窝**、**糖耳朵**等 |
| 风物<br>特产★ | **景泰蓝**是北京特有的传统工艺品,得名于**明朝景泰年间**,且以**蓝釉**为其特点;北京是景泰蓝技术的发源地,现在最早的景泰蓝是**元代**的产品;景泰蓝的制作工艺,既运用了**青铜工艺**,又利用了**瓷器工艺**,还同时引进了**传统绘画和雕刻技艺**,堪称中国传统工艺的集大成者 |
| 特色<br>产业★ | 北京**文化产业**增加值占 GDP 的比重始终居全国首位 |

# 要点 2　天津市

| 类别 | 相关知识点 |
|---|---|
| 地理* | 天津地处华北平原的东北部、海河流域**下游**,东临渤海,北依燕山,西北靠北京<br>天津是海河五大支流的汇合处和入海口,素有"**九河下梢**""**河海要冲**"之称<br>天津是**中蒙俄**经济走廊主要节点、一带一路交会点、亚欧大陆桥最近的东部起点,是连接国内外、联系南北方、沟通东西部的**重要枢纽**<br>天津是中国**北方最大的港口城市** |
| 气候* | **属暖温带半湿润季风性气候**<br>春末夏初和秋天是到天津旅游的最佳季节 |
| 区划<br>人口* | 天津简称"津",意为"**天子经过的渡口**",别名**津沽**、**津门**等<br>作为四大直辖市之一,天津有"**渤海明珠**"的美誉<br>天津现辖**16** 个市辖区,土地总面积为 1.2 万平方千米<br>2020 年末,常住人口达 1386 余万人 |
| 交通<br>状况* | **天津港**是世界著名港口<br>天津是北京通往**东北和上海**方向的重要铁路枢纽<br>**天津滨海国际机场**是国内干线机场、国家一类航空口岸 |

| 类别 | 相关知识点 |
|---|---|
| 历史<br>沿革* | 天津始于**隋朝**大运河的开通；**南运河和北运河**的交汇处、现在的**金钢桥三岔河口**地区，史称"**三会海口**"，是天津最早的发祥地<br>**明永乐二年**，**天津正式设卫**，成为军事重地，天津建城至今已有 600 多年的历史<br>**清顺治九年**，三卫合一，归并于**天津卫**<br>**1860 年**，天津被辟为通商口岸，成为**中国北方开放的前沿和近代中国洋务运动的基地**，是当时我国第二大工商业城市和北方最大的金融商贸中心<br>天津历史文化名人有发动"**陈桥驿兵变**"的大将赵普，民国大总统曹锟，**爱国武术家、精武会创始人霍元甲**，相声表演艺术家马三立，**两弹一星元勋于敏**，等等 |
| 民族<br>风情▲ | 天津是一个**多民族散居、杂居**的沿海城市，也是中国**汉民族地区民俗文化较丰富、较**地道的城市之一<br>天津民俗包括**天津快板**、**相声**、**天津时调**、**天津快书**、跨鼓中幡、高跷、耍狮子等 |
| 文旅<br>资源▲ | **两项世界遗产名录景观**：**黄崖关古长城**、大运河（天津段）<br>**两家国家 AAAAA 级旅游景区**：天津古文化街（津门故里）、盘山<br>**3 家国家生态旅游示范区**：**盘山、黄崖关古长城、东丽湖**<br>天津是中国近代史的缩影，拥有许多**历史遗迹、名人故居和多国风格的建筑**<br>**大沽口炮台、天后宫、石趣园、霍元甲故居**等都体现了天津的近代特色<br>天津租界形式完备，在号称"**万国建筑博物馆**"的五大道上，保存完好的小洋楼、名人故居等真实记录了天津乃至中国社会发展演变的轨迹<br>近年来天津精心打造了"**近代中国看天津**"的城市旅游品牌<br>天津是北方曲艺的重要发源地，**京韵大鼓、梅花大鼓、天津时调、快板书、相声**等在天津影响深远<br>**津味文化**、**津味美食**、**天津人**和**天津话**等，都是天津特色的体现 |
| 饮食<br>文化★ | 天津是退海之地，盛产鱼虾蟹，民间素有"**吃鱼吃虾，天津为家**"的说法<br>**八大碗、四大扒、冬令四珍**是天津风味菜肴的代表性菜品<br>冬令四珍包括**铁雀、银鱼、紫蟹、韭黄**<br>天津传统美食多种多样，"**狗不理包子**"、"**十八街麻花（桂发祥麻花）**"、"**耳朵眼炸糕**"被称为"**津门三绝**"；1997 年，猫不闻饺子被定为"**津门四绝**"之一；**小宝栗子、嘎巴菜、煎饼果子**等美食家喻户晓 |
| 风物<br>特产★ | **沙窝萝卜**被农业农村部认定为中国百强区域公用品牌之一<br>**宝坻黄板泥鳅**被农业农村部等 9 个部委认定为第二批中国特色农产品优势区之一<br>**天津小站稻**是我国著名的优质水稻之一，具有**香、黏、弹、筋、甜**的特点<br>**魏记风筝**：天津是中国风筝主要产地，其中以**魏记**风筝最为精美出名；创始人**魏元泰**从艺 70 余年，技艺精湛，享有"**风筝魏**"的美誉<br>1914 年，魏记风筝在巴拿马万国博览会上一举夺得金奖<br>**杨柳青年画**，全称为杨柳青木版年画，属于**木版印绘制品**，与苏州桃花坞年画并称"**南桃北柳**"<br>杨柳青年画产于明代崇祯年间，继承宋元绘画传统，吸收明代木刻版画，创立了**鲜明活泼、喜气吉祥、富有感人题材**的独特风格<br>**泥人张彩塑**是公认的"**天津一绝**"，创始于清道光年间，是天津艺人**张明山**创造的彩绘泥塑艺术品，泥人张把传统捏泥人提高到圆塑艺术的水平，又装饰以色彩、道具，形成了独特的风格 |

| 类别 | 相关知识点 |
|---|---|
| 特色<br>产业★ | 天津信息安全产业集群规模占全国的 23%，聚集企业超 4000 家<br>天津港是**世界等级最高、中国最大**的人工深水港，目前已是**世界第四大**综合性港口 |

# 要点 3　河北省

| 类别 | 相关知识点 |
|---|---|
| 地理* | 河北被称为**燕赵大地**，是中国唯一兼有高原、山地、丘陵、平原、湖泊和海滨的省份<br>河北的地势是**西北高、东南低**，由西北向东南倾斜<br>有坝上高原、燕山和太行山山地、河北平原三大地貌单元<br>小五台山高达 2882 米，为全省最高峰 |
| 气候* | 属温带大陆性季风气候 |
| 区划<br>人口* | 河北省简称"**冀**"，自古有"燕赵多有慷慨悲歌之士"之称<br>现辖 **11** 个地级市，土地总面积约为 19 万平方千米<br>2020 年末，常住人口约为 7461 万人 |
| 交通<br>状况* | 河北**内环京津、外沿渤海**，是全国放射状公路、铁路网布局的关键节点<br>"**南北贯通、东出西联**"的大交通格局基本形成<br>省内拥有**秦皇岛、唐山、黄骅**三大亿吨级港口，与世界 400 多个港口建立贸易往来<br>**石家庄正定国际机场**旅客吞吐量突破 1000 万人次，跻身千万级大型机场行列 |
| 历史<br>沿革* | 河北历史悠久，在其地方志中，不少地方都有关于**尧帝**活动的记载<br>**汉朝时**，河北北部属幽州刺史部，中南部属冀州刺史部<br>从**隋朝**开始，冀州、幽州作为一级政区之名消失于史籍<br>"河北"一词在 2000 多年前的**西汉时**就出现了，**唐太宗**并省分道后，才作为大行政区的名称使用<br>**清朝时**河北为**直隶省**，于中华民国成立后（1928 年）改为**河北省** |
| 民族<br>风情▲ | 河北是一个少数民族人口较多的**杂散居省份**，全省共有 55 个少数民族，其中**满族人口最多**，其次是回族，乌孜别克族人口最少 |
| 文旅<br>资源▲ | **5** 项世界遗产名录景观：承德避暑山庄及周围寺庙、清东陵（遵化市）、清西陵（河北易县）、长城（河北段）、大运河（河北段）<br>**11** 家国家 AAAAA 级旅游景区：承德避暑山庄及周围寺庙、金山岭长城、白洋淀、野三坡、西柏坡、清东陵、娲皇宫、广府古城、白石山、山海关、清西陵<br>**1** 家国家旅游度假区：崇礼冰雪旅游度假区<br>**两家**国家生态旅游示范区：野三坡景区、衡水湖景区<br>河北典型的地域文化为**燕赵文化**，有慷慨悲歌、好气任侠的文化特征<br>共有 14 座清代帝王陵寝，**清西陵**是其中之一 |

| 类别 | 相关知识点 |
|---|---|
| 文旅资源▲ | **承德避暑山庄**是我国现存最大的园林,也是清代皇帝夏日避暑和处理政务的场所,为我国著名的**古代帝王宫苑**<br>**明代金山岭长城**是我国万里长城的精华地段<br>**嶂石岩**是太行山中最为雄险与灵秀的地段<br>**天柱山**以"雄、险、奇、秀"著称,山上古建原为崇祯皇帝归隐行宫,后改为**青龙观道院**,又称"**北武当**"<br>**定窑、邢窑、磁州窑**和**唐山陶瓷**是中国历史上北方陶瓷艺术的典型代表<br>**蔚县剪纸、衡水内画鼻烟壶、易水古砚、丰宁布糊画**等名扬中外<br>**沧州武术、吴桥杂技、永年太极**等独具魅力<br>河北具有古老的传统戏曲,**金、元杂剧**就是在河北境内盛行后,南下传播到**江浙**一带的<br>河北民间曲艺曲种有**西河大鼓、乐亭大鼓、任丘大鼓**等 30 多种<br>河北民间歌舞包括民歌、吹歌、歌舞等,目前保留下来的河北乡村古乐都属于**宗教音乐**<br>中国有民间武术 **129** 个拳种,其中 **52** 个发源于**河北省**<br>河北杂技已有 2000 多年的历史,**河北吴桥**最负盛名,是**杂技发祥地**,享有"**杂技之乡**"盛誉,杂技界有"**没有吴桥人不成杂技班**"之说<br>河北民俗丰富多彩,农历二月二是龙头节,民间流行抬龙王,有**蔚县的引龙节、满族的引龙、赵县的龙牌会**等节庆活动<br>河北盛行庙会,当地老话"**赶集上会做买卖**"中的"**赶集上会**",就是指**赶庙会**,群众在工作之余,还把庙会作为**旅游和娱乐**的场所<br>**天下第一药市——安国药王庙会**,有着独特的**酬神形式和参拜礼仪**<br>**娲皇宫奶奶庙会**规模宏大 |
| 饮食文化★ | 河北菜即冀菜,包括三大流派:以保定为代表的冀中南菜,以承德为代表的塞外宫廷菜,以唐山为代表的冀东沿海菜<br>冀中南菜的代表菜是**保定的驴肉火烧**;塞外宫廷菜,有"口味香酥鲜咸,讲究造型和器皿"的特点;冀东沿海菜以烹饪鲜活水产见长,代表菜是**唐山的皮皮虾**<br>"三八席":八凉、八热、八蒸碗<br>在技法上有"甩刀法"等技巧 |
| 风物特产★ | 有**京东板栗、赵州雪梨、沧州金丝小枣**等<br>**板栗产量居全国第一**<br>**核桃、柿子、花椒**被誉为"**太行三珍**"<br>**口蘑**盛产于坝上高原,是一种名贵真菌<br>**蕨菜**号称"**山菜之王**",畅销国内外市场 |
| 特色产业★ | **钢铁工业**是河北省主要支柱产业之一,**钢铁产能位居全国第一**<br>建有国家第一个风电示范基地——**坝上地区百万千瓦级风电基地**<br>沿海地区有**秦皇岛、唐山、沧州**三市,处于**环渤海经济圈**的中心地带,是全国 **5** 个重点海洋开发区之一 |

# 要点 4　山西省

| 类别 | 相关知识点 |
|---|---|
| 地理* | 山西因地属**太行山以西**而得名<br>最高处为东北部的**五台山叶头峰**,海拔达 3058 米,是**华北最高峰**<br>山西总的地势是"**两山夹一川**",东部是以**太行山**为主脉形成的块状山地,西部是以**吕梁山**为主干的黄土高原,中部由北而南珠串着大同、忻州、太原、临汾、运城等"**多**"字**形断陷盆地**,全省主体轮廓很像一个"**凹**"字形<br>山西河流众多,**承东启西**的地理位置,使其成为**黄河与海河**的分水岭<br>省内较大河流还有汾河、沁河、桑干河、漳河、滹沱河,被誉为"**华北水塔**" |
| 气候* | 属温带大陆性季风气候,四季分明,雨热同步 |
| 区划<br>人口* | 山西省简称"晋",现辖 11 个地级市<br>土地总面积约为 16 万平方千米<br>2020 年末,常住人口约为 3492 万人 |
| 交通<br>状况* | 山西省铁路线有从大同到风陵渡的**同蒲线纵贯南北**<br>随着京石高速铁路的开通,太原纳入了北京**两小时经济圈**<br>山西 AAAA 级以上旅游景区大部分都能通过高速直达,形成了 **3 小时旅游圈**,即从省会太原出发 3 小时可达所有主要旅游景区 |
| 历史<br>沿革* | 山西是中华民族的发祥地之一,**西侯度文化和丁村文化遗址**表明,早在旧石器时代已有人类在此繁衍生息<br>**春秋**时,山西是五霸之一晋国的辖区,后分为**韩、赵、魏**三国,与秦、楚、齐、燕并称为战国七雄<br>到隋朝,**太原**是黄河流域仅次于**长安**和**洛阳**的第三大城市<br>隋末,李渊父子起兵于**太原**,建都长安,并把太原尊为"**北都**",意即"**别都**"<br>清代,开始称为山西<br>山西迄今为止有文字记载的历史达 3000 年之久,素有"**中国古代文化博物馆**"之美称,还被誉为"**华夏文明的摇篮**"<br>**精卫填海、女娲补天、禹凿孟门**等传说就**发生在山西**<br>省会太原,被誉为"**龙脉**"所在地,向来是兵家必争之地<br>山西曾向外移民十几次,**洪洞县大槐树**是当时一个主要移民站<br>**明清时期**,晋商和山西票号崛起,著称中外 |
| 民族<br>风情▲ | 山西独特的民俗风情,被誉为"**黄河文化**""**黄土文化**"<br>**忻州地区**的**河边**民俗博物馆、晋中地区的**乔家堡**民俗博物馆、临汾地区的丁村民俗博物馆集中反映了山西三晋大地独特的民俗风情<br>山西民间艺术有**剪纸、炕围画、面塑**及山西人居住的**窑洞和地窨院**<br>**威风锣鼓**是一种流行于临汾地区的集体敲击表演,最早据说在**尧帝时期**出现,已有4000 多年的历史;每年农历四月初八,尧帝的两个女儿**娥皇**和**女英**去看父母时,两个部落的人都会敲锣打鼓迎接她们往返,由此成为习俗<br>山西有在**炕周围作画**的习俗,在原平发掘的**宋代**古墓中发现了与现代炕画相似的壁画,证明炕画这种民间艺术已有 800 多年的历史 |

| 类别 | 相关知识点 |
|---|---|
| 文旅资源▲ | 4 项世界遗产名录景观:平遥古城、大同云冈石窟、五台山、长城(山西段)<br>9 家国家 AAAAA 级旅游景区:云冈石窟、五台山、皇城相府、绵山、平遥古城、雁门关、洪洞大槐树寻根祭祖园、八泉峡、云丘山<br>晋是黄河流域文化的中心,战国时山西分成韩、赵、魏三国,故称为三晋;山西的醋、黄土窑洞、民间剪纸都表现了三晋的文化特色<br>文人有初唐四杰之一的王勃,唐代的王之涣、王维、王昌龄、柳宗元、白居易等<br>北宋司马光,在"警枕"上写出《资治通鉴》<br>金元词冠元好问的"丧乱诗"可与杜甫媲美<br>元曲四大家中,山西人占了 3 位,其中关汉卿的代表作《窦娥冤》,被尊崇为中国戏曲的开山鼻祖<br>小说家罗贯中创作了我国第一部章回体小说《三国演义》<br>20 世纪,山西涌现一大批中国现代文学史上的经典作品,如赵树理的小说《小二黑结婚》《李有才板话》等<br>山西素有"中国古代艺术博物馆""文献之邦"的美称<br>寺庙宫观:山西现存古建筑数量之多,历史价值和艺术价值之高,都居全国之首。其中,唐代的有五台南禅寺大殿、佛光寺东大殿、芮城广仁王庙等,五代的有平顺大云院、平遥镇国寺万佛殿等,宋代的有晋祠圣母殿、高平游仙寺等,元代以后的古建筑保留更多,元代的永乐宫、广胜寺的建筑和壁画均为艺术珍品,北魏始建、明代重建的悬空寺中外独有<br>居四大佛教名山之首的五台山建筑群、作为净土宗道场的玄中寺、被誉为"东方彩塑艺术宝库"的平遥双林寺、全国武庙之首的解州关帝庙等,都是明清时期的艺术杰作<br>石窟造像:山西境内规模较大的北朝石窟有 19 处,以大同云冈石窟为最突出<br>城垣关隘:山西历代是兵家必争之地,有雁门关、平型关、宁武关、娘子关等重要关隘,目前古城垣较为完整的有平遥城和娘子关城<br>古文化遗址:属于旧、新石器时代的有芮城西侯度遗址及合河遗址、襄汾丁村遗址、沁心下川遗址等 |
| 饮食文化★ | 晋菜基本风味以咸香为主,以甜酸为辅<br>山西著名的风味菜有过油肉、头脑、刀削面、拨鱼、莜面栲栳栳、闻喜饼等<br>山西人好吃面,可谓无面不足,无馍不饱<br>除了面食,还做面塑,当地人称之为"羊羔儿馍","羊"同"祥",取吉祥的寓意,面塑注重彩色点染,所以当地人称之为"花馍"<br>花馍造型夸张,以"走兽花馍"最为出色 |
| 风物特产★ | 在山西,名产以汾酒、竹叶青最为有名<br>老陈醋、太原葡萄酒的知名度也很高<br>五台山台砚、大同黄花、恒山黄芪、稷山板枣、平遥推光漆具等均属名产 |
| 特色产业★ | 山西矿产资源丰富,资源储量居全国第一的矿产有煤层气、铝土矿、耐火黏土、镁矿、冶金用白云岩 5 种<br>山西特色产业主要是煤炭开采及煤化工,山西煤炭资源储量大、分布广、品种优全、质量优<br>在我国十四大煤炭基地中,晋北、晋东、晋中三大基地在山西,其中晋中基地是我国最大的炼焦煤生产基地<br>21 世纪,山西将在煤炭先进能置换、煤炭资源绿色开发、高端煤化工等方面加快建设步伐 |

# 要点 5　内蒙古自治区

| 类别 | 相关知识点 |
|---|---|
| 地理* | 内蒙古毗邻 8 个省区市,跨越三北(东北、华北、西北),靠近京津<br>全区平均海拔为 1000 米,属高原型的地貌区<br>在世界自然区划中,通称内蒙古高原,是中国四大高原中的第二大高原<br>海拔最高点是贺兰山主峰,达 3556 米 |
| 气候* | 以温带大陆性季风气候为主,降水量少而不匀、风大、寒暑变化剧烈 |
| 区划<br>人口* | 内蒙古是中国第三大省区市,是中国 5 个少数民族自治区之一,现有 9 个地级市、3 个盟、两个计划单列市和 52 个旗<br>土地总面积约为 118 万平方千米,在全国省区市中名列第三位<br>2020 年末,常住人口约为 2405 万人 |
| 交通<br>状况* | 铁路运营里程达 1.48 万千米,居全国首位 |
| 历史<br>沿革* | 春秋战国之前,生活在今天内蒙古地区的有匈奴人、东胡人等游牧民族<br>两汉时期修筑汉长城,加强了对此地的控制<br>唐安史之乱后,内蒙古西部被回鹘国控制、东部是契丹人的势力范围<br>916 年,辽太祖建立契丹国,947 年改国号为辽,其间建立了蒙古草原上的第一个都城上京<br>1206 年,成吉思汗建立大蒙古国<br>1969 年、1979 年,内蒙古两次大幅度政区调整,确定了今天自治区的范围 |
| 民族<br>风情▲ | 蒙古族源于约 7 世纪唐朝望建河的一个部落<br>12 世纪,蒙古部首领铁木真统一蒙古;1206 年铁木真建立大蒙古国,并被推荐为蒙古大汗,号成吉思汗;由此,"蒙古"成为民族的族称,意为"永恒之火"<br>蒙古族长期以来从事畜牧业,过着"逐水草而居"的游牧生活<br>蒙古族有自己的文字,蒙古语属于阿尔泰语系<br>蒙古族别称"马背民族",以能歌善舞,喜摔跤、射箭,爱赛马著称<br>安代舞是蒙古族自娱性的传统民间舞蹈,具有鲜明的民族风格<br>马头琴音乐、摔跤、祭敖包、那达慕等被列入国家非物质文化遗产名录<br>蒙古长调、呼麦还被列入人类口头与非物质文化遗产名录<br>蒙古族的标志性建筑常饰以穹庐顶,牧民多住圆形穹庐顶的蒙古包<br>勒勒车是蒙古族特有的牛车,堪称"草原之舟"<br>蒙古族服饰分首饰、长袍、腰带和靴子 4 个主要部分<br>女子首饰多在逢年过节、探亲访友时佩戴,平时多用红、绿等彩色长绸子把头缠上<br>男子冬季多戴尖顶大耳的羊皮帽,夏日多戴前进帽或礼帽<br>蒙古族男女爱穿长袍,腰带是穿蒙古袍必备<br>蒙古族饮食分 3 类:粮食、奶食和肉食<br>奶食俗称白食,以奶为原料制成<br>肉食俗称红食,以牛羊肉为主 |

| 类别 | 相关知识点 |
|---|---|
| 民族风情▲ | 蒙古族人常用**手抓羊肉**和**清水煮全羊**款待宾客<br>吃**烤全羊**时,最高的待客礼节是请客人吃羊头和羊尾巴<br>粮食中最有民族特色的是**炒米**<br>蒙古族传统节日有年节(也叫白节)、**敖包祭祀**、**那达慕大会**等<br>蒙古族崇尚**白色**<br>**蒙古族禁忌:**<br>骑马坐车到蒙古包时,要轻骑慢行,进包时要将马鞭放在门外<br>入包后**坐右边**,忌讳坐**西北角**<br>不能在火盆上烤脚<br>赠送礼品**忌单数**<br>忌食**虾**、**蟹**、**鱼**、**海味**等食物<br>禁食狗肉,也不许打狗、骂狗<br>**献哈达:**<br>这是蒙古族牧民**迎送客人**和日常交往中使用的礼节<br>哈达主要有**蓝色**和**白色**两种,白色是献给一般客人的,蓝色是献给尊贵客人的<br>主人双手张开捧着哈达,同时吟唱着祝词,将哈达的**折叠口向着宾客**<br>接受哈达时,宾客应微向前躬身,主人将哈达挂于宾客颈上<br>宾客应**双手合掌于胸前**表示谢意<br>**敬茶:**<br>客来敬茶是一种高尚的蒙古族传统礼仪,到牧民家做客,主人首先会给宾客敬上一**碗奶茶**,宾客应微欠身用双手接<br>接着主人还会端上炒米、**奶油**、**奶豆腐**和**奶皮子**等奶制品<br>**敬酒:**<br>主人将美酒斟在**银碗**、**金杯**或**牛角杯**中,托在哈达上,唱着敬酒歌<br>客人若推让不喝,会被认为瞧不起主人<br>宾客应接住酒,用无名指蘸酒向**天**、**地**、**火炉**方向各点一下,表示敬奉天、**地**和**火神**<br>不会喝酒时,可沾唇示意<br>**敬神:**<br>把羊割成**9**块,一祭天、二祭地、三供佛、四祭鬼、五给人、六祭山、七祭坟墓、八祭土地和水神、九献给皇帝<br>**唱歌:**<br>蒙古族的劝酒往往通过歌唱表达出来,**唱歌**和**劝酒**是**同时进行**的 |
| 文旅资源▲ | **两项**世界遗产名录景观:**元上都遗址**、**长城(内蒙古段)**<br>**两项**人类非物质文化遗产代表作:**长调**、**呼麦**<br>**6**家国家 AAAAA 级旅游景区:**响沙湾**、**成吉思汗陵**、**满洲里中俄边境旅游区**、**阿尔山—柴河**、**石阵**、**胡杨林**<br>**3**家国家生态旅游示范区:**阿尔山**、**根河源**国家湿地公园、**恩格贝沙漠景区**<br>民族典籍《**蒙古秘史**》原文早已失传,但它的**汉文音译本**被编入《**永乐大典**》完整地保存下来,展现了蒙古诸部征战的场面<br>**蒙古民间神话传说**《**化铁熔山**》描写了部落间的掠夺仇杀、熔铁开路的集体劳动和生活场景 |

| 类别 | 相关知识点 |
|---|---|
| 文旅资源▲ | 长篇叙事史诗《江格尔》《勇士谷诺干》歌颂了同丑恶社会势力或自然力量斗争的英雄<br>蒙古文学史上第一篇历史小说《乌巴什洪台吉》和传记文学作品《黄金史》,以及脱胎于藏族同名史诗的长篇英雄史诗《格斯尔传》等显示了各民族文学艺术的相互影响<br>我国现代舞蹈的创始人吴晓邦创作了蒙古族第一支现代舞《希望》<br>1949 年 10 月 1 日,蒙古舞蹈《牧羊舞》《鄂伦春舞》登上了开国大典的舞台<br>《草原上升起不落的太阳》《敖包相会》《草原晨曲》等旋律优美的歌曲传遍祖国大地。内蒙古有四大品牌旅游区:敕勒川现代草原文明核心区、环京津冀草原风情旅游区、大兴安岭全生态旅游区、阿拉善秘境探险旅游区<br>内蒙古全区森林总面积约 2080 万公顷,占中国森林总面积的 11%,居中国第一位<br>内蒙古还是中国发现新矿物最多的省区市,在获得国际认可的 50 多种新矿物中,有10 种发现于内蒙古<br>稀土储量居世界之首,占中国稀土储量的 83%<br>煤炭储量达 7016 亿吨,居中国第一位 |
| 饮食文化★ | 内蒙古人饮食比较粗犷<br>以羊肉、奶、野菜及面食为主要菜点原料<br>烹调方法简单,以烤最为著名<br>著名菜点有烤羊腿、全羊席、手抓羊肉、马奶酒、莜麦面、哈达饼等 |
| 风物特产★ | 内蒙古是中国中草药生产基地之一,有被誉为"国老"的甘草、补气药材之最——黄芪、中国地精——肉苁蓉等<br>内蒙古是牛、羊、驼、马之乡,还盛产黄河美鲤、河套蜜瓜、中华麦饭石、珍稀名贵的巴林彩石等 |
| 特色产业★ | 内蒙古草原广阔,面积居我国五大牧区之首<br>有呼伦贝尔、锡林郭勒、科尔沁、乌兰察布、鄂尔多斯、乌拉特 6 个著名大草原<br>畜牧业发展迅速<br>包头市盛产稀土,被誉为"世界稀土之都"<br>白云鄂博矿是中国西北地区最大铁矿,且稀土储量居世界第一位<br>包钢还生产独有的"稀土钢"产品 |

## 课后学习任务

### 灵活练习——模拟题演练:来,试试你的水平!

判断题:

● 河北省是中国唯一一个兼有高原、山地、丘陵、平原、湖泊和海滨的省份。　　　　（　　　）

● 中华麦饭石、黄河美鲤、州河鲤、河套蜜瓜等都是内蒙古特产。　　　　（　　　）

单选题：

●河北（　　　）被称为杂技发祥地，享有"杂技之乡"的声誉。

A. 沧州　　　　　　　　B. 吴桥　　　　　　　　C. 保定　　　　　　　　D. 邯郸

●蒙古族人的烹调方法相对比较简单，以（　　　）最为著名。

A. 煮　　　　　　　　　B. 焖　　　　　　　　　C. 烤　　　　　　　　　D. 炒

多选题：

●下列属于山西省国家 AAAAA 级旅游景区的是（　　　　）。

A. 云冈石窟景区　　　　　B. 永乐宫　　　　　　　　C. 李家大院

D. 五台山风景名胜区　　　E. 乔家大院文化园区

●被誉为河北"太行三珍"的是（　　　　）。

A. 小米　　　　　　　　　B. 核桃　　　　　　　　　C. 柿子

D. 花椒　　　　　　　　　E. 大豆

# 专题十三　东北地区导游基础知识要点

## 学习目标

了解：历史、地理、气候、区划、人口、交通等概况。

熟悉：列入世界遗产名录的中国遗产地景观，列入人类非物质文化遗产代表作名录的遗产项目，国家 AAAAA 级旅游景区，国家级旅游度假区和国家级生态旅游示范区；各民族具有代表性的历史文化和民俗风情。

掌握：各地代表性饮食的特点、主要美食和风物特产，国内知名的地域文化、民族文化及特色产业。

## 要点 1　辽宁省

| 类别 | 相关知识点 |
| --- | --- |
| 地理* | 辽宁是东北地区唯一一个**既沿海又沿边**的省份，也是东北及内蒙古东部地区对外开放的门户<br>辽宁地貌为"**六山一水三分田**"，地势呈"**马蹄**"形向**渤海**倾斜<br>辽东、辽西两侧是山地丘陵，中部为辽河平原，辽西渤海沿岸为狭长的海滨平原，被称为**辽西走廊** |
| 气候* | 属**温带大陆性季风气候**，雨热同季，日照丰富，四季分明 |
| 区划人口* | 辽宁省简称"辽"，取"**辽河流域永远安宁**"之意<br>陆地总面积为 14.86 万平方千米，共辖 14 个地级市，其中**沈阳、大连**为副省级城市<br>2020 年末，常住人口约为 4259 余万人 |
| 交通状况* | 目前，辽宁铁路营运里程为 3939 千米，**铁路密度居全国第一**<br>**大连港**是我国北方地区最好的**深水不冻港**，沿黄海、渤海沿岸形成包括**营口、丹东、锦州、葫芦岛港**在内的港口群 |
| 历史沿革* | 据我国**最早史书《禹贡》记载**，辽宁地区在**夏商时期为幽州、营州之地**，周分封属燕国，**清初，划归盛京特别行政区，清末改奉天省**<br>1929 年，中华民国改奉天省为辽宁省，为辽宁得名的开始 |

| 类别 | 相关知识点 |
|---|---|
| 民族风情▲ | 全省有**满族、蒙古族、回族、朝鲜族、锡伯族 5 个世居少数民族**<br>**满族、锡伯族人口数量居全国第一**<br>满族旧称**满洲族**,在满语里,满洲是"**吉祥**"之意<br>满洲历史可追溯到**商周**时的**肃慎**,建立金朝的女真族是满族的直系祖先,满族是唯一一个在中国历史上两度建立过王朝(**金朝和清朝**)的少数民族<br>满族主要分布在东北三省及河北,尤以**辽宁**最多<br>满族过去主要信奉萨满教,这是一种原始的多神教,萨满是指**巫师**<br>满族最隆重的礼节是**抱腰接面礼**<br>满族住房一般**东南开门**,**三面设炕**,西炕供奉祖先神位,南炕供长者用,晚辈用北炕,因形似口袋,故称"**口袋房、曼子炕**"<br>院内一般有影壁,立有供神用的"**索罗杆**"<br>满族先民一般四季都穿袍服,因八旗制度而称为"**旗袍**"<br>**荷包香囊**是满族妇女特别喜爱的随身佩物<br>满族的主食是小米,但满族人**喜黏食**,爱吃白肉血肠和猪肉酸菜炖粉条<br>**逢年过节爱吃饺子**,除夕必须吃手扒肉<br>点心中最为人称道的是**萨其马**<br>满族人嗜烟酒<br>传统节日有**颁金节**、春节、元宵节、二月二等,节日期间都要举行**跳马、跳骆驼、滑冰**等传统体育活动<br>满族禁忌:**不准杀狗**,不戴狗皮帽子,更不能说狗的坏话;住处**以西为上**,忌讳客人坐西炕,更忌讳妇女在西炕上生孩子,**忌在索罗杆上挂牲口**<br>辽宁较有代表性的民俗风情有"**满族三大怪**"("窗户纸糊在外""大姑娘叼烟袋""养活孩子吊起来")、尊老敬上、请安和打千、蒙古族"**三餐不离茶**"等<br>节庆方面,**满族的药香节**,锡伯族的西迁节、抹黑节,**蒙古族的敖包节**,以及大连的迎春会、服装节等,都富有地方民俗风情特色 |
| 文旅资源▲ | **4 项世界遗产名录景观**:沈阳故宫、盛京三陵、长城(辽宁段)和中国高句丽王城、王陵及贵族墓葬<br>**6 家国家 AAAAA 级旅游景区**:沈阳**植物园**、大连**老虎滩**、大连**金石滩**、**本溪水洞**、鞍山**千山**、盘锦市**红海滩**风景廊道<br>**4 家国家旅游度假区**:大连市**西郊森林公园**国家生态旅游示范区、盘锦市**红海滩湿地**旅游度假区、大连市**金石滩**旅游景区、丹东市**天桥沟**景区<br>辽宁有集名山、溶洞、岛屿、海岸于一体的景观,著名的**千山弥勒大佛**是自然造化的全国特大石佛之一<br>**青山沟风景区**青山环抱,被誉为"**神仙住过的地方**"<br>**丹东**是中国**海岸线**的北端起点,被誉为"**中国最大最美的边境城市**"<br>辽宁地貌奇特,有世界上最大的盘锦**湿地红海滩**奇观,总面积达 20 余万亩<br>**本溪水洞**是亚洲最长的地下水溶洞,素有"**九曲银河**"之称<br>辽宁文学创作影响较大的是抗战时期的**东北作家群**,其中萧军是领军人物、知名左翼作家,于 1933 年出版第一部小说、散文合集《**跋涉**》,于 1934 年夏天在青岛完成了成名作《**八月的乡村**》<br>辽宁极具民间特色的艺术形式有二人转、**辽剧、海城高跷秧歌**等 |

| 类别 | 相关知识点 |
|---|---|
| 饮食<br>文化★ | 辽宁菜由**清朝宫廷菜、王(官)府菜、市井菜、民俗菜、季节菜**和**海鲜**构成其基本框架<br>随着乡村旅游的发展,一些地道的乡村特色菜日益受欢迎,如东北大炖菜、大锅炖鱼、小笨鸡炖蘑菇、猪肉炖粉条、酸菜血肠五花肉等,还有西塔大冷面、那家白肉血肠、杨家吊炉饼鸡蛋糕、老边饺子、李连贵熏肉等<br>大盘子大碗,味道醇正 |
| 风物<br>特产★ | **辽宁玫瑰、桓仁冰酒、红崖子花生、盘锦大米、岫岩滑子蘑、东港大黄蚬 6 种特产**入选首批 100 个地理标志产品名单 |
| 特色<br>产业★ | 辽宁是我国重要的**老工业基地**,是全国工业行业最全的省份之一<br>立足**冰雪资源优势**,逐渐建成以**冰雪体育休闲旅游产业**为核心的冰雪全产业链条,形成以**"冰雪旅游、冰雪体育、冰雪文化"**等重点冰雪项目为支撑、基础设施基本完善、产业体系较为完备的冰雪产业发展格局 |

# 要点 2　吉林省

| 类别 | 相关知识点 |
|---|---|
| 地理* | 吉林省位于中国东北中部,**清康熙**时在松花江沿岸建吉林乌拉城(今吉林),"吉林乌拉"为**满语**,意为"**松花江沿岸**",简称"**吉林**"<br>吉林的地貌东南高、西北低,以中部**大黑山**为界,分为**东部山地**和**中西部平原**两大地貌区<br>主要平原以**松辽分水岭**为界,以北为松嫩平原,以南为辽河平原 |
| 气候* | **属温带大陆性季风气候,四季分明** |
| 区划<br>人口* | 吉林省简称"吉",现辖 **9** 个地级行政区,包括 **8** 个地级市和 **1** 个自治州(延边朝鲜族自治州)<br>土地总面积约为 19 万平方千米<br>2020 年末,常住人口为 2407 余万人 |
| 交通<br>状况* | **长春—满洲里—德国**(简称"**长满欧**")国际货运班列终点为德国**施瓦茨海德**,全程约为 9800 千米,是所有国内运行的国际班列中,**途经国家最少、运行时间最短、基础运营成本最低**的班列 |
| 历史<br>沿革* | 远古时候,吉林形成了**肃慎、秽貊、东胡**三大部落系统<br>先秦开始,吉林就被历代中央政权划入行政区域管辖之下,汉时设置郡县,**清光绪三十三年**,正式建制称吉林行省<br>1931 年"九一八"事变后,吉林沦为日本帝国主义的殖民地,涌现了抗日义勇军和东北抗联第一路军等抗敌队伍<br>中华人民共和国成立后,吉林成为新中国重要的工业基地和粮食生产基地<br>**全国唯一的省与本省中一个市重名的省份** |

| 类别 | 相关知识点 |
|---|---|
| 民族风情▲ | 吉林省的主要少数民族为**朝鲜族**、**满族**和**蒙古族**<br>朝鲜族爱穿素白服,有"**白衣民族**"之称;吉林是满族的发源地之一,满族的旗袍已成为中国传统女装;吉林的民俗包括东北鼓乐、长白山冬俗、东北的年俗等<br>**东北鼓乐**:起源于汉代,汉武帝时称"**横吹**",初用于军旅,**后进入宫廷**,用于**帝王宴享和驾行**,称为"**鼓吹**"。到明清两代,已成为宫廷重大活动不可缺少的祭祀、演艺形式<br>**长白山冬俗**:每到冬季,或将食物放进缸里冻起来,或将肉埋在厚雪里保鲜。长白山的冰雪世界,有很多与冰雪有关的游戏,如滑雪、凿冰灯<br>**查干湖冬捕**:已传承数千年,查干湖是多民族聚居地,多年来形成了独特的具有渔猎色彩的查干湖文化<br>朝鲜,原意为"**光明的地方**"。中国的朝鲜族是 19 世纪由朝鲜半岛迁徙过来的,**吉林是朝鲜族的主要聚居地**。他们聚居的**延边地区**,是中国北方著名的水稻之乡,也是我国主要的烤烟产区之一,当地的**人参**、**鹿茸**也很有名<br>朝鲜族信仰土谷神,后形成**檀君教**、**东学教**等本民族宗教<br>**父子关系**是一切人伦关系的基础,讲究父慈子孝,长子赡养父母<br>朝鲜族歌舞如**伽倻琴弹唱**、**农乐舞**、**长鼓舞**、**象帽舞**、**顶水舞**、**扇子舞**等名闻遐迩<br>**摔跤**、**踢足球**、**荡秋千**、**跳板**是朝鲜族的传统体育活动<br>**农乐舞**被列入人类口头与非物质文化遗产名录<br>朝鲜族以大米、小米为主食,以汤、酱、泡菜为副食,**每餐必有汤**<br>调味品最爱辣椒和豆酱,**泡菜是佐餐主菜**<br>招待客人的食品主要是冷面、打糕、松饼等<br>朝鲜带有民族特色的 **3 个家庭节日**分别为婴儿周岁、回甲节(六十大寿)、回婚节(结婚 60 周年纪念日)<br>主要禁忌:客人来访时,**男客进客房,女客进灶间大铺炕**;饭桌单人桌忌讳年轻人用,因为单人桌为老人专用;饮酒吸烟忌父子同席,吸烟时青年人**不能向老人借火**;忌婚丧或佳节杀狗、吃狗肉 |
| 文旅资源▲ | **两项世界遗产名录景观**:中国**高句丽王城**、**王陵及贵族墓葬**、**长城(吉林段)**<br>**7 家国家 AAAAA 级旅游景区**:长白山、伪满皇宫、净月潭、长影世纪城、六鼎山、世纪雕塑公园、高句丽文物古迹旅游景区<br>**1 家国家旅游度假区**:长白山旅游度假区<br>**3 家国家生态旅游示范区**:莲花山国家生态旅游示范区、松花湖国家风景名胜区、高句丽文化古迹景区<br>吉林旅游资源丰富,**生态**、**民俗**、**冰雪**和**边境旅游**是最具有吸引力的旅游资源<br>吉林是**冰雪体育旅游**城市,有北方冬季特有的"**吉林雾凇**"自然景观,为中国四大奇观之一<br>吉林长白山区素有"**长白林海**"之称,是中国六大林区之一<br>**长白松**为长白山特有的珍稀树种<br>游客可以在中、俄、朝三国交界处**珲春防川**体验"**一眼望三国,犬吠惊三疆**"的意境<br>**长春电影制片厂**是"**中国电影的摇篮**"<br>吉林文学创作群星灿烂,以**杨泰师**、**王孝廉**为代表创作的诗歌和散文,展现了渤海国时期的文学创作景象<br>**耶律倍**和**元好问**的诗歌创作,体现了辽金时期的文学活力<br>吉林秧歌是一种综合了**舞蹈**、**歌唱**、**戏剧** 3 样元素且以**舞**为主的民间艺术,**地秧歌**是几种秧歌中最为普及、最灵活的一种 |

| 类别 | 相关知识点 |
|---|---|
| 饮食文化★ | 吉菜**受鲁菜影响较大**,讲究**刀工和勺工**,有**民族菜、民俗菜、宫廷菜**和山珍菜 4 个系列<br>知名菜点有清蒸白鱼、三花一岛、山菜全席等<br>满族特色小吃有满族三套碗、满族火锅、白肉血肠<br>朝鲜族特色菜品有**冷面、打糕、狗肉汤**和长寿面等<br>有**四平李连贵熏肉大饼** |
| 风物特产★ | 吉林是"**东北三宝**"(人参、貂皮、鹿茸)的主要产区,是**中国最大的人参生产和出口基地**,人参产量占全国的 **80%**,占世界的 **70%** 以上<br>吉林是梅花鹿之乡,**鹿茸酒、鹿尾巴精、鹿胎膏**等产品深受国内外顾客的欢迎<br>有长白山黑木耳、黄松甸食用菌等吉林长白山地理标志产品 |
| 特色产业★ | 吉林特色产业主要有**现代汽车及零部件产业、冰雪旅游和生态旅游产业**、农产品加工产业、医药健康产业、电子信息及数字经济产业等<br>拥有"**红旗**"牌轿车、"**复兴号**"高铁、"**吉林一号**"卫星等标志性成果 |

# 要点 3　黑龙江省

| 类别 | 相关知识点 |
|---|---|
| 地理* | 黑龙江位于中国东北部,是中国**位置最北、纬度最高**的省份<br>北部、东部与俄罗斯隔江相望<br>地貌特征为"**五山一水一草三分田**"<br>有黑龙江、松花江、乌苏里江、绥芬河等河流,以及**兴凯湖、镜泊湖**、五大连池等湖泊 |
| 气候* | 属**寒温带与温带大陆性季风气候**,主要特征是春季低温干旱、夏季温热多雨、秋季易涝早霜、冬季寒冷漫长 |
| 区划人口* | 黑龙江省简称"黑",省会哈尔滨<br>现辖 **12 个地级市**和 **1 个地区行署**(大兴安岭地区行署)<br>总面积为 47.3 万平方千米<br>2020 末,常住人口为 3185 余万人 |
| 交通状况* | 全省 13 个地市除加格达奇外,都已通高速公路,形成以哈尔滨为中心的 4 小时经济圈<br>在铁路方面,**以哈尔滨为中心**向四周辐射,并**以齐齐哈尔、牡丹江和佳木斯为主要枢纽**<br>在航空方面,**哈尔滨太平国际机场**是黑龙江最大的机场,是国家对外开放的**一类航空口岸**,因为地处东北亚中心位置,这里还是**东南亚至北美航线的经停点**<br>随着中俄经贸合作和边境旅游的发展,黑龙江成为我国对外开放一类口岸最多的省份之一,构成了**水陆空俱全和客货运兼有的**口岸群体,独具优势 |

| 类别 | 相关知识点 |
|---|---|
| 历史沿革* | **先秦时代**,肃慎、东胡、秽貊三大族系的部分先民,已定居在黑龙江地区<br>1115 年,**女真**完颜部首领**阿骨打**击败**辽军**后称帝,国号**大金**,都会宁<br>1907 年,黑龙江开始设置行省的建制<br>中华人民共和国成立后,设立黑龙江省(省会齐齐哈尔)和松江省(省会哈尔滨)<br>**1954 年**,两省合并为黑龙江省,省会哈尔滨 |
| 民族风情▲ | 黑龙江是一个多民族、散杂居的边疆省份,全省有 53 个少数民族<br>**黑河鄂伦春族、富裕满族、同江赫哲族、杜蒙泰康蒙古族**极具特色<br>**鄂伦春人**禁忌很多,对猛兽不能直呼其名,猎到熊,还为其举行仪式。在出猎前不告知他人去向何方<br>**赫哲族是黑龙江省独有的民族**,他们以**捕鱼为生**,早年的日常就吃鱼肉,穿鱼皮衣,夏秋用木船、冬季用狗拉雪橇作为交通工具<br>**鄂伦春族古伦木沓节**:古伦木沓由**祭祀火神**的仪式发展而来,每年**春季**举行,白天进行赛马、射击、摔跤等项目,晚上篝火起舞、祭神祭祖<br>**五大连池药泉会(圣水节)**:黑龙江五大连池风景区内各民族人民以"敬天、娱人"为内容,以歌舞、祭祀为载体,含有历史、信仰、民俗等诸多文化内容的传统民间文化活动<br>**鄂温克族瑟宾节**:"瑟宾"意为"**欢乐祥和**",瑟宾节起源于古代鄂温克人狩猎胜利时,举行的部落庆典。1993 年确定每年的 **6 月 18 日**,为鄂温克族的共同节日"瑟宾节",将**驯鹿**定为吉祥物,每年举行一次<br>朝鲜族花甲礼:又称"**回甲宴**",是为 60 周岁老人举行的生日宴会,是朝鲜族人最重要的庆祝仪式之一。起源于朝鲜王族,始为宫廷宴,后普及百姓<br>**达斡尔族传统婚俗**:富拉尔基罕伯岱村是达斡尔族聚集村落,是黑龙江最早的达斡尔族原始部落。罕伯岱达斡尔族民族婚礼融**萨满教信仰文化、民族文化、性文化教育、传统道德教育**和传统习俗于一体,是该族特有的礼仪和教育、繁衍后代的形式 |
| 文旅资源▲ | **1 项世界遗产名录景观**:长城(黑龙江段)<br>**6 家国家 AAAAA 级旅游景区**:**太阳岛、五大连池、镜泊湖、汤旺河区林海奇石**景区、漠河北极村、虎林市**虎头旅游景区**<br>**1 家国家旅游度假区**:亚布力滑雪旅游度假区<br>**5 家国家生态旅游示范区**:伊春市汤旺河**林海奇石**国家生态旅游示范区、哈尔滨市**松花江避暑城**国家生态旅游示范区、黑河市**五大连池**景区、五常市**凤凰山**国家森林公园、哈尔滨市**呼兰河口湿地公园**<br>黑龙江的滑雪资源集中于四大区域:**哈尔滨市、伊春市、牡丹江市和大兴安岭地区**<br>著名冰雪旅游项目有哈尔滨冰雪大世界游园会、牡丹江雪乡和漠河北极村冰雪游等<br>黑龙江省保留了较为丰富的人类文化遗存。以**农耕为主的满族、朝鲜族**,以**捕鱼为生的赫哲族**,以**狩猎为生的鄂伦春族**,以**牧业为主的蒙古族、达斡尔族**,都是黑龙江重要的民俗旅游资源<br>哈尔滨有多种建筑风格的建筑物近百处,素有"**东方小巴黎**""**东方莫斯科**"之称<br>在文学创作方面,近代黑龙江籍最杰出的女作家萧红,与张爱玲、吕碧城、石评梅并称为民国四大才女,被誉为"**20 世纪 30 年代的文学洛神**"<br>民间舞蹈贝伦舞,起源于古锡伯族人艰苦渔猎的生产生活过程。男性跳贝伦舞动作粗犷,充满阳刚之气;女性跳贝伦舞动作优雅,透出阴柔之美 |

| 类别 | 相关知识点 |
|---|---|
| 饮食<br>文化★ | 大部分黑龙江人为**山东移民**的后代，山东人带来了**齐鲁文化**，包括鲁菜，加上土著的**满洲饮食文化**和部分俄罗斯饮食文化，交汇形成了独具特色的**黑龙江饮食文化**<br>常见美食有烤冷面、**得莫利炖鱼**、杀猪菜、锅包肉、哈尔滨红肠、鸡肉冷面、齐齐哈尔烤肉、烧茄子、**地三鲜**、小鸡炖蘑菇、排骨炖豆角、土豆熬白菜、余白肉(血肠)等<br>黑龙江人**吃蔬菜有两种**主要形式：一种是**凉拌菜**；另一种是**蘸酱菜**，以**酱骨架**最有名<br>面食中值得一提的是**饺子**，还有打卤面和炝汤面<br>带民族风味的则有**赫哲族的风味杀生鱼**，鄂伦春族的风味手把肉、烤肉串等 |
| 风物<br>特产★ | 乌苏里江特产有**大马哈鱼**、**兴安岭蘑菇**、**黑木耳**、**松子**、**山野菜**等<br>目前，黑龙江有 **47** 个地理标志保护产品，**五常大米**获准加入国家与欧盟签署的"100＋100"地理标志产品互认项目 |
| 特色<br>产业★ | 黑龙江特色产业主要有**现代农业**、**先进制造**、**生态环境**、**航空航天**等<br>黑龙江是全国**粮食第一大省**，**总产量**、**商品量**、**调出量**稳居全国第一<br>20 世纪 60 年代开发的**大庆油田**是我国**最大的**油田，也是世界上为数不多的特大型**陆相砂岩油田**之一<br>以**王进喜**为代表的大庆铁人精神，是中华民族精神的重要组成部分 |

## 课后学习任务

### 灵活练习——模拟题演练：来，试试你的水平！

**判断题：**

● 黑龙江是中国位置最北、纬度最高的省份。　　　　　　　　　　　　　　　　（　　　）

● 辽宁省是东北地区唯一的既沿海又沿边的省份。　　　　　　　　　　　　　　（　　　）

**单选题：**

● 黑龙江省的地貌特征为（　　　）。

A."七山一水二分田"　　　　　　　　　　B."五山一水一草三分田"

C."两山夹一川"　　　　　　　　　　　　D."六山一水三分田"

● 我国途经国家最少、运行时间最短、基础运行成本最低的国际班列是（　　　）。

A.渝新欧班列　　　　B.长满欧班列　　　　C.蓉新欧班列　　　　D.郑欧班列

**多选题：**

● 被称为"东北三宝"的吉林特产是（　　　）。

A.冰雪　　　　B.人参　　　　C.黑木耳　　　　D.貂皮　　　　E.鹿茸角

● 黑龙江滑雪资源主要集中在（　　　）。

A.哈尔滨市　　　　　　　　B.伊春市　　　　　　　　C.牡丹江市

D.大兴安岭地区　　　　　　E.大庆市

# 专题十四　华东地区导游基础知识要点

### 学习目标

了解：历史、地理、气候、区划、人口、交通等概况。

熟悉：列入世界遗产名录的中国遗产地景观，列入人类非物质文化遗产代表作名录的遗产项目，国家 AAAAA 级旅游景区，国家级旅游度假区和国家级生态旅游区；各民族具有代表性的历史文化和民俗风情。

掌握：各地代表性饮食的特点、主要美食和风物特产，国内知名的地域文化、民族文化及特色产业。

## 要点 1　上海市

| 类别 | 相关知识点 |
|---|---|
| 地理* | 上海地处太平洋西岸、亚洲大陆东沿、**长江三角洲前缘**，是长江三角洲冲积平原的一部分，平均海拔高度为 4 米<br>**天马山**为上海陆上最高点，立有石碑"佘山之巅"<br>在上海北面的长江入海处，有**崇明岛、长兴岛、横沙岛** 3 个岛屿 |
| 气候* | **属亚热带季风性气候**，四季分明，日照充分，雨量充沛。气候温和湿润，春秋较短，冬夏较长；全年 60％以上的雨量集中在 **5—9 月**的汛期 |
| 区划<br>人口* | 上海市简称"**沪**"，别称"**申**"<br>总面积为 6340.5 平方千米，辖 **16 个市辖区**<br>2020 年末，常住总人口为 2487 余万人 |
| 交通<br>状况* | **上海港**是**中国最大的枢纽港之一**，已形成了由地面道路、高架道路、越江隧道和大桥以及地铁、高架式轨道交通组成的立体型市内交通网络 |
| 历史<br>沿革* | 上海地区，春秋属吴<br>唐天宝十年(751)，上海地区始有相对独立的行政区划<br>**1927 年 7 月 7 日上海特别市成立**，直辖于中央政府，始有直辖市一级建置<br>**1949 年 10 月 1 日**，中华人民共和国成立，上海仍为中央直辖市 |

| 类别 | 相关知识点 |
|---|---|
| 民族风情▲ | 外滩建筑群大多定型于 20 世纪初,有"万国建筑博览群"之称,在浦西形成了一条气势非凡的天际线 |
| | "弄堂"是对上海里弄的俗称,"里弄房子"就是弄堂建筑。"里"指的是居民聚集的地方,"弄"指的是建筑物间的夹缝通道 |
| | 每年农历**正月初五**为财神(俗称"**路头神**")诞辰,商家接财神多供三牲:**生猪头**、**鲤鱼**、**雄鸡**。鲤鱼又被称为"**元宝鱼**",故被称为"**送元宝**" |
| 文旅资源▲ | **4 家国家 AAAAA 级旅游景区**:浦东新区**东方明珠广播电视塔**、浦东新区**上海野生动物园**、浦东新区**上海科技馆**、中国共产党一大•二大•四大纪念馆景区 |
| | **1 家国家旅游度假区**:上海**佘山国家旅游度假区** |
| | **4 家国家生态旅游示范区**:明珠湖•西沙湿地国家生态旅游示范区、**东滩湿地**国家生态旅游示范区、上海市**海湾国家森林公园**、上海市**东方绿舟**旅游景区 |
| | 上海的文化被称为**海派文化**,是在中国**江南传统文化**(**吴越文化**)的基础上,融合开埠后传入的对上海影响深远的源于**欧美的近现代工业文明**而逐步形成的**上海特有的文化现象** |
| | 海派文化是尊重多元化、个性、兼顾个人和社会利益,以契约精神为主导的理性的、较**成熟的商业文化** |
| | 海派文化既有**江南吴越文化的古典与雅致**,又有**国际大都市的现代与时尚**。区别于中国其他文化,具有开放又自成一体的独特风格 |
| | **上海国际电影节**创办于 **1993** 年,是**中国唯一一个获国际电影制片人协会认证的国际A 类电影节**,于**每年 6 月**举办 |
| | **上海电视节**创办于 **1986** 年,是**中国第一个国际性电视节**,如今已成为亚洲地区最重要的国际电视交流平台之一,于**每年 6 月**举办,包括白玉兰奖评选等活动 |
| | **中国上海国际艺术节是**中国唯一的国家级综合性国际艺术节,艺术节成立于 **1999**年,每年举办 1 次 |
| | **龙华塔**是上海市区唯一一个古塔,被誉为"**申城宝塔之冠**" |
| | 位居**亚洲第一**、**世界第三的东方明珠广播电视塔**和左右两侧的**南浦大桥**、**杨浦大桥**一起,形成双龙戏珠之势,成为上海改革开放的象征 |
| | **上海迪士尼度假区**是**中国大陆首个**、**亚洲第三个**、**全球第六个**迪士尼度假区 |
| | 上海**中华商业第一街南京路**、时尚高雅的**淮海路**是闻名全国的商业大街 |
| 饮食文化与风物特产★ | 上海人称的**本帮菜**,是指具有上海本地风味的菜肴,特色可用**浓油赤酱(油多、味浓、糖重、色艳)**来概括 |
| | 常用的烹调方法以**红烧**、**煨**、**糖**为主,口味咸中带甜,油而不腻 |
| | 上海市民早点有**四大金刚**,即大饼、油条、粢饭、豆浆 |
| | 风物特产有**上海玉雕**、**嘉定竹刻**、**大白兔奶糖**等 |
| 特色产业★ | 上海作为**世界金融中心**,建立了较为完善的金融市场体系,是国际上金融市场门类**较为完备**的城市之一,基本确立了以**人民币产品**为主导、具有较强金融资源配置能力和辐射能力的**全球性金融市场的地位** |
| | 从 20 世纪 80 年代后期的上海石化、宝钢和上海大众等项目,到 20 世纪 90 年代微电子、汽车、石化和精品钢材四大基地建设,再到 21 世纪前 10 年的重大装备、航空产业、核电产业、航天产业、海洋工程,包括 981 钻井平台、大飞机等,长期以来,**上海一直是中国先进装备制作中心** |

# 要点 2　江苏省

| 类别 | 相关知识点 |
|---|---|
| 地理* | 江苏地处中国大陆东部沿海地区中部,是长江三角洲地区的重要组成部分<br>地形以平原为主,占总面积的 86.90%,主要由苏北平原、黄淮平原、江淮平原、滨海平原、长江三角洲平原组成<br>地势低平,河湖较多,平原、水面所占比例占江苏省的 90% 以上,比例仍居中国各省首位;江苏省是中国地势最低的省份 |
| 气候* | 温带向亚热带的过渡性气候,气候温和,雨量适中,四季气候分明<br>以淮河、苏北灌溉总渠一线为界,以北属暖温带湿润、半湿润季风气候,以南属亚热带湿润季风气候 |
| 区划<br>人口* | 江苏省简称"苏"<br>总面积为 10.72 万平方千米,辖 13 个地级市<br>2020 年末,常住人口约为 8475 万人 |
| 交通<br>状况* | 有京沪铁路(东西向穿越苏南)、陇海铁路(东西向经过苏北),徐州为两大干线交会枢纽<br>连云港是第二亚欧大陆桥的东起点,终点在荷兰鹿特丹港<br>首轮规划的"四纵四横四联"高速公路网主骨架全面建成 |
| 历史<br>沿革* | 南京汤山直立猿人化石表明,早在 50 万年前就有古人类在此活动<br>江苏是《尚书·禹贡》所载九州中的徐、扬两州的一部分<br>中华人民共和国成立后,设苏南、苏北两个行政公署区,南京市为中央人民政府直辖市<br>1953 年苏南、苏北合并,成立江苏省,省会设在南京 |
| 民族<br>风情▲ | 文化娱乐风俗有昆山的昆曲、苏州的评弹、扬州的扬剧、无锡的锡剧和南京的白局<br>江南丝竹开始产生于明代的苏州一带<br>农事和节气的风俗:根据二十四个节气进行农事和安排生活<br>农事的祭祀风俗:清明前后下稻,下稻要选时辰、选经验丰富的男性老农,说话要讨口彩。第一天插秧,谓"开秧门";正月半夜"甩火把";太湖一带将扫帚插在田中,称为"扫虫" |

| 类别 | 相关知识点 |
|---|---|
| 文旅资源▲ | **4** 项世界遗产名录景观:苏州古典园林、明孝陵、京杭大运河(江苏段)、黄(渤)海候鸟栖息地(第一期)<br>**1** 项人类非物质文化遗产代表作:**南京云锦**织造技艺<br>**25** 家国家 AAAAA 级旅游景区:苏州园林、周庄、同里、中山陵、水浒城、秦淮河—夫子庙、常州环球恐龙城、扬州瘦西湖、南通濠河、泰州溱湖、苏州金鸡湖、太湖景区、镇江三山、无锡鼋头渚、灵山景区、常熟沙家浜、溧阳天目湖、句容茅山、淮安周恩来故里、盐城中华麋鹿园、徐州云龙湖、连云港花果山、常州武进春秋淹城、无锡市惠山古镇、宿迁市洪泽湖湿地<br>**5** 家国家旅游度假区:南京汤山温泉旅游度假区、天目湖旅游度假区、阳澄湖半岛旅游度假区、无锡市宜兴阳羡生态旅游度假区、常州太湖湾旅游度假区<br>**6** 家国家生态旅游示范区:泰州市溱湖湿地国家生态旅游示范区、常州市天目湖国家生态旅游示范区、苏州市镇湖生态旅游区、无锡市蠡湖风景区、常熟市虞山尚湖旅游区、徐州市潘安湖湿地<br>吴文化的"个性"非常突出<br>绘画艺术以山水画、水印木刻版画和水彩水粉画见长,被称为"江苏三水";东晋无锡顾恺之善画人物,有"画绝"之称<br>江苏素有"二胡之乡"之美誉<br>"江南丝竹"是最富有代表性的民间音乐<br>江苏流传至今的民歌有 12800 余首,有六合民歌《茉莉花》、二胡演奏曲《二泉映月》等 |
| 饮食文化与风物特产★ | 饮食文化:苏菜(也叫淮扬菜)主要由淮扬菜(淮安、扬州、镇江)、金陵菜(南京)、徐海菜(徐州、连云港)、苏锡菜(苏州、无锡、常州)4 种风味组成<br>苏菜与鲁菜、川菜、粤菜并称为中国四大菜系<br>淮扬菜始于春秋,兴于隋唐,盛于明代,素有"东南第一佳味,天下之至美"之美誉<br>有宿迁"黄狗猪头肉"、泰州三麻(麻油、麻糕、麻饼)、南京板鸭等<br>风物特产:清朝有"衣被天下"的美誉<br>农业现代化水平全国领先,水稻单产连续多年居全国主产省之首,粮食总产量一直居全国第四或第五位<br>特产有常州梳篦、连云港的玻璃工艺制品、苏州碧螺春茶等 |
| 特色产业★ | 江苏省港口货物通过能力、万吨级以上泊位数、货物吞吐量、亿吨大港数等多项指标均位列全国第一<br>全省共有一类港口口岸 17 个,直接与世界上 100 多个国家和地区港口有贸易往来 |

# 要点 3　浙江省

| 类别 | 相关知识点 |
|---|---|
| 地理* | 浙江地处中国东南沿海长江三角洲南翼<br>地形复杂,有"七山一水二分田"之说,地势南高北低,山地多呈东北、西南走向<br>可分为**浙北平原、浙西丘陵、浙东丘陵、中部金衢盆地、浙南山地、东南沿海平原及滨海岛屿 6 个地形区**<br>有**杭州西湖、绍兴东湖、嘉兴南湖、宁波东钱湖四大名湖及千岛湖**<br>是**全国岛屿最多、海岸线最长的省份** |
| 气候* | 属典型的**亚热带季风气候**<br>受台风、暴雨、干旱等**灾害影响严重** |
| 区划人口* | 浙江省简称"浙",省会杭州,素有"鱼米之乡""文物之邦"之称<br>陆域面积为 10.55 万平方千米,下辖**两个副省级城市和 9 个地级市**<br>2020 年末,常住人口为 6456 余万人 |
| 交通状况* | 已形成陆、海、空三维立体式交通网络<br>铁路有**沪杭、浙赣**两条干线<br>有 **104 国道和 320 国道**经过全境<br>**宁波、上海、舟山群岛**之间形成了中国最繁忙的**海上客运"金三角"**<br>航空方面,有 7 个民用机场,**杭州萧山国际机场、宁波栎社国际机场、温州龙湾国际机场**为国际机场 |
| 历史沿革* | **1963 年在建德乌龟洞发现的 5 万年前的建德人(旧石器时代)**,是迄今为止发现的浙江省最早的古人类化石<br>**春秋时分属吴、越两国**,战国时属楚<br>**明初置浙江行中书省,省名自此出现**,后改为浙江承宣布政使司,**省界区域基本定型**<br>**清康熙初年改为浙江省**,沿袭至今 |
| 民族风情▲ | 少数民族以**畲族人口为多数**,以农村人口为主体,具有**大分散和小聚居结合的特点**<br>浙江省丽水设有**全国唯一的畲族自治地区——景宁畲族自治县**<br>畲族人崇拜祖先,重视祭祖,并带有原始社会图腾崇拜的色彩<br>**畲族民歌**的主要作品《高皇歌》是一部反映畲族祖先英雄事迹的民族史诗<br>畲族女性传统服装是"凤凰装",它具有鲜明的民族特色:红头绳扎的长辫高盘于头顶,象征着凤头;衣裳、裙上用大红、桃红、杏黄及金银丝线镶绣出五彩缤纷的花边图案,象征着凤凰的颈项、腰身和翅膀;金色腰带象征凤尾;周身叮当作响的银饰象征着凤凰的鸣叫。整体装束色彩绚丽,端庄热烈<br>畲族人日常饮食以**大米、薯类**为主,**喜喝茶,爱饮酒**<br>闻名于世的畲族"**惠明茶**"历史悠久,明清时曾被列为贡品,于 1915 年获巴拿马万国博览会金质奖章<br>**三月三**是**畲族最重要的民族传统节日**,其内容包括赶场对歌、吃乌米饭、民间体育竞技等 |

| 类别 | 相关知识点 |
|---|---|
| 文旅资源▲ | **4 项世界遗产名录景观**:杭州**西湖**、中国**大运河**(杭州段)和**浙东运河**、**良渚古城**遗址、**江郎山**<br>**3 项人类非物质文化遗产代表作**:**龙泉青瓷**传统烧制技艺、中国**蚕桑丝织**技艺(浙江、江苏、四川三省联合申报)、**篆刻**<br>**19 家国家 AAAAA 级旅游景区**:**西湖**、**雁荡山**、**普陀山**、**千岛湖**、**乌镇**、奉化溪口—滕头、东阳**横店影视城**、**嘉兴南湖**、**西溪湿地**、鲁迅故里—沈园、开化根宫佛国文化旅游区、湖州**南浔古镇**景区、台州天台山景区、台州神仙居景区、嘉兴**西塘古镇**旅游景区、江山江郎山·廿八都旅游区、宁波市海曙区天一阁·月湖景区、丽水市缙云仙都景区、温州市刘伯温故里景区<br>**6 家国家旅游度假区**:**东钱湖**旅游度假区、**太湖**旅游度假区、**湘湖**旅游度假区、安吉**灵峰**旅游度假区、德清**莫干山**国际旅游度假区、淳安**千岛湖**旅游度假区<br>**5 家国家生态旅游示范区**:衢州市**钱江源**国家生态旅游示范区、宁波市**滕头**国家生态旅游示范区、杭州市**西溪国家湿地**公园、台州市**神仙居**景区、台州市**天台山**景区<br>**六朝以后**浙江文学逐步兴起,**谢灵运**开创了中国古代山水诗派,对后世影响深远<br>浙江是**"中国戏曲的摇篮"和中国电影的发源地**<br>有号称**"东南第一山"的雁荡山**风景名胜区,索有**"海山第一"**之盛名<br>有以**"海天佛国""南海圣境"**著称于世的**普陀山**风景名胜区<br>有被称为**"东方文化名湖"的西湖**<br>**西泠印社**创建于清光绪三十年(1904),是海内外影响最广、国际性研究印学和书画的**民间艺术团体**,有**"天下第一名社"**之誉,第一任社长是吴昌硕<br>**2005 年 8 月 15 日**,在浙江省安吉县余村,时任浙江省委书记的习近平同志创造性地提出了**"绿水青山就是金山银山"**的重要理念 |
| 饮食文化★ | 浙菜主要由**杭帮菜**、**宁波菜**、**绍兴菜**、**温州菜和金华菜**等地方菜组成<br>**杭帮菜**为浙菜的代表菜,口味浓淡适中,略带甜味,形成**清鲜**、**爽脆**、**淡雅**的特点<br>杭帮菜有**西湖醋鱼**、龙井虾仁、东坡肉、宋嫂鱼羹、干炸响铃、蜜汁火方和西湖莼菜汤<br>**宁波菜**取料以**海鲜**为主,注重**"鲜咸合一"**,口味较重,讲究鲜嫩、软滑<br>宁波菜有冰糖甲鱼、苔菜拖黄鱼、雪菜大黄鱼、新风鳗鲞<br>**绍兴菜**取料以**鱼虾河鲜与鸡鸭家禽及豆、笋、霉干菜**为主<br>绍兴菜有**霉干菜焖肉**、**清汤越鸡**、**清蒸鳜鱼**<br>**温州菜**以**海鲜**入馔为主,烹饪上讲究**"二轻一重"**(轻油、轻芡、重刀工)<br>温州菜有三丝敲鱼、爆墨鱼花、炸蛏子筒<br>**金华菜**中以**火腿**为原料的各种菜肴多达四五百种,是金华菜最大特色<br>金华菜有火腿荷化爪、蜜汁火腿和金华筒骨煲 |
| 风物特产★ | **名茶**:**西湖龙井**、径山香茗、湖州熏豆茶、普陀佛茶、开化龙顶茶和景宁惠明茶<br>龙井茶有**"色绿、香郁、味甘、形美"**四绝的特点,位列我国十大名茶之一,明代列为上品,清顺治列为贡品。龙井茶因产地不同,分为**西湖龙井**、**钱塘龙井**、**越州龙井** 3 种<br>**名酒**以**黄酒为最**,其中绍兴**加饭酒与女儿红**、金华的**寿生酒**和建德的**致中和五加皮**都是酒中珍品<br>中药以**"浙八味"**驰名中外,包括**杭白菊**、**浙贝**、**白术**、**白芍**、**元胡**、**玄参**、**麦冬**、**郁金**八味中药材 |

| 类别 | 相关知识点 |
|---|---|
| 特色<br>产业★ | 茶叶、蚕桑、蜂、食用菌等特色产业在全国占有较大份额<br>茶叶、蜂王浆、蚕丝等产品出口量居全国第一<br>舟山渔场是中国最大的渔场<br>义乌小商品市场是"无所不有"的世界超市,享有"小商品海洋,购物者天堂"的美誉 |

# 要点4　安徽省

| 类别 | 相关知识点 |
|---|---|
| 地理* | 安徽地跨长江、淮河、新安江三大流域,世称江淮大地<br>地处长江、淮河中下游,长江三角洲腹地<br>长江、淮河横贯东西,将全省分为淮北平原、江淮丘陵、皖南山区三大自然区域<br>安徽主要山脉有大别山、黄山、九华山、天柱山,最高山峰为黄山莲花峰,海拔为1864米<br>巢湖为中国五大淡水湖之一 |
| 气候* | 地处暖温带与亚热带过渡地区<br>淮河是中国南北气候的分界线,淮河以北属暖温带半湿润季风气候,淮河以南为亚热带湿润季风气候<br>主要特点:季风明显、四季分明、春暖多变、夏雨集中、秋高气爽、冬季寒冷 |
| 区划<br>人口* | 安徽省简称"皖",省会合肥<br>总面积约为14万平方千米,下辖16个地级市<br>2020年末,常住人口为6102余万人 |
| 交通<br>状况* | 在国家交通运输网络中,承东启西、连南接北,具有左右逢源、双向多维的区位优势<br>首条高速公路合宁高速公路于1991年4月建成通车,是全国第三条高速公路<br>水运条件优越,长江、淮河、新安江横贯省境,目前有一类、二类口岸11个,有港口16个<br>现有民用机场6个,其中合肥新桥、黄山屯溪为国际机场 |
| 历史<br>沿革 | 在繁昌县人字洞发现距今约250万年的人类活动遗址<br>蚌埠发现了距今7000年的双墩遗址,是目前淮河中游地区已发现的年代最早的新石器时代文化遗存,是淮河流域早期文明的有力证据 |
| 民族<br>风情▲ | 回族、满族、畲族为安徽省世居少数民族<br>安徽满族主要分布在肥东县完牌坊一带,以"完颜"为姓,自明朝初期就生活在这里<br>有白墙、黑瓦、马头墙和牌坊组成的古民居村落<br>徽派建筑从布局到色彩都较为统一 |

| 类别 | 相关知识点 |
|------|-----------|
| 文旅资源▲ | 3 项世界遗产名录景观:黄山、皖南古村落(西递宏村)、大运河(安徽段)<br>3 项人类非物质文化遗产代表作:宣纸制作技艺、徽州木结构营造技艺、珠算<br>12 家国家 AAAAA 级旅游景区:黄山风景区、九华山风景区、天柱山风景区、皖南古村落—西递宏村、天堂寨、绩溪龙川景区、颍上八里河景区、古徽州文化旅游区、三河古镇景区、方特旅游区、万佛湖景区、长江采石矶文化生态旅游区<br>1 家国家旅游度假区:巢湖半汤温泉养生度假区<br>2 家国家生态旅游示范区:黄山国家生态旅游示范区、九华天池风景区<br>安徽曾培育出桐城派、北宋理学、徽文化等<br>安徽被称为"中国戏曲之乡",地方戏种现存 30 余种,影响较大的有黄梅戏、徽剧等<br>徽商是中国十大商帮之一,徽商又称新安人、徽州商人、"徽帮",是旧徽州府籍商人集团之总称<br>早在东晋时就有新安商人活动的记载,以后代代有发展,在明朝成化、弘治年间形成商帮集团<br>有皖北第一大湖泊龙子湖和被称为"东方日内瓦湖"的太平湖<br>有"江南第一泉"——圣泉和"天下第七泉"——白乳泉 |
| 饮食文化★ | 徽菜主要有徽州菜、沿江菜、沿淮菜<br>徽州菜以重油、重色、重火功,色、香、味、形俱全而盛行于世,擅长烧、炖、蒸,代表菜有沙地马蹄鳖、雪天牛尾狸、问政山笋、臭鳜鱼、风炖牡丹<br>沿江菜以烹调河鲜、家禽见长,代表菜有清香砂焐鸡、生熏仔鸡、八大锤<br>沿淮菜的菜品讲究咸中带辣,汤汁味重色浓,并习惯用香菜佐味和配色 |
| 风物特产★ | 特产名品主要集中在茶和酒两大类饮料上<br>在中国历次十大名茶评比中,安徽黄山毛峰、祁门红茶、太平猴魁、六安瓜片等多次入围<br>黄山毛峰是我国极品名茶,属绿茶类,产于黄山,分为特级毛峰和普通毛峰两种<br>祁门红茶简称"祁红",产于祁门县,曾获巴拿马万国博览会一等金质奖章及国家金质奖章<br>太平猴魁属于烘青绿茶类的尖茶,被称为"猴魁茶香百里醉"<br>六安瓜片主要产于六安、金寨、霍山等县<br>名酒主要有口子窖、古井贡酒、迎驾贡酒、文王贡酒等 |
| 特色产业★ | 粮、棉、油产量均居全国前列<br>"枇杷之乡"——歙县<br>"山核桃之乡"——宁国<br>"酥梨之乡"——砀山<br>"红茶之乡"——祁门<br>安徽省家电产业规模位居全国第二 |

# 要点5  福建省

| 类别 | 相关知识点 |
|---|---|
| 地理* | 位于祖国东南沿海,地理特点是**依山傍海**,地势总体上**西北高、东南低**<br>**山地丘陵**地带占全省土地总面积的**89%**,享有"东南山国"之称,也被称为"八山一水一分田"<br>以**侵蚀海岸**为主,陆地海岸线位居全国第二,**海岸线曲折率居全国第一**;岛屿众多且星罗棋布,共有岛屿1500多个,**平潭岛为全省第一大岛** |
| 气候* | 靠近北回归线,属于**暖热湿润的亚热带海洋性季风气候**,是中国**雨量较丰富的省份之一**<br>由于海洋的调节作用,冬季较温和,夏季较凉爽<br>气候条件优越,适宜人类聚居以及多种作物生长 |
| 区划人口* | 福建省简称"闽",省会福州<br>陆地面积为12.4万平方千米,海域面积为13.6万平方千米<br>现辖9个设区市和平潭综合实验区<br>2020年末,常住人口约为4154万人 |
| 交通状况* | 实现设区市快速铁路环线闭合,成为全国**第一个市市通高铁的省份**,路网密度是全国平均水平的**两倍**<br>福建是历史上**海上丝绸之路和郑和下西洋**的起点,也是海上商贸集散地<br>**闽江**为全省最大河流,内河航运主要以闽江为主 |
| 历史沿革* | 在**周朝**为七闽地,春秋以后为闽越地。**辛亥革命后**,历届中央政权均置福建省 |
| 民族风情▲ | 世居福建的少数民族主要有**畲族、回族、满族、蒙古族**<br>福建**畲族**人口占全国首位,畲族的节日主要有"二月二"的"会亲节""三月三"的"乌饭节"、牛歇节等<br>**祭祖是畲族最隆重、最虔诚**的信仰习俗活动<br>**盘唱民歌**是畲族民间最流行的文娱活动<br>畲族婚俗最大的特点是**"俗不离歌"**,畲族以女性尊贵而世代相传,婚礼上有**"男拜女不拜"**仪式<br>**霞浦畲族婚俗**被列入国家级非物质文化遗产名录,**罗源畲族服饰**入选第二批国家级非物质文化遗产名录<br>莆田**元宵节**从正月初六开始到二月初二结束<br>福州端午节有**贴午时书、制午时茶**等独特习俗<br>福建海岸曲折绵长,海边有美丽的**三大渔女:惠安女、蟳埔女和湄洲女**<br>**惠安女服饰和蟳埔女习俗**被列入国家级非物质文化遗产名录 |

| 类别 | 相关知识点 |
|---|---|
| 文旅资源▲ | **4** 项世界遗产名录景观：**武夷山、福建土楼、鼓浪屿历史国际社区、中国丹霞（福建泰宁）**<br>**3** 项人类非物质文化遗产代表作：**福建南音、妈祖信俗、送王船**——有关人与海洋可持续联系的仪式及相关实践<br>**10** 家国家 AAAAA 级旅游景区：**鼓浪屿、武夷山、泰宁、土楼（永定·南靖）、白水洋·鸳鸯溪、清源山、太姥山、三坊七巷、古田、湄洲岛妈祖文化**旅游区<br>**1** 家国家旅游度假区：福州市**鼓岭旅游度假区**<br>**6** 家国家生态旅游示范区：**武夷山国家生态旅游示范区、梅花山国家生态旅游示范区、天竺山旅游风景区、冠豸山生态旅游区、鼓岭生态旅游区、云顶旅游区**<br>福建旅游鲜明的特色是**山海一体，闽台同根，民俗奇异，宗教多元**。<br>朱熹生于闽，长于闽，终老于闽，其门人多为闽人，其学也称为闽学，是**闽学派**的代表人物，世尊称为朱子。朱熹作为宋代理学的集大成者，其所创立的闽学体系包含丰富的哲学思想、人文精神、道德理念，被称为**朱子文化**<br>**闽南文化**起源于**泉州、漳州**，是指生活在福建南部地区的人共同创造并代代传承、发展与创新的地区性文化<br>闽南建筑中首推民居中的**古厝建筑**，坐落于泉州南安官桥漳里村的**蔡氏古民居**是其代表<br>闽南语起源地是泉州，在外省传播闽南话最广的地区是中国台湾，在外国是新加坡，不少马来人也会使用闽南语<br>**妈祖文化**作为**中国海洋文化**的代表，近千年来一直与我国诸多和平外交活动、海上交通贸易有着密切关联，体现了**仁爱助人、天人合一**的内涵。2009 年，**妈祖信俗**被联合国教科文组织列入人类非物质文化遗产代表作名录<br>**船政文化**：1866 年，闽浙总督**左宗棠**在福州马尾创办了**福建船政**，轰轰烈烈地开展了一系列**富国强兵**的活动，培养和造就了一批优秀的中国近代工业技术人才和杰出的海军将士<br>**送王船**是广泛流传于中国**闽南地区和马来西亚马六甲**沿海地区**禳灾祈安**的民俗活动<br>2020 年 12 月 17 日，**中国与马来西亚**联合申报的"**送王船**——**有关人与海洋可持续联系的仪式及相关实践**"项目，被列入联合国教科文组织人类非物质文化遗产代表作名录 |
| 饮食文化★ | 闽菜是中国八大菜系之一，以闽东和闽南风味为代表<br>闽东菜：**佛跳墙、鸡汤氽海蚌、鸡茸金丝笋、淡糟香螺片、荔枝肉、醉糟鸡**等<br>闽南菜：**红烧通心鳗、沙茶焖鸭块、"东壁龙珠"**等<br>**2016 年评的十大名菜**：**佛跳墙、半月沉江（素菜）**、白斩河田鸡、竹香南日鲍、**客家生鱼片、武夷熏鹅、鸡汤氽海蚌、海蛎煎**、大黄鱼吐银丝、涮九门头<br>**2016 年评的十大名小吃**：莆田卤面、宁德福鼎肉片、平潭时来运转、**福州肉燕**、龙岩芋子包、南平和平游浆豆腐、厦门沙茶面、漳州面煎粿、三明沙县扁肉、泉州崇武鱼卷<br>泉州安海土笋冻、厦门**南普陀素饼**也非常有名 |

| 类别 | 相关知识点 |
|---|---|
| 风物特产★ | 福建是**乌龙茶、红茶、白茶、茉莉花茶**的发源地<br>乌龙茶的主要代表有**安溪铁观音和武夷岩茶**,**大红袍**则是武夷岩茶的精品;红茶的代表有**武夷山**的"**正山小种**"、**福安**的"**坦洋工夫**"等<br>白茶的代表有白毫银针、白牡丹等<br>茉莉花茶的代表有**福州茉莉花茶**等<br>各地市的土特产品种众多,还有著名的**闽西八大干**:明溪肉脯干、长汀豆腐干、连城地瓜干、宁化老鼠干、清流笋干、上杭萝卜干、武平猪胆干、永定菜干<br>**中国剪纸(含漳州漳浦剪纸、宁德柘荣剪纸)**入选人类非物质文化遗产代表作名录 |
| 特色产业★ | **福建武夷岩茶产业集群**被列入 2020 年优势特色产业集群建设名单<br>**武夷岩茶**是具有岩韵(岩骨花香)品质特征的**乌龙茶**,产于福建闽北"**秀甲东南**"的武夷山一带,茶树生长在**岩缝**之中。具有**绿茶之清香、红茶之甘醇**,是中国乌龙茶中之极品。属**半发酵**的**青茶**,制作方法**介于绿茶与红茶之间**。最著名的武夷岩茶是**大红袍** |

# 要点 6  江西省

| 类别 | 相关知识点 |
|---|---|
| 地理* | 因 733 年**唐玄宗**设**江南西道**而得省名<br>地貌上属**江南丘陵**的主要组成部分<br>省境东、西、南三面环山,中部**丘陵和河谷平原**交错分布,北部则为**鄱阳湖平原**<br>赣中南以**丘陵**为主,丘陵之间夹有盆地,山地大多分布于省境边缘 |
| 气候* | **属亚热带季风湿润气候**<br>**秋季**晴天多、湿度较小、气温适中,是江西省一年中**最宜人的季节** |
| 区划人口* | 江西是**江南"鱼米之乡"**,故有"**吴头楚尾,粤户闽庭**"之称<br>因省内最大河流**赣江**而简称"**赣**",别称"**赣鄱大地**"<br>面积为 16.69 万平方千米,共辖 **11 个地级市**<br>2020 年末,常住人口约为 4519 万人 |
| 交通状况* | **南昌铁路局**为中国较为重要的铁路局之一,管辖**江西和福建**的铁路<br>**京九线、浙赣线**纵横贯穿全境<br>**南昌昌北国际机场**是中国重要的枢纽干线机场、国际客运及货运的航空枢纽;江西水路运输发达,**九江市**为重要的内河港口,水运干线形成以**赣江和信江**为两纵、以**长江和昌江**为两横的格局 |

| 类别 | 相关知识点 |
|---|---|
| 历史沿革* | 开发的历史,可以上溯到 **1 万年前** |
| | 江西作为明确的行政区域建制,**始于汉高帝初年(约公元前 202 年)**,时设豫章郡,郡治南昌,与后来的江西省大致相当 |
| | **清代**改江西布政使司为江西省,行政区域基本承袭明建制 |
| | 1934 年从安徽划**婺源**县入江西,1947 年划回安徽,**1949 年再次划归江西** |
| 民族风情▲ | 以**汉族**为主,但在许多山乡农村保留着各自的传统乡土风情习俗。**南丰县**遍布各乡、村的民间**傩舞**,为国内所罕见,乡人于春节期间头戴面具、身穿仿树皮或树叶状舞衣,走村串户"跳傩"(傩舞) |
| | 有景德镇的瓷俗,婺源的茶俗,樟树的药俗,鄱阳湖畔的渔村风情 |
| | 鄱阳湖颇具特色的捕捞方式有沉船捕鱼、栈湖捕鱼和开港捕鱼等,贵溪河上渔翁与鸬鹚捕鱼、竹排载客以及古越族悬棺葬俗,宜春地区偏僻山乡的传统庙会以及物质交流集会,南昌市西山万寿宫庙会,进贤县文港笔市和皮毛市,萍乡市的烟花节等,都具有浓厚的人文气息,极具旅游与文化价值 |
| 文旅资源▲ | **5 项世界遗产名录景观**:庐山、三清山、龙虎山、龟峰、铅山武夷山 |
| | **13 家国家 ＡＡＡＡＡ 级旅游景区**:庐山、井冈山、三清山、龙虎山、婺源江湾、景德镇昌江区**古窑民俗博览区**、瑞金市**共和国摇篮**景区、明月山、大觉山、龟峰、滕王阁、武功山、庐山西海景区 |
| | **2 家国家旅游度假区**:宜春市**明月山温汤旅游度假区**、上饶市三清山金沙旅游度假区 |
| | **4 家国家生态旅游示范区**:上饶市**婺源国家生态旅游示范区**、吉安市井冈山国家生态旅游示范区、上饶市鄱阳湖国家湿地公园、吉安市**青原山**风景名胜区 |
| | 江西旅游资源可以概括为**红色摇篮、绿色家园和古色厚土** |
| | 四大"**摇篮**":"中国革命的摇篮"——井冈山、"人民军队的摇篮"——南昌、"共和国的摇篮"——瑞金、"工人运动的摇篮"——安源 |
| | **四大名山**:匡庐奇秀甲天下的庐山、养生福地井冈山、峰林奇观三清山、道教祖庭龙虎山 |
| | **四个"千年"**:千年瓷都景德镇、千年名楼滕王阁、千年书院白鹿洞、千年古刹东林寺 |
| | **六个"一"**:一湖(鄱阳湖)、一村(婺源)、一海(庐山西海)、一峰(龟峰)、一道(小平小道)、一城(共青城) |
| | **书院文化**:江西是**古代书院的起源地**,江西最早的书院是创办于 814 年的桂岩书院,它不仅是我国历史上较早的书院之一,而且是唐代办学时间最长的书院,长达 55 年;宋代**白鹿洞书院**名列中国四大书院之一,是书院模式成熟的标志 |
| | 理学大师朱熹制定的《白鹿洞书院揭示》是**我国大学最早的章程**,成为后世书院遵行的准绳和法规 |
| | **华林书院**延四方讲席,**鹅湖书院**首创学术自由争辩之风,**白鹭洲书院**以人才辈出、延续办学 **800 年**而著称 |
| | **红色文化**:第二次国内革命战争时期,中国共产党领导人民群众先后在江西建立了大片革命根据地。其中著名的有**赣西井冈山**革命根据地、**湘赣**革命根据地、**赣东北**革命根据地(后发展为**闽浙赣**革命根据地)以及包括铜鼓、修水、万载、宜丰等县的**湘鄂赣**革命根据地。中华苏维埃共和国临时中央政府设在**瑞金**,故瑞金有"**红都**"之称 |
| | **赣南客家文化**:赣南擂茶是独具特色的客家茶俗;**客家围屋**又被称为"**东方城堡**";赣南客家文化最突出的特点就是**客家方言**;客家山歌中**兴国客家山歌**最为著名,**采茶戏、兴国山歌**都被列入第一批国家级非物质文化遗产名录 |

| 类别 | 相关知识点 |
|---|---|
| 饮食文化★ | 江西菜包括**南昌、九江、景德镇**以及井冈山山区等地的特色风味<br>江西菜因料施艺、物尽其用，**善烹山珍野味和水产**，保持原汁原味，调味**宜淡不宜重**<br>南昌菜**讲究配色、造型**，山区**讲究火功**，菜肴丰满朴实、注重原味，尤以当地土产制撰最博口碑<br>**江西著名菜点有三杯仔鸡**、香质肉、冬笋干烧肉、**原笼船板肉、井冈烟笋、兴国豆腐**、黄元米果等<br>还有**许真君**常以之待客的"**藜蒿炒腊肉**"、以文天祥名字命名的"**文山肉丁**"、毛主席命名的"**四星望月**"等 |
| 风物特产★ | 有**景德镇瓷器**，以"**白如玉、明如镜、薄如纸、声如磬**"闻名<br>樟树的四特酒被周恩来总理赞誉为"**清、香、醇、纯**"，四特酒由此而得名<br>遂川狗**牯脑茶**曾获巴拿马国际食品博览会金奖<br>婺源的"**婺绿**"同修水一带所产红茶，被誉为"**绝品**"<br>"**庐山云雾茶**"被列为中国十大名茶之一<br>水果以**南丰蜜橘、遂川金橘、南康早熟柚**等为名贵地方品种<br>**南丰蜜橘**在历史上是皇室贡品<br>还有中华猕猴桃、**赣南脐橙**、南安板鸭、**泰和乌鸡、江铃汽车**、金圣卷烟等 |
| 特色产业★ | 江西**农业在**全国占有重要地位，生态农业前景可喜，**有机食品、绿色食品、无公害食品**均位居全国前列。江西**中药材和农副产品资源丰富**，有着独特的天然优势，特色农业产业集群中的**江西鄱阳湖小龙虾产业集群**已入选 2020 年农业农村部、财政部批准建设的 50 个优势特色产业集群之一 |

# 要点 7　山东省

| 类别 | 相关知识点 |
|---|---|
| 地理* | **泰山雄踞中部**，为山东省最高点<br>**黄河三角洲**为山东省陆地最低处<br>境内主要山脉集中分布在**鲁中南山区**和胶东丘陵区 |
| 气候* | 属**暖温带季风气候类型**<br>气温地区差异**东西大于南北**<br>全年降水量有 **60％—70％**集中于夏季 |
| 区划人口* | 位于中国东部沿海、黄河下游，因居**太行山以东**而得名，简称"**鲁**"，省会**济南**<br>陆域面积为 15.79 万平方千米，辖 **16 个地级市**<br>2020 年末，常住人口为 10152 余万人 |
| 交通状况* | 有 **10 座机场**，其中济南、青岛、烟台、威海 4 座机场为国际空港<br>主要海港有**青岛港、日照港、烟台港、威海港**、东营港等 |

| 类别 | 相关知识点 |
|---|---|
| 历史沿革* | 目前发现的最早的山东人——"**沂源人**",可以把山东历史推到**四五十万年以前**<br>新石器时代早、中期的藤县北辛文化距今 7000 年左右<br>原始社会末期的**大汶口文化**、**龙山文化**,都是首先在山东被发现的<br>**大汶口文化**是分布于**黄河下游一带的新石器时代文化**,距今 6500—4500 年,盛行**枕骨人工变形以及拔牙**,早期以红陶为主,晚期发展为轮制陶器,出现了硬质白陶,石器磨制精美<br>商前期的 5 次迁都,有 3 次在山东境内<br>金代山东遂成为正式行政区划名称 |
| 民族风情▲ | 山东素有"**齐鲁之邦,礼仪之乡**"之称,鲁中平原以农耕文化为特色,**潍坊风筝、杨家埠年画**散发着浓郁的泥土气息;胶东沿海渔家风情浓郁,粗犷奔放;**鲁西地区传统深重**,是孔孟之乡<br>**高密扑灰年画**全国独此一家,起源于**明初**,最初的作品大多是**神像和墨屏花卉**,到清末,发展成两个主要的流派,即"**老抹画**"和"**红货**"<br>山东**济南**被称为"**面塑之都**",在济南工艺美术中,面塑成为最具地域特色的一个种类<br>**国际风筝之都山东潍坊**是中国著名的风筝产地,**明代**就已在民间出现扎风筝的艺人。潍坊风筝主要有 3 种基本造型,分别是串、硬翅和简形,其中以**龙头蜈蚣**最突出。现代风筝在继承传统精华的基础上,不断翻新花样,赢得了"**风筝艺术,潍坊第一**"的美誉<br>山东秧歌各处流行,影响最大的"**鼓子秧歌**""**胶州秧歌**"和"**海阳秧歌**"并称为"**山东三大秧歌**" |
| 文旅资源▲ | **4** 项世界遗产名录景观:孔子故里曲阜"**孔府、孔庙、孔林**"、泰山、大运河、齐长城<br>**1** 项人类非物质文化遗产代表作:剪纸<br>**13** 家 **AAAAA** 级旅游景区:泰山、蓬莱阁、三孔、崂山、刘公岛、龙口市南山、台儿庄古城、济南市天下第一泉、沂蒙山、青州古城、威海华夏城、东营市黄河口生态旅游区、临沂市萤火虫水洞·地下大峡谷<br>**4** 家国家旅游度假区:凤凰岛旅游度假区、海阳旅游度假区、蓬莱旅游度假区、日照山海天旅游度假区<br>**3** 家国家生态旅游示范区:昆嵛山国家生态旅游示范区、微山湖国家湿地公园、百果山生态旅游区<br>**齐鲁文化**是"**齐文化**"和"**鲁文化**"的合称,相对来说,**齐文化尚功利,鲁文化重伦理,齐文化讲求革新,鲁文化尊重传统**,两种文化在发展中逐渐有机融合在一起,形成了具有丰富历史内涵的齐鲁文化<br>作为齐鲁文化核心的儒学产生于**春秋时期的鲁国**,由孔子开创,孟子、荀子等将其延续<br>**孔子在这里诞生,泰山从这里崛起,黄河由这里入海**<br>这里有**中国最早的文字和最早的讲坛**,有**中国最早的城邦和最古老的长城**,还是**陶瓷和丝绸的发源地**<br>山东诞生了中华民族的人文始祖**轩辕黄帝** |

| 类别 | 相关知识点 |
|---|---|
| 文旅资源▲ | "至圣"孔子、"亚圣"孟子、"科圣"墨子、"书圣"王羲之、"医圣"扁鹊、"工圣"鲁班、"农圣"贾思勰、"智圣"诸葛亮、"世界短篇小说之王"蒲松龄等也都出自山东<br>济南素有"泉城"之称,"家家泉水,户户垂杨""四面荷花三面柳,一城山色半城湖"的美景名扬四海<br>著名的**青岛啤酒产地之青岛**与"人间仙境"之烟台、甲午海战之地和"最适合人类居住的城市"威海、海滨城市之日照连成一片,构成中国东部唯一的黄金海滨城市群<br>**青州龙兴寺出土的1000多年前的窖藏佛教造像**,被称为20世纪中国考古十大发现之一 |
| 饮食文化* | 山东是中国四大菜系之一**鲁菜的发源地**,济南菜、孔府菜、胶东菜三大系列各具特色,各有所长,充分体现了孔子"食不厌精,脍不厌细"的思想<br>有许多风味小吃,如德州扒鸡、**泰山"三美"(白菜、豆腐和水)**、淄博酥锅、潍坊朝天锅等 |
| 风物特产* | **山东十大特产:东阿阿胶、德州扒鸡**、苍山大蒜、**烟台苹果**、乐陵金丝小枣、**章丘大葱**、平阴玫瑰、鱼台大米、荣成大花生和马家沟芹菜 |
| 特色产业* | 山东的工业发达,**工业总产值及工业增加值居中国各省前3位**,特别是大型企业较多,号称"群象经济"<br>山东是中国重要的粮棉油肉蛋奶的产地,其轻工业特别是**纺织和食品工业相当发达**<br>**山东寿光是国务院命名的"中国蔬菜之乡"**,是全国冬暖式蔬菜大棚的发源地,也是中国最大的蔬菜生产基地和批发市场 |

## 课后学习任务

### 灵活练习——模拟题演练:来,试试你的水平!

**判断题:**

●福建的地理特点是依山傍海,地势总体上西北低、东南高。　　　（　　）

●上海外滩建筑群大多定型于19世纪末。　　　（　　）

**单选题:**

●江西最早的书院是（　　）。

A. 桂岩书院　　　　　　　　　　B. 白鹿洞书院

C. 华林书院　　　　　　　　　　D. 鹅湖书院

●素有"东南第一佳味,天下之至美"之誉的是（　　）。

A. 淮扬菜　　　　　　　　　　　B. 金陵菜

C. 徐海菜　　　　　　　　　　　D. 苏锡菜

多选题：

●下列浙江的景点中,(          )属于世界遗产。

A. 西湖                    B. 江郎山                    C. 普陀山

D. 雁荡山                  E. 良渚古城遗址

●山东出现过(          )等一大批至今仍然对中华文化产生重要影响的历史名人。

A.“至圣”孔子              B.“亚圣”孟子                C.“医圣”张仲景

D.“农圣”贾思勰            E.“智圣”诸葛亮

# 专题十五　华中地区导游基础知识要点

**学习目标**

了解：历史、地理、气候、区划、人口、交通等概况。

熟悉：列入世界遗产名录的中国遗产地景观，列入人类非物质文化遗产代表作名录的遗产项目，国家 AAAAA 级旅游景区，国家级旅游度假区和国家级生态旅游区；各民族具有代表性的历史文化和民俗风情。

掌握：各地代表性饮食的特点、主要美食和风物特产，国内知名的地域文化、民族文化及特色产业。

## 要点 1　河南省

| 类别 | 相关知识点 |
|------|-----------|
| 地理* | 位于中国**中东部**、**黄河中下游**，因大部分地区位于**黄河以南**，故称河南<br>地理位置优越，古时即为**驿道**、**漕运**必经之地，商贾云集之所<br>**地势西高东低**，北、西、南三面由**太行山**、**伏牛山**、**桐柏山**、**大别山**沿省界呈半环形分布<br>中、东部为**黄淮海冲积平原**，西南部为**南阳盆地**<br>地跨**长江**、**淮河**、**黄河**、**海河**四大流域 |
| 气候* | 大部分地处**暖温带**，南部跨亚热带，属北亚热带向暖温带过渡的**大陆性季风气候**<br>具有自东向西由**平原向丘陵山地气候过渡**的特征<br>具有**四季分明、雨热同期、复杂多样和气象灾害频繁**的特点 |
| 区划<br>人口* | 河南省简称"**豫**"，省会郑州<br>**辖 17 个地级市和济源 1 个省直辖县级行政单位**<br>全省面积为 16.7 万平方千米<br>2020 年末，常住人口为 9936 余万人 |
| 交通<br>状况* | 交通区位优势明显，是全国**承东启西**、**连南贯北**的重要交通枢纽<br>全国"十纵十横"综合运输大通道中有 **5 个通道途经河南**<br>省会郑州是全国重要的铁路枢纽，**普铁**、**高铁**形成"**双十字**"交会<br>**郑州北站**是亚洲作业量最大的列车编组站 |

| 类别 | 相关知识点 |
|---|---|
| 历史<br>沿革* | 作为中华民族的发祥地之一，**50 万年前**就有人类在河南生息和繁衍<br>**七八千年前的裴李岗文化时期**，就产生了农业、畜牧业和制陶等手工业<br>**东汉王朝建都洛阳**<br>**隋朝末年**，在洛阳建立了东都，又以洛阳为中心，开凿了沟通南北的大运河<br>**北宋建都开封**，当时开封人口达一百多万人，为全国第一大城市<br>从**夏代到北宋**，先后有 **20 个朝代**建都或迁都于此，长期是全国的政治、经济、文化中心<br>中国八大古都河南就有 4 个，即九朝古都洛阳、七朝古都开封、殷商古都安阳、商都郑州 |
| 民族<br>风情▲ | **腊八枣树"吃"米饭**<br>祭灶：农历腊月二十三，是"**祭灶节**"，在河南人们把祭灶节看作**仅次于中秋**的团圆节<br>**二月二炒黄豆**：二月二是龙抬头节，也叫青龙节，河南的乡村**会炒黄豆**<br>**庙会**：河南有许多赶庙会的风俗，如**农历三月三的盘古山庙会**，中岳庙会于春季农历三月初十和秋季十月初开始，会期长达 10 天<br>2007 年，"浚县古庙会"和"浚县民间社火"被列入河南省非物质文化遗产名录，同时被评为河南民俗经典 |
| 文旅<br>资源▲ | **6 项世界遗产名录景观**：洛阳**龙门石窟**、安阳**殷墟**、登封"**天地之中**"历史建筑群、长城（河南段）、**大运河**（河南段）、**丝绸之路**（河南段）<br>**14 家国家 AAAAA 级旅游景区**：**龙门石窟**、安阳**殷墟**、嵩山**少林寺**、云台山—神农山—青天河、白云山、**清明上河园**、老君山—鸡冠洞、西峡恐龙遗迹园—伏牛山—老界岭、**红旗渠—太行山大峡谷**、尧山—**中原大佛**、龙潭大峡谷、遂平县**嵖岈山**、芒砀山汉文化旅游景区、新乡市八里沟<br>**1 家国家旅游度假区**：**尧山温泉**旅游度假区<br>**5 家国家生态旅游示范区**：焦作市**云台山**国家生态旅游示范区、平顶山市**尧山·大佛**国家生态旅游示范区、驻马店市**嵖岈山**旅游景区、鹤壁市**淇河**生态旅游区、洛阳市**重渡沟**风景区<br>**中原文化是中华文化的重要源头和核心组成部分，河南省是中原文化的集中代表**；中国历史上先后有 20 多个朝代定都中原地区，河南省占据中国八大古都的一半，包括**洛阳、开封、安阳和郑州**<br>河南文物储备量极高，**地下文物居全国第一，地上文物居全国第二**，馆藏文物 **130 万余件**<br>洛阳被称为**九朝古都**，先后有 **13 个王朝**在此建都，累计时间达 1500 多年<br>开封古时称为**汴梁**，是一座有 2300 多年历史的**七朝古都**<br>安阳是河南省的北大门，素有"**豫北咽喉、四省要道**"之称，举世闻名的**殷商文化**以及最早的文字**甲骨文**诞生于此<br>**安阳出土的甲骨文负载着我国最早的散文**<br>河南是中国古代歌谣特别是《诗经》中作品产生最多的地区<br>隋唐时代的中国文学迎来了空前的繁荣时期，在唐代留名的 2000 多名作家中，河南作家多至 400 余人<br>河南有光辉灿烂的戏曲文化，被称为"**戏曲之乡**"，主要有豫剧、曲剧、越调、道情戏等<br>**《花木兰》《穆桂英挂帅》《七品芝麻官》《朝阳沟》**等剧家喻户晓；豫剧代表作有《**小二黑结婚》《刘胡兰》《冬去春来》** |

| 类别 | 相关知识点 |
|------|-----------|
| 文旅<br>资源▲ | 河南牡丹文化也广传海内外,**中国洛阳牡丹文化节**前身为洛阳牡丹花会,始于 **1983 年**<br>**少林武功**是中国传统武术的重要组成部分,是**正宗的中国功夫**。少林武功起源于**河南嵩山少林寺**,是中国体系**最庞大的武术门派**,集北派武术之大成,取外家武术之精华,已成为**中华武术的象征**,与古代的茶叶、丝绸、瓷器一样,成为中国的文化符号 |
| 饮食<br>文化★ | 豫菜坚持**五味调和、质味适中**的基本传统,突出和谐、适中,平和适口不刺激是其显著特点<br>豫菜特色是**中扒(扒菜)、西水(水席)、南锅(锅鸡、锅鱼)、北面(面食、馅饭)**<br>就烹饪技术来说,豫菜特色是**选料严谨、刀工精细、讲究制汤、口味适中**<br>河南菜的烹调方法有 50 余种<br>代表菜品有**糖醋软熘黄河鲤鱼焙面**、牡丹燕菜、河南烩面、开封第一楼灌汤小笼包、洛阳水席、甜美宜人的开花馍、马蹄馓子、外酥里嫩的鸡蛋灌饼,以及拉面、壮馍、土馍、菜盒、武陟油茶、水花糖糕等 |
| 风物<br>特产★ | **新郑大枣、少林寺素饼、方中山胡辣汤、洛阳老八件、杜康酒、唐三彩、四大怀药(铁棍山药、怀菊花、怀地黄、怀牛膝)、信阳毛尖**、原阳大米、民权葡萄酒等 |
| 特色<br>产业★ | 2018 年,河南省香菇全年产量列全国**第一位**,香菇产业已成为河南省农业的支柱产业之一<br>2020 年,**河南伏牛山香菇产业集群、河南豫西南肉牛产业集群**入选 2020 年优势特色产业集群建设名单<br>泌阳县注重打造"夏南牛"品牌,并注册了"夏南牛"商标 |

# 要点 2　湖北省

| 类别 | 相关知识点 |
|------|-----------|
| 地理* | 位于中国的中部<br>地势大致为**东、西、北三面环山,中间低平**,略呈向南敞开的不完整盆地 |
| 气候* | 地处**亚热带**,位于典型的**季风区内**,全省除高山地区外,大部分为**亚热带季风性湿润气候**<br>**6 月中旬至 7 月中旬**是湖北的**梅雨期** |
| 区划<br>人口* | 湖北省简称"鄂",省会武汉<br>有 **13 个地级行政区**<br>2020 年末,常住人口为 5775 余万人 |
| 交通<br>状况* | 湖北是**中国中部最大的综合交通枢纽之一**<br>京九线、京广线、武广高铁、焦枝线、枝柳铁路纵贯南北,武大、汉宜、汉丹、襄渝等铁路横穿东西<br>省会武汉素有"**九省通衢**"之称,是全国重要的交通、通信枢纽 |

| 类别 | 相关知识点 |
|---|---|
| 历史沿革* | 夏王朝时期,夏文化的影响已经到达江汉地区<br>至康熙三年湖广分治,大体以洞庭湖为界,南为湖南布政使司,北为湖北布政使司,定为湖北省,省会武昌。此为湖北省建省之始,省名从此确立并沿用至今 |
| 民族风情▲ | 土家族风情:除了独具特色的服饰和美食外,特别值得一提的是"跳丧"的习俗,土家族"跳丧"又叫"跳撒叶儿嗬",是土家族人在逝去的亲人、好友葬礼上,纵情歌唱舞蹈的习俗<br>汉族习俗:<br>(1)崇阳人的老风习。当青年男女嫁娶成婚时,打造的家具样式仍按古老的形式,崇阳花床已是一种罕见的习俗;崇阳人给客人泡的茶是花椒盐巴家焙茶,吃的菜是大块肉、大块鱼、红苕粉丝、煎豆腐四大菜<br>(2)吃粽子和赛龙舟。因纪念屈原而来,这使得在屈原的家乡湖北,此俗更甚<br>(3)朝武当习俗,就是上山去拜祭山神,跟清明时扫墓踏青差不多,可以在祭拜山神的时候踏青游玩 |
| 文旅资源▲ | 4项世界遗产名录景观:武当山古建筑群、钟祥明显陵、咸丰唐崖土司遗址、神农架<br>两项人类非物质文化遗产代表作:端午节、剪纸<br>13家国家AAAAA级旅游景区:神龙溪纤夫文化旅游区、三峡人家风景区、武当山风景区、东湖景区、清江画廊景区、三峡大坝、屈原故里文化旅游区、黄鹤楼公园、神农架旅游区、恩施大峡谷、黄陂木兰文化生态旅游区、三国赤壁古战场景区、古隆中景区、腾龙洞景区<br>1家国家旅游度假区:武当太极湖旅游度假区<br>4家国家生态旅游示范区:神农架林区、龟峰山风景区、东湖生态旅游风景区、尧治河生态旅游景区<br>湖北早期文化的代表是江汉地区的屈家岭文化遗址,这里出土了大量新石器时代的石器和陶器,其中蛋壳彩陶、壶形器和带谷壳的红烧土具有很高的研究价值,是楚文化发展的源头<br>湖北地方文化汇东西南北之长,承楚文化之魂,具有悠久的文化历史,创造和发展了富有楚文化传统的多种艺术形式,大致可分为戏曲、说唱、歌舞等几大类,湖北现有22个地方剧种,其中最有影响力的是汉剧、楚剧和荆州花鼓戏 |
| 饮食文化* | 湖北菜,简称鄂菜,按有文字记载的时间算,至今也有2000多年的历史<br>名菜有清蒸武昌鱼、天门三蒸、红烧义河蚶、红烧木琴鱼、天门滑鱼、八封汤、茄汁鳜鱼、黄陂三合、沔阳三蒸、橘瓣鱼圆等<br>名小吃有虾球、豆皮、欢喜砣、咸糍粑、热干面、藕圆子、糯米包油条等 |
| 风物特产* | 有武昌鱼、精武鸭、竹溪腊肉、枝江蜂蜜、湖北贝母、孝感麻糖、沙湖盐蛋等 |
| 特色产业* | 冶金工业:湖北省黄石大冶有色金属材料特色产业基地和黄石西塞山特钢特色产业基地成功获批国家级火炬特色产业基地<br>汽车工业:汽车工业是湖北重要的优势特色产业,湖北最有名的汽车企业是东风汽车集团,它的总部在湖北武汉市<br>建材产业:湖北是全国建材大省,是平板玻璃、石膏、机制砖瓦等建材产品的发祥地或较早产地之一 |

# 要点 3  湖南省

| 类别 | 相关知识点 |
|---|---|
| 地理* | **湖南**位于我国**中部**、**长江中游**,因大部分区域处于**洞庭湖以南**而得名<br>湖南自古盛植木芙蓉,**五代**时就有"**秋风万里芙蓉国**"之说,因此又有"**芙蓉国**"之称<br>"**三湘四水**"是湖南的又一称谓;"**三湘**"因湘江流经永州时与"**潇水**"、流经衡阳时与"**蒸水**"、入洞庭湖时与"**沅水**"相汇而得名,分别称"**潇湘**""**蒸湘**"和"**沅湘**";"**四水**"指**湘江、资江、沅江和澧水** |
| 气候* | **属亚热带季风气候**<br>冬季寒冷,春季温暖,夏季炎热,秋季凉爽,四季变化较为明显 |
| 区划人口* | 因省内最大河流**湘江**流贯全境而简称"**湘**",省会长沙<br>有 **13 个地级市、1 个自治州**(湘西土家族苗族自治州)<br>总面积约为 21.18 万平方千米<br>2020 年末,常住人口为 6644 余万人 |
| 交通状况* | 水陆空综合交通体系立体衔接、纵横交错、通江达海<br>**岳阳城陵矶港是全国 10 个吞吐量过亿吨的内陆港之一**<br>京广、湘桂、洛湛等 **9 条铁路干线贯穿全省**<br>**京广高铁、沪昆高铁与建设中的渝长厦高铁在长沙交会** |
| 历史沿革* | 春秋战国时期纳入楚国版图;**秦统一中国后**,实行郡县制,湖南地区设置有**黔中郡、长沙郡**<br>**唐置湖南观察使,湖南之名自此始**<br>**元代时湖南属湖广行省**<br>**康熙三年(1664)**,湖广行省南北分治,**湖南独立建省** |
| 民族风情▲ | 湖南是全国**土家族、苗族、侗族、瑶族、白族**的主要分布区域,这 5 个民族人口数量均超过 10 万人<br>**苗族的赶秋节**在每年立秋日到来前,以此纪念神农的恩德<br>**跳香节**:湖南苗族在**秋收完成后**,要举办大祭神农的节庆,称为跳香,一般在**秋后农历十月举行**,节期一般为一天一夜<br>**土家族**:土家人**尊奉祖先**,崇拜鬼神,相信兆头,最为敬奉的是土王神,"**祭土王**"是土家族村寨**每年最隆重的集体祭祀**<br>**织绣艺术**是土家族妇女的传统工艺,土家织锦又被称为"**西兰卡普**"<br>传统舞蹈有"**摆手舞**""**八宝铜铃舞**"及歌舞"**茅古斯**",其中"**摆手舞**"是**最著名**的土家舞蹈<br>土家族的傩戏被称为"**中国戏剧的活化石**"<br>**摆手舞、织锦技艺**被列入国家非物质文化遗产名录<br>土家族恋爱"**以山歌为媒**"自由择偶,婚礼中有"**哭嫁**"习惯,土家人把**是否善于哭嫁**作为衡量女子才德的标准<br>**土家吊脚楼的基本特点**是正屋建在实地上,厢房除一边靠在实地上和正房相连,其余三边皆悬空,靠柱子支撑 |

| 类别 | 相关知识点 |
|---|---|
| 民族风情▲ | 土家族的**传统服装**多以**自纺自织的土布**为布料<br>多食**苞谷、稻米、红苕**,习惯做成**苞谷饭、豆饭、粑粑和团馓**;土家族**最爱吃腊肉、油茶**等食品,菜肴以**酸辣**为主,有"**辣椒当盐**"的嗜好<br>传统节日主要有"**赶年**""**六月六**"等,过"**赶年**"就是比汉族提前 1—2 天过年,相传明嘉靖年间,土家子弟奉命赴东南沿海抗击倭寇,因此土家族人提前过年团圆,以送子弟出征<br>**主要禁忌:禁食狗肉**;忌随意移动火坑中的三脚架;忌用脚踩灶或坐在灶上以及将衣裤、鞋袜或其他脏东西放在灶上;客人不能与少妇坐在一起,但可以与姑娘坐在一条长凳子上;忌在家里吹口哨和随意敲锣打鼓 |
| 文旅资源▲ | **3 项**世界遗产名录景观:**武陵源、崀山丹霞**地貌、**永顺土司城**遗址<br>**3 项**人类非物质文化遗产代表作:昆剧、端午节、皮影戏<br>**11 家**国家 AAAAA 级旅游景区:**崀山、花明楼、岳麓山—橘子洲、韶山、岳阳楼—君山岛、武陵源—天门山、南岳衡山、东江湖、炎帝陵、桃花源、矮寨·十八洞·德夯大峡谷**<br>**2 家**国家旅游度假区:**灰汤温泉**旅游度假区、**柳叶湖**旅游度假区<br>**5 家**国家生态旅游示范区:**大围山**国家生态旅游示范区、**东江湖**国家生态旅游示范区、**神农谷**国家森林公园、**阳明山**国家森林公园、**黄桑**生态旅游区<br>坐落于**株洲市的炎帝陵**成为凝聚中华民族的**精神象征**<br>明永州九嶷山为舜帝陵寝之地<br>**凤凰古南方长城、岳麓书院、岳阳楼**,是湖南悠久历史的浓缩与见证<br>出土于宁乡黄材镇的**四羊方尊**,是目前世界上发现的**最精美的商代青铜器**,也是**中国现存最大的商代青铜方尊**<br>长沙马王堆汉墓出土的**素纱禅衣**薄如蝉翼,仅重 **49 克**,长眠其中已 **2100 多年**的辛追夫人出土后仍保存完好<br>**傩文化**是一种远古的原始文化,起源于**汉族先民的自然崇拜、图腾崇拜和巫术意识**<br>**傩舞**又称鬼戏,是汉族**最古老的一种祭神跳鬼、驱瘟避疫、表示安庆的娱神舞蹈**<br>湘西苗族的巫傩文化、德夯苗寨风情、以"**茅古斯**"和"**摆手舞**"为特色的土家情调等民俗别具一格<br>战国**屈原**在开创了一个与《诗经》风格迥异的南方楚辞文学流派的同时,也奠定了湖南文学的基石<br>新文化运动时期,**田汉、丁玲、谢冰莹、白薇**等人都曾在此接受过**新文化的洗礼**,并形成了他们最初的人生观和独特的创作倾向 |
| 饮食文化★ | **湘菜**,又叫湖南菜,是中国八大菜系之一,早在**汉朝**就已形成菜系,以**湘江流域、洞庭湖区和湘西山区** 3 种地方风味为主<br>湘菜色泽上**油重色浓,讲求实惠**,口味上**注重香辣、香鲜、软嫩**,制法上以煨、炖、腊、蒸、炒诸法见长,**湘菜主题是下饭**<br>以**组庵湘菜**为代表,如**组庵豆腐、组庵鱼翅**等,民间湘菜代表菜品有剁椒鱼头、**辣椒炒肉、湘西外婆菜、吉首酸肉**等 |
| 风物特产★ | 有**浏阳烟花**、菊花石雕、浏阳豆豉、浏阳黑山羊、铜官陶器、**湘绣、臭豆腐**、株洲唐人神、株洲太子奶、**醴陵陶瓷**、醴陵烟花、攸县香干、茶陵黄牛、炎陵白鹅等 |

| 类别 | 相关知识点 |
|---|---|
| 特色产业★ | **文化产业**:湖南文化产业走出了一条有特色的发展道路,创造了一种"**湖南文化现象**","**广电湘军**""**出版湘军**""**动漫湘军**"等闻名全国。**湖南卫视收视率**一直位居全国省级卫视第一<br>**电子信息产业**:湖南软件产业居**中部地区首位**,原创动漫产量居全国第一<br>**汽车产业**:形成了以"**长株潭**"为核心,与衡阳、邵阳、常德、永州相呼应的汽车产业格局。永州长丰集团旗下的**长丰猎豹**、**三菱帕杰罗**等汽车品牌国内知名 |

## 课后学习任务

### 灵活练习——模拟题演练:来,试试你的水平!

**判断题:**

●河南地跨长江、淮河、黄河、海河四大流域。　　　　　　　　　　　　　　　(　　)

●湖南在唐代时就有"秋风万里芙蓉国"之说,因此又有"芙蓉国"之称。　　　(　　)

**单选题:**

●洛阳被称为九朝古都,先后有(　　)个王朝在此建都,累计时间达1500多年。

A.9　　　　　　　　B.10　　　　　　　　C.12　　　　　　　　D.13

●中国古代歌谣特别是《诗经》中作品产生最多的地区是(　　)。

A.河南　　　　　　B.湖北　　　　　　C.山东　　　　　　D.湖南

**多选题:**

●下列选项中,属于湖南特产的有(　　)。

A.浏阳烟花　　　　　　B.精武鸭　　　　　　C.铜官陶器

D.竹溪腊肉　　　　　　E.炎陵白鹅

●湖北省被列入世界遗产名录的项目有(　　)。

A.武当山古建筑群　　　B.明显陵　　　　　　C.唐崖土司遗址

D.神农架　　　　　　　E.黄鹤楼

# 专题十六　华南地区导游基础知识要点

## 学习目标

了解：历史、地理、气候、区划、人口、交通等概况。

熟悉：列入世界遗产名录的中国遗产地景观，列入人类非物质文化遗产代表作名录的遗产项目，国家 AAAAA 级旅游景区，国家级旅游度假区和国家级生态旅游示范区；各民族具有代表性的历史文化和民俗风情。

掌握：各地代表性饮食的特点、主要美食和风物特产，国内知名的地域文化、民族文化及特色产业。

## 要点 1　广东省

| 类别 | 相关知识点 |
|---|---|
| 地理* | 地处中国**大陆最南部**，珠江口两侧分别与**香港和澳门**相邻，西南部雷州半岛隔**琼州海峡**与海南省相望<br>地势总体北高南低，最高峰为**石坑崆** |
| 气候* | 属**东亚季风区**，从北向南分别为**中亚热带**、**南亚热带**和**热带气候**，是全国光、热和水资源较丰富的地区之一<br>雨热同季，降水量分布不均，呈多中心分布 |
| 区划人口* | 广东省简称"粤"，省会广州，下辖 21 个地级市，划分为**珠三角**、**粤东**、**粤西**和**粤北** 4 个区域，其中广州、**深圳**为副省级城市<br>**深圳**、**珠海**和**汕头**为经济特区，面积约为 18 万平方千米<br>2020 年末，常住人口约为**12601 余万人**，是中国第一人口大省 |
| 交通状况* | **广州港**、**深圳港**、**汕头港**和**湛江港**已成为广东省对外交通和贸易的重要通道<br>铁路形成以广州为中心的"**三纵二横**"的主干线 |

| 类别 | 相关知识点 |
|---|---|
| 历史沿革* | 距今约 12.9 万年,岭南出现早期古人——**马坝人**<br>秦末,赵佗建立南越国<br>明初,广东成为十三行省之一<br>**清初**,将明朝时的布政使司正式改称为省,正式使用广东省这一名称<br>清设总督管辖**广东、广西**两省,称"两广总督",初驻肇庆<br>**1988 年**,中央政府将**海南**行政区从广东**划出**,另设海南省 |
| 民族风情▲ | **人龙舞**:流行于**湛江雷州半岛**一带的民间舞蹈,被誉为"**东海一绝**"。其龙体全部由人组成,一般长 10 多米,由 50—60 人组成,也有数百人组成的长龙<br>**狮舞**分为北狮和南狮,北狮在长江以北较为流行,南狮则流行于**华南、南洋**及**海外**。南狮又叫**醒狮**,寓意沉睡东方的中华猛狮已经苏醒。广东醒狮出现于**明代**,起源于**南海区,清末民国初年**,南海黄飞鸿以**武术醒狮**闻名于世;南狮的狮头有**脸谱化**的特点,即黄脸为刘备狮,红脸为关公狮,黑脸为张飞狮<br>**民间娱乐色相**有春色、秋色、火色、水色等,这里的"**色**"内涵广泛,如"**佛山秋色**"是指佛山秋色赛会的各种工艺品、灯饰、旱船等。当地人称之为"**出色**",也就是指这些色相的展览和表演<br>**传统龙舟活动**:赛龙舟,俗称扒龙船,在珠江三角洲水乡盛行已久。一般龙舟结束后,给获胜者赠"**状元标,张伎乐,簪花挂红**",还奖励具有传统特色的四大件——**罗伞、高标、烧猪、米酒** |
| 文旅资源▲ | **两项世界遗产名录景观**:韶关**丹霞山**、开平**碉楼与村落**<br>**4 项人类非物质文化遗产代表作**:**粤剧、古琴艺术**(岭南派)、**广东剪纸、陆丰皮影戏**<br>**15 家国家 AAAAA 级旅游景区**:**长隆、白云山、华侨城、观澜湖、西樵山、长鹿、丹霞山、雁南飞、罗浮山、**惠州市**西湖风景名胜区、孙中山故里、海陵岛大角湾海上丝路、星湖、连州地下河、开平碉楼**<br>**2 家国家级旅游度假区**:**华侨城**旅游度假区、河源巴伐利亚庄园<br>**4 家国家生态旅游示范区**:深圳东部**华侨城**、韶关市**丹霞山**、梅州市**雁南飞**茶田景区、惠州市**南昆山**生态旅游区<br>广东地貌形态复杂:**丹霞山**为丹霞地貌典型,**肇庆岩溶地貌发育**明显,**西樵山熔岩地貌**构成美景,**汕头海蚀地貌**奇特<br>**鼎湖山**自然保护区为北回归线上的绿洲<br>岭南文化分三大部分:一是固有的**本土文化**;二是南迁的**中原文化**;三是舶来的**域外文化**。岭南文化主要有**广府文化**、**客家文化**、**潮州文化**等分支<br>客家文化是指客家人创造的物质与精神文化的总和,它的基本特质是**儒家文化**<br>广东的戏曲以**粤剧**、**潮剧**、**广东汉剧** 3 种流行最广、影响最大、观众最多;**粤剧**是岭南最重要的地方剧种,流行于粤语方言地区,唱腔优美多样,有"**南国红豆**"的盛誉<br>广东音乐又称粤乐,其实是指广府音乐,是我国传统丝竹乐的一种,代表作有《**步步高**》《**雨打芭蕉**》《**平湖秋月**》等<br>岭南建筑文化极具特色:<br>**广州骑楼**保存完整,是粤派骑楼的代表<br>**客家围屋**是客家文化中著名的特色民居建筑<br>**开平碉楼**具有突出的历史、艺术和科学价值<br>**岭南园林**具有轻盈、自在与敞开的岭南特色,岭南工艺美术有着强烈的地方文化特色<br>岭南园林中的四大名园为顺德**清晖园**、番禺余**荫山房**、东莞**可园**、佛山**梁园** |

| 类别 | 相关知识点 |
|---|---|
| 饮食文化★ | 广东菜,即粤菜,是中国传统八大菜系之一,狭义上粤菜是指**广州菜**,广义上又称"**潮粤菜**",由**广州菜(顺德菜)、客家菜**和**潮州菜(汕尾菜)**发展而成<br>经典粤菜有**大良双皮奶**、深井烧鹅、烤乳猪、**煲仔饭**、客家白切鸡等<br>著名粤菜餐饮品牌有**莲香楼、陶陶居、广州酒家、杏花楼**等<br>中国向来有"**食在广州,厨出凤城(顺德)**"的谚语,顺德是中国厨师之乡<br>2014 年 12 月 1 日,联合国教科文组织还授予广东省佛山市顺德区"**世界美食之都**"的称号,佛山成为中国**第二个获此殊荣**的城市 |
| 风物特产★ | 有广绣、广彩、端砚、石湾陶塑、潮州金漆木雕等 |
| 特色产业★ | 广东是中国工业强省<br>(1)**电子信息业**:深圳电子信息制造业规模已占全国规模的 **1/6**,领跑全国,深圳华为的 5G 技术领先世界<br>(2)**电器机械业**:机械产品出口居全国第一位,是全球家电产品出口基地,顺德"**美的**"、珠海"**格力**"名扬中外<br>(3)**食品饮料业**:健力宝、乐百氏、海天等品牌家喻户晓<br>(4)**建材业**:佛山卫浴陶瓷市场占有率居全国第一<br>(5)**森工造纸业**:中国造纸行业唯一的制浆造纸工程国家重点实验室和国家研究中心在广东<br>(6)**汽车业**:汇集了东风日产、广汽本田、广汽丰田、比亚迪等知名车企,形成了**广州、深圳、佛山** 3 个整车制造产业集群<br>(7)**医药**:医药产业实力居全国前列,广药集团旗下的**白云山**和黄中药、王老吉药业、陈李济药厂等企业,在抗击新冠肺炎疫情战斗中发挥重要作用 |

# 要点 2　广西壮族自治区

| 类别 | 相关知识点 |
|---|---|
| 地理 | 广西山岭连绵,四周多被山地高原环绕,中部和南部多丘陵平地,呈盆地状,故有"**广西盆地**"之称<br>境内**喀斯特地貌广布**,发育类型之多世界少见<br>**猫儿山主峰**海拔为 2141 米,是华南第一高峰<br>区内河流大多从西北流向东南,形成以**红水河—西江为主干流**的横贯中部及两侧支流的树枝状水系<br>河流分属珠江、长江、桂南独流入海、百都河四大水系 |
| 气候* | 属**亚热带季风气候区**,气候温暖,雨水充沛,光照充足 |
| 区划人口* | 广西壮族自治区简称"**桂**",省府南宁,行政区划为 **14** 个地级市<br>陆地面积为 23.76 万平方千米,北部湾海域面积约为 4 万平方千米<br>2020 年末,常住人口为 5012 余万人 |

| 类别 | 相关知识点 |
|---|---|
| 交通<br>状况* | 广西有**南宁吴圩国际机场**和**桂林两江国际机场**等民航机场 11 座<br>港口有北部湾港等 |
| 历史<br>沿革* | 宋代时广西分广南东路和广南西路,今广西大部属广南西路,广西之名就源于此<br>1851 年,太平天国起义在广西爆发<br>1856 年,法国借口"西林教案"发动第二次鸦片战争,广西军民在**抗法侵略**的陆路战<br>场中取得"**镇南关大捷**"<br>**1958 年**,成立广西壮族自治区 |
| 民族<br>风情▲ | 在广西常住人口中,**少数民族人口总数在全国居第 1 位**,**壮族**是中国人口最多的少数民族;<br>**仡佬族**是广西少数民族中人口最少的民族<br>**瑶族的舞**:金秀瑶族自治县居住着一群保持了瑶族古老文化及习俗的瑶族同胞,他们<br>的歌舞民族色彩浓厚。**18 种舞蹈**中尤以《**长鼓舞**》《**捉龟舞**》《**黄泥鼓舞**》《**盘古兵舞**》<br>《**八仙舞**》《**蝴蝶舞**》等最为盛行<br>**苗族的节**:苗族以**节日多**、**场面大**出名。广西融水苗族自治县每年有苗年节、芦笙节、<br>拉鼓节、芒歌节、新禾节等来纪念丰收、祭祀等<br>**侗族的楼和桥**:三江侗族自治县的**风雨桥**是我国著名的木建筑,全是榫卯结合,是侗<br>族的象征;侗族的楼包括吊脚楼、鼓楼、凉亭、寨门等,独具特色<br>壮族是中国岭南的土著民族,旧称"僮",1965 年改族名为"壮族"<br>壮族以农业为主,气候温和,盛产**樟木**、**银杉**等名贵木材<br>**甘蔗**产量居全国首位<br>**南珠**、**三七**、**蛤蚧**是壮族地区最负盛名的特产<br>**摩教**曾是壮族的主要宗教信仰,以**自然崇拜**和**祖先崇拜**为主<br>歌圩是壮族人民对歌、赛歌的盛大集会,相传与歌仙刘三姐有关<br>歌圩上唱的歌主要以男女青年追求美好爱情理想为主题<br>壮族铸造和使用铜鼓已有 2000 多年历史,铜鼓既是一种**祭器**、**乐器**,也是**权力和财富**的<br>象征<br>**壮锦**以织工精巧、图案别致、色彩绚丽、结实耐用而著称,与**南京云锦**、**成都蜀锦**、苏州<br>**宋锦**并称"**中国四大名锦**"<br>壮族早年有婚后"不落夫家"的习俗,一般两三年后才住夫家<br>过去有**断发文身**的习俗,凿齿也曾是盛行的习俗<br>壮族男子多穿对襟上衣,**纽扣以布结之**,下裤短而宽大<br>妇女穿藏青色或深蓝色矮领,右衽上衣,下着黑色宽肥裤子,节日穿绣花鞋、披戴绣花垫肩<br>壮族主食大米、玉米,常以水煮方法烹制蔬菜,自家还酿制**米酒**、**红薯酒**、**木薯酒**,度数<br>不高,其中米酒是过节和待客的主要饮料<br>年节时,用大米制成各种**粉糕**、**五色花饭**及外形奇特的**粽子**<br>喜吃腌制的**酸食**,妇女有嚼槟榔的习俗<br>三月三按过去的习俗是上坟扫墓的日子,每家要携带**五色糯米饭**、**彩蛋**去祭祀<br>壮族禁忌:忌食牛肉、蛙肉;禁止在灶上烧狗肉;吃饭时**忌用嘴把饭吹凉**,更忌把筷子插到<br>**碗里**;忌从晾晒的妇女裤子下走过;夜间行走禁止吹口哨;忌坐门槛中间,家有产妇时门上<br>**会悬挂一顶草帽**,暗示外人不得入内 |

| 类别 | 相关知识点 |
|---|---|
| 文旅资源▲ | 两项世界遗产名录景观:左江花山岩画文化景观、中国南方喀斯特(桂林、环江)<br>1 项人类非物质文化遗产代表作:"壮族霜降节"为中国"二十四节气"的扩展项目<br>8 家国家 AAAAA 级旅游景区:漓江、乐满地度假世界、独秀峰·靖江王城、青秀山、两江四湖·象山、德天跨国瀑布、百色起义纪念园、涠洲岛南湾鳄鱼山<br>1 家国家级旅游度假区:桂林阳朔遇龙河旅游度假区<br>3 家国家生态旅游示范区:贺州市姑婆山国家生态旅游示范区、柳州市大龙潭景区、崇左市大德天景区<br>春秋时铜鼓作为打击乐器,已出现在骆越人(壮族先民)生活中<br>1972 年发现于广西的汉代云雷纹大铜鼓,被誉为"铜鼓之王",是世界上最大的铜鼓;陈钦,西汉末年生于苍梧,是广西最早的学者,著有《陈氏春秋》(今失传),为左氏学博士<br>左江花山岩画文化可追溯到战国至东汉时期,已有 2000 多年的历史,其地点分布之广、作画难度之大、画面之雄伟壮丽,为国内外罕见<br>20 世纪 50 年代,代表广西文化艺术最高水平的民间歌舞剧《刘三姐》享誉国内外<br>抗战时期,以"文化城"桂林为中心,抗日救亡文化运动在广西蓬勃开展<br>三月三歌节,又称三月歌圩,是壮族盛大的传统歌节<br>广西少数民族舞蹈较出名的有扁担舞、铜鼓舞、绣球舞、芦笙舞等<br>广西桂林、阳朔一带的石灰岩峰杯,被徐霞客誉为"碧莲玉笋世界"<br>位于中越交界归春河上游的德天瀑布闻名遐迩 |
| 饮食文化★ | 广西菜由南宁、桂林、柳州、梧州等城市菜和其他少数民族菜组成<br>著名风味菜有天火烹饪鸡、虫草炖海狗鱼、葵花马蹄肉饼、桂乳荔芋扣等。知名小吃有桂林米粉、柳州螺蛳粉、梧州龟苓膏、玉林猪脚粉等 |
| 风物特产★ | 广西特产众多,博白县是广西桂圆肉的主产区,有"桂圆肉之乡"称誉<br>合浦珍珠是著名贡品,历代均称之为"国宝"<br>桂林三宝指三花酒、桂林腐乳、桂林辣椒酱<br>三花酒是中国米香型白酒的代表,被誉为"米酒之王" |
| 特色产业★ | (1)食品饮料业:容县南方黑芝麻、柳州螺蛳粉、桂林辣椒酱、横县茉莉花茶、梧州龟苓膏等特色食品饮料享誉全国<br>(2)工业:玉林玉柴机器、柳州重工、柳州五菱等品牌全国知名<br>(3)医药:有柳州金嗓子喉宝、两面针牙膏、花红片、桂林西瓜霜、西瓜霜润喉片、三金片等国内著名产品<br>广西三黄鸡产业集群、广西罗汉果产业集群入选 2020 年优势特色产业集群建设名单 |

# 要点 3　海南省

| 类别 | 相关知识点 |
|---|---|
| 地理* | 海南北以**琼州海峡**与广东划界,行政区划包括**海南岛、西沙群岛、中沙群岛、南沙群岛的岛礁及其海域**<br>**是我国海域面积最大的省**,其中南沙群岛的**曾母暗沙**是我国最南端的领土<br>海南岛形似一个呈东北至西南向的椭圆形**大雪梨**,四周低平,中间高耸,呈穹窿山地形,以**五指山、鹦哥岭**为隆起核心,向外逐级下降,构成**环形层状地貌** |
| 气候* | 海南是我国最具热带海洋气候特色的地方,全年暖热,干湿季节明显,雨量充沛 |
| 区划人口* | 海南省简称"**琼**",位于中国最南端,省会**海口市**<br>现有**4个地级市**:海口市、三亚市、三沙市、儋州市<br>海南陆地面积约为 3.4 万平方千米,海域面积约为 200 万平方千米<br>2020 年末,常住人口为 1008 余万人 |
| 交通状况* | 海南已基本建成"**公路四通八达,火车跨海通航、海轮畅游世界,飞机纵横晴空**"的现代化立体运输体系<br>**公路**是**海南的主要交通方式**,环岛高速公路和"**三纵四横**"等路网建设格局基本完成<br>全省港口已形成北有**海口港**,南有**三亚港**,西有**洋浦港**和**八所港**,东有**龙湾港**的"**四方五港**"格局<br>拥有海口美兰和三亚凤凰两个国际机场<br>**我国第一条跨海铁路粤海铁路**通道全线投入运营 |
| 历史沿革* | 历史上海南岛有 3 种古称:**珠崖、儋耳、琼台**<br>海南岛**南部**是黎族、苗族等少数民族聚居地区<br>1988 年,撤销广东省海南行政区,设立海南省,同时,划定海南岛为**海南经济特区** |
| 民族风情▲ | **汉族、黎族、苗族、回族**是海南世居民族<br>海南是**全国唯一的黎族聚居区**,黎族是海南岛上**最早的居民**<br>海南的民俗节庆有农历**正月十五的换花节**,农历二月初九至十九的**军坡节**(为纪念洗夫人举行的民间奉祀活动),农历三月初三黎族青年男女追求爱情和幸福的"**三月三**",每年中秋的儋州**民间歌节**,等等。<br>黎族是"**百越**"人的后裔,"**黎**"作为族称始于**唐末、宋代固定**后沿用至今;黎族无统一的宗教信仰,均奉行祖先崇拜和自然崇拜<br>黎族能歌善舞,"**竹竿舞**"场面欢快<br>**鼻箫**是黎族独特的乐器<br>黎族擅长制作独木器,任何器具的原料都须是**一块整木**<br>黎族的手工纺织技术在**唐宋时**就领先中原,并以黎锦、黎单闻名于世<br>**元初纺织能手黄道婆**,就是到海南学习了黎族的纺织技艺<br>**打柴舞、纺染织绣技艺及三月三节日等**,已被列入国家非物质文化遗产名录<br>黎族民居多为**竹木结构、金字塔形屋顶**,有的住宅为"**船形屋**" |

| 类别 | 相关知识点 |
|---|---|
| 民族风情▲ | 黎族儿女成年后就住在屋外的"寮房"里,以便自由恋爱,俗称"放寮"<br>黎族女子穿对襟无扣上衣,下穿无褶筒裙,束发于脑后,插有由**牛骨、金属、箭猪毛制成的发簪**,盛装时戴项圈、手镯、脚环等<br>有些地方妇女耳环多且重,耳根下垂至肩,俗称"**儋耳**"<br>妇女曾有**文面文身**的习俗,称为"**雕题**"<br>黎族服饰图案的取材,多来自**青蛙、蟒蛇、榕树**等图腾崇拜物<br>黎族饮食简朴,喜稀不喜干,并习惯腌制**生鱼、生肉**<br>**竹筒烧饭**是黎族日常独特的野炊方法<br>三月三是最盛大的民间传统节日<br>黎族禁忌:敬神之物**忌乱翻动**;睡觉忌头朝门外;禁食狗、马等动物肉;忌讳影子被别人踩踏;妇女文身忌男人参与或偷看 |
| 文旅资源★ | **1 项人类非物质文化遗产代表作:黎族传统纺染织绣技艺**被列入急需保护的非物质文化遗产名录<br>**6 家国家 AAAAA 级旅游景区:蜈支洲岛、槟榔谷黎苗文化旅游区、分界洲岛、呀诺达雨林文化旅游区、南山大小洞天、南山文化旅游区**<br>**1 家国家级旅游度假区:**三亚市**亚龙湾旅游度假区**<br>**2 家国家生态旅游示范区:呀诺达雨林文化旅游区、亚龙湾热带天堂森林公园**<br>海南省有极富地方特色的**古代贬官文化**,以及**海南革命文化**<br>当地有《**鹿回头**》《**大力神**》《**黎母神话**》等经典神话传说,为"**南海明珠**"增添了迷人的色彩<br>海南有十大值得关注的文化遗产:黎族树皮布制作技艺、黎族**打柴舞**、黎族**钻木取火**、黎族传统**纺染织绣**技艺、昌江黎族**泥条盘筑法制陶**工艺、黎族骨簪、临高人偶戏、黎族茅草屋、南洋骑楼、秀英炮台<br>海南岛长达 1500 多千米的海岸线上,沙岸占 **50%—60%**<br>东海岸线上的热带海涂森林景观"**红树林**"和热带特有的海岸地貌景观"**珊瑚礁**",均有较高观赏价值<br>海南有乐东县尖峰岭、昌江县**霸王岭**、陵水县吊罗山和琼中县**五指山 4 个热带原始森林区**,其中以**尖峰岭**最为典型<br>海南已建成若干个野生动物自然保护区:昌江县**霸王岭黑冠长臂猿**保护区、东方市**大田坡鹿保护区**、万宁市**大洲岛金丝燕**保护区、陵水县**南湾半岛猕猴**保护区等<br>海南的河流景观尤以"**万泉河风光**"最佳<br>海南具有历史意义的古迹有为纪念唐宋两代被贬谪到海南的李德裕等 5 位历史名臣而修建的**五公祠**、北宋苏东坡居琼遗址"**东坡书院**"以及为纪念苏氏而修建的**苏公祠、海瑞之墓**等 |
| 饮食文化与风物特产★ | 海南的"吃"有四大特点:**新鲜、天然、奇特、丰富**<br>**文昌鸡、加积鸭、东山羊、和乐蟹**是海南四大名菜<br>临高乳猪、石山壅羊、三亚三绝(**梅花参、鲍鱼、鱼翅**)等在全岛有名<br>**海参**为"**海产八珍**"之首,尤以**梅花参**最为珍贵,被称为"**海参之王**",是**海南特有**的海珍<br>海南特产有椰子食品、民族工艺品、金饰品和珠宝、热带果脯及鲜果 |

| 类别 | 相关知识点 |
|---|---|
| 特色<br>产业★ | **旅游业**:海南被称为中华民族的"四季花园"和中外游客的"度假天堂"<br>**热带特色高效农业**:海南素有"天然温室"的美誉,有发展热带高效农业的独特条件<br>**海南天然橡胶产业集群**入选2020年优势特色产业集群建设名单<br>**会展业**:海南发展会展业既有**生态环境优势**,也有博鳌亚洲论坛品牌优势<br>**现代物流业**:有面向东南亚和**大洋洲**,连接南北经济带的区域航运枢纽和物流中心<br>**医药产业**:海南**南药**、**黎药**和**海洋生物**资源丰富;海南医药已培育了"**养生堂**""**快克**"<br>"**康芝**"等中国驰名商标 |

## 课后学习任务

### 灵活练习——模拟题演练:来,试试你的水平!

**判断题:**

●广西首府桂林市是享誉世界的旅游城市。　　　　　　　　　　　　(　　)

●黎族是海南岛上最早的居民。　　　　　　　　　　　　　　　　　(　　)

**单选题:**

●广东(　　)有"中国厨师之乡"的美名。

A. 广州　　　　　　　　B. 佛山　　　　　　　　C. 潮州　　　　　　　　D. 顺德

●我国著名的纺织能手黄道婆,学习了(　　)的纺织技艺才名垂青史的。

A. 藏族　　　　　　　　B. 回族　　　　　　　　C. 黎族　　　　　　　　D. 苗族

**多选题:**

●历史上海南岛有3种古称,分别是(　　　)。

A. 珠崖　　　　B. 儋耳　　　　C. 琼崖　　　　D. 琼台　　　　E. 合浦

●壮族主要的禁忌有(　　　)。

A. 忌在灶上煮狗肉

B. 忌食牛肉、蛙肉

C. 忌把筷子插在碗里

D. 忌坐门槛中间

E. 忌门上悬挂草帽

# 专题十七　西南地区导游基础知识要点

## 学习目标

了解:历史、地理、气候、区划、人口、交通等概况。

熟悉:列入世界遗产名录的中国遗产地景观,列入人类非物质文化遗产代表作名录的遗产项目,国家 AAAAA 级旅游景区,国家级旅游度假区和国家级生态旅游示范区;各民族具有代表性的历史文化和民俗风情。

掌握:各地代表性饮食的特点、主要美食和风物特产,国内知名的地域文化、民族文化及特色产业。

## 要点 1　重庆市

| 类别 | 相关知识点 |
|---|---|
| 地理* | 重庆位于**长江上游**和**嘉陵江**汇合处,是我国西南水、陆交通枢纽<br>重庆所在的川东平行岭谷是我国东北—西南走向山脉组合最整齐的地区,山脉与丘陵谷地相间有序排列,也是**世界上特征最显著的褶皱山地带**<br>以**丘陵、山地**为主的地貌,让重庆有了"**山城**"之称 |
| 气候* | 重庆属亚热带季风性湿润气候,春夏之交多夜雨,素有"**巴山夜雨**"之说;由于地形和气候的双重作用,重庆多雾,还有"**雾都**"之称,壁山区的**云雾山**全年雾日多达 **204 天**,堪称"**世界之最**" |
| 区划<br>人口* | 重庆简称"**渝**",是中国**西部唯一的直辖市**,有 26 个市辖区<br>面积约为 8.24 万平方千米<br>2020 年末,常住人口为 3205 余万人 |
| 交通<br>状况* | 从 1952 年的成渝铁路通车开始,已建成"**一枢纽十干线**"铁路网络格局,"米"字形高铁网建设迅速<br>**公路网密度居西部第一**,奉节至巫溪高速公路的建成,标志着"**4 小时重庆**"全面实现;<br>航空方面,**江北机场**是国家区域枢纽机场<br>航运方面,重庆是长江上游乃至中国西部最大的内陆港口城市,也是长江上游航运中心;<br>全市基本建成"**一干两支**"、**通江达海**的航道体系<br>全国最大的内河港**果园港**建成投用,重庆段水运已成为长江最繁忙的水运线,进入国内最发达的水运航线之列 |

| 类别 | 相关知识点 |
|---|---|
| 历史沿革* | 重庆有文字记载的历史达 3000 多年,是巴渝文化的发祥地<br>因嘉陵江称"**渝水**",故简称"**渝**"<br>北宋时称"**恭州**"<br>南宋孝宗之子赵惇先封恭王,二月即称为光宗皇帝,是为"**双重喜庆**",因此将恭州升为重庆府,重庆由此得名<br>1891 年,重庆成为中国最早对外开放的**内陆通商口岸**;抗日战争时期,重庆成为国民党的陪都,**重庆与华盛顿、伦敦、莫斯科**一起成为世界反法西斯四大指挥中心<br>抗日战争和解放战争时期,在重庆形成的"**红岩精神**"是我们国家和民族的宝贵精神财富<br>1997 年,重庆被批准成为我国**第四个直辖市** |
| 民俗风情▲ | 重庆少数民族主要聚居在渝东南民族地区一区四县,主要是**土家族**和**苗族** |
| 文旅资源▲ | **两项世界遗产名录景观**:**大足石刻、"中国南方喀斯特"**(一期**重庆武隆**和二期**金佛山**)<br>**10 家**国家 AAAAA 级旅游景区:**大足石刻景区、小三峡—小小三峡旅游区、武隆喀斯特旅游区、桃花源旅游景区、黑山谷—龙鳞石海风景区、金佛山景区、四面山景区、龙缸景区、阿依河景区、濯水景区**<br>**两家**国家旅游度假区:**仙女山旅游度假区、南天湖旅游度假区**<br>**4 家**国家生态旅游示范区:**天生三桥·仙女山国家生态旅游示范区、四面山旅游区、金佛山生态旅游区、巫山小三峡—小小三峡生态旅游区**<br>**巴渝文化**是长江上游最有鲜明个性的地方文化之一,是指**巴族**和**巴国**在历史发展中形成的地域性文化<br>**饮食文化、袍哥文化、码头文化、移民文化、抗战陪都文化**等都是巴渝文化的代表<br>巴人以勇猛善战著称,巴人军队参加周武王伐纣战争,总是一边唱着进军歌谣,一边跳着冲锋舞蹈,被古籍记录为"**武王伐纣,前歌后舞**"<br>重庆名人辈出,现当代著名作家巴金创作的"**激流三部曲**"(**《家》《春》《秋》**)和**《寒夜》**曾产生广泛影响<br>近代资产阶级革命家邹容的**《革命军》**一书,被章太炎称为"**义师先声**";在从重庆到巫山的川江上,产生过许多歌咏船工生活的水上歌谣——**川江号子**,国际友人称其为"**江河音乐**",已被列入第一批国家级非物质文化遗产名录<br>重庆的革命遗迹众多,其中**红岩革命纪念馆、歌乐山革命烈士纪念馆**是典型代表;<br>重庆的旅游资源以立体画廊**长江三峡**最负盛名,三峡以**瞿塘雄、巫峡秀、西陵险**而驰名<br>武隆景区主要由**天生三桥、仙女山**和**芙蓉洞**三部分组成<br>金佛山以独特的"**喀斯特桌山**"地貌著称,是名副其实的"**生物基因库**""**中华药库**"<br>四面山景区"**奇山、异水、红石、厚文**"四大景观资源特色明显<br>**大足石刻**是集儒释道三教造像于一体的大型石窟造像群,汇集了唐宋以来雕刻的 **5 万多尊摩崖石刻**<br>**合川钓鱼城**是古代山城防御体系的典型代表,1259 年曾在此发生长达 36 年的"钓鱼城保卫战",是南宋与蒙古之间的生死决战,是罕见的以弱胜强的战例,钓鱼城还被誉为"**上帝折鞭处**" |

| 类别 | 相关知识点 |
|---|---|
| 饮食文化★ | 重庆是川菜三大流派之一——下河帮流派的发源地,下河帮川菜特点是以家常菜为主,亲民、麻辣、多创新,俗称江湖菜<br>**代表菜有麻辣火锅、酸菜鱼、毛血旺、口水鸡**等<br>重庆火锅,又称毛肚火锅或麻辣火锅,起源于**明末清初**重庆嘉陵江畔,原为**码头船工纤夫的粗放式餐饮方式**,原料主要是牛毛肚、猪黄喉、鸭肠、牛血等<br>**涪陵榨菜与法国酸黄瓜、德国甜酸甘蓝**并称为**世界三大名腌菜**,也是中国对外出口的三大名菜(榨菜、薇菜、竹笋)之一,其传统制作技艺被列入第二批国家非物质文化遗产名录 |
| 风物特产★ | (1)**工艺品:荣昌折扇、荣昌工艺陶**<br>(2)**农副土产:奉节脐橙、火锅底料、涪陵榨菜、忠县豆腐乳、永川秀芽**等<br>(3)**中药:石柱黄连、天麻、巫山党参、南川杜仲**等<br>(4)**小吃:重庆小面、灯影牛肉、泡椒凤爪**、合川桃片儿、磁器口麻花等 |
| 特色产业★ | 重庆支柱产业有**汽车、电子信息业、装备制造业、材料工业**等<br>重庆在中国的汽车工业中扮演着举足轻重的角色,是全国重要的**汽车制造基地**,有着**"东方底特律"**的美誉<br>**重庆柠檬产业集群、重庆荣昌猪产业集群**入选 2020 年优势特色产业集群建设名单 |

# 要点 2　四川省

| 类别 | 相关知识点 |
|---|---|
| 地理* | 地势西高东低<br>西部为青藏高原东缘,属中国地势第一阶梯;最高峰**贡嘎山**,海拔 7556 米,有**"蜀山之王"**美誉<br>东部是四川盆地,属中国地势第二阶梯,由川东丘陵和成都平原组成<br>由于有**都江堰水利工程**的灌溉,四川自古有**"天府之国"**的美誉<br>四川南部是攀枝花和凉山州,简称攀西地区<br>四川境内有河流上千条,被誉为**"千水之省"** |
| 气候* | 四川有三大气候区<br>**东部**四川盆地属**亚热带湿润季风气候**区<br>**西部高山高原地区为高寒气候**区<br>**南部攀西地区为南亚热带区** |
| 区划人口* | 四川位于长江上游,简称"川"或"蜀",共有 **21** 个地级行政区划,包括 8 个地级市(含 1 个副省级城市成都)和 3 个自治州<br>总面积为 48.6 万平方千米<br>2020 年末,常住人口约为 8367.5 万人 |

| 类别 | 相关知识点 |
|---|---|
| 交通状况* | 历史上进出四川的主道是从**陕西汉中**到成都的"**金牛道**"和经重庆沿长江三峡到湖北的**水路**<br><br>1952年我国第一条自行设计施工的**成渝铁路**建成通车,随后是**宝成铁路**和**成昆铁路**陆续建成,改写了"蜀道难"的历史<br><br>成都是继北京后**全国第二个拥有双4F机场**的城市<br><br>**稻城亚丁机场**海拔达4411米,是我国海拔最高的民用机场<br><br>在四川交通史上,**川藏公路**、**成昆铁路**和**雅西高速**的建设堪称奇迹<br><br>**川藏公路**于1950年开建,全长2400多千米,翻越14座海拔过4000米的高山,被誉为"**最美318线**",其中康定新都桥段被誉为"**摄影家的天堂**"<br><br>**成昆铁路**:全长为1096千米,始建于1958年,沿线地质复杂,有"**露天地质博物馆**"之称,被外国专家称作"**铁路禁区**"<br><br>1984年12月,中国**成昆铁路工程**、美国阿波罗宇宙飞船**登月活动**、苏联第一颗**人造卫星**,共同被联合国评为"**象征20世纪人类征服自然的三大奇迹**"<br><br>**雅西高速**全长为2400千米,是自然环境相当恶劣、工程难度相当大的山区高速公路之一,其中,腊八斤大桥桥墩高达**182米**。由于线路穿行在群山白云之间,因此这条高速公路又被称为"**云端上的高速公路**" |
| 历史沿革* | **广汉三星堆和成都金沙遗址**,是古蜀国政治经济和文化中心<br><br>三星堆遗址**1929年**开始发掘,1986年发现两个祭祀坑,出土了57件青铜人面具、高3.95米的青铜神树、高2.62米的青铜大立人像、宽1.38米并长着"**千里眼**""**顺风耳**"的青铜面具等稀世珍品,其神秘足以与玛雅文明媲美,被张爱萍将军誉为"**沉睡数千年,一醒惊天下**";2021年三星堆遗址新发现**6个**祭祀坑,新出土黄金面具残片、青铜神树等文物,引起轰动<br><br>与三星堆遗址有明显传承关系的金沙遗址出土的"**太阳神鸟**"金饰已成为中国文化遗产的标志<br><br>蜀文化,专指**以成都平原、岷江流域**为中心的区域文化<br><br>蜀文化本质上是一种**内陆农业文化**,其产生**与治水**有密切关系,古蜀有以**大禹治水**、**李冰治水**为代表的农耕文明<br><br>四川是世界上最早的天然气开采地,是世界**雕版印刷术**、世界**纸币**、世界**盖碗茶文化**的起源地<br><br>四川在**商周时期**建立了两个国家:一个是在今川西地区,以古蜀族为中心建立的**蜀国**;另一个是在今川东地区,以古巴族为中心建立的**巴国**,所以,四川地区古称"巴蜀"<br><br>**宋代**开始有四川之名<br><br>明末清初,由于长期战乱,四川人口锐减,清政府下令从湖广省(湖北、湖南)和广东、福建等省大量移民四川,史称"**湖广填四川**"。其中,**湖南、广东两省**的移民人数最多,单个城市而言,**湖北麻城**的移民最多 |

| 类别 | 相关知识点 |
| --- | --- |
| 民族风情▲ | 四川是**最大的彝族聚居区**、全国第二大藏区和全国唯一的羌族聚居区<br>**彝族是四川人数最多的少数民族**,主要聚居在**大小凉山与安宁河流域**<br>崇拜自然和神灵,祭司被称为"**毕摩**"<br>**农历六月二十四日是彝族人民最盛大的节日——火把节**<br>**藏族**是四川第二大少数民族,主要聚居在甘孜州、阿坝州和凉山州木里县;四川藏区属于**康巴藏区**,地处西藏的门户地带,地理位置重要,清代以来就有"**治藏必先安康**"之说<br>羌族自称**尔玛**,过去多居住于中高山区,故又称"**云朵上的民族**";主食以山地作物土豆和玉米为主,喜欢饮用杂粮酿成的"**咂酒**"<br>羌族建筑为**碉房**,用石片砌成,下大上小,一般分 3 层,上层堆放粮食,中间居住,下层圈养牲畜。房顶四角置羌人崇拜的**白石神**,房内火塘终年不熄火,俗称"**万年火**"<br>**泡茶馆**成为四川人重要的休闲方式<br>在四川的茶馆,人们不仅能饮茶,还能够欣赏到川剧三大绝技——"**变脸**""**吐火**""**滚灯**" |
| 文旅资源▲ | **5 项世界遗产名录景观:3 处自然遗产——九寨沟、黄龙、四川大熊猫栖息地;1 处文化和自然双重遗产——峨眉山—乐山大佛;1 处文化遗产——青城山—都江堰**<br>**15 家国家 AAAAA 级旅游景区:青城山—都江堰**旅游景区、**峨眉山景区、九寨沟景区、乐山大佛景区、黄龙风景名胜区、羌城旅游区、汶川特别旅游区、阆中古城旅游区、邓小平故里旅游区、剑门蜀道剑门关**旅游景区、**朱德故里景区、海螺沟景区、碧峰峡旅游景区、光雾山旅游景区、稻城亚丁旅游景区**<br>**3 家国家旅游度假区:邛海**旅游度假区、**青城康养休闲旅游度假区、峨秀湖旅游度假区**<br>**6 家国家生态旅游示范区:邛海、光雾山**国家生态旅游示范区、**唐家河生态旅游区、海螺沟**景区、**毕棚沟**景区、神木垒生态旅游区<br>四川文学名家辈出:<br>汉代辞赋家**司马相如**,著有《子虚赋》《上林赋》等名篇,其散文《难蜀父老》,以**解答问题**的形式,阐明了和少数民族相处的道理<br>成都人**扬雄**是西汉末年最著名的辞赋家<br>陈子昂开初唐一代诗风,代表作有《感遇诗三十八首》等,其中以《登幽州台歌》最为著名<br>**李白**写过不少以四川为题材的诗篇,如《蜀道难》《朝发白帝城》《登锦城散花楼》等<br>**杜甫**曾客居四川 10 年整,在四川所作的诗作占他一生作品的一半<br>宋代四川文学界最有成就的当推眉山人苏洵、苏轼、苏辙 3 人,当地文人称他们为"老苏、大苏、小苏",合称"**三苏**"<br>苏轼是北宋最有名望的诗人,有"**坡仙**""**诗神**"之誉,保留下来的诗作有 4000 多首<br>苏轼的词对后世影响巨大,他是**豪放词派的创始人**,其作品《念奴娇·赤壁怀古》和《水调歌头·明月几时有》等开豪放词派的先河,被称为"**词圣**",流传下来的词作有 300 多首<br>苏轼也是宋代赋创作的佼佼者,代表作有《赤壁赋》《黠鼠赋》等<br>**杨慎**被誉为"**明代著述第一人**",现存诗约 2300 首,代表作有《临江仙》《宿金沙江》《竹枝词》等<br>罗江人**李调元**是清代著名文学家和戏剧理论家,是编撰川剧剧本的第一人和川剧创始人之一<br>四川文艺中最具特色的是**川剧变脸**,用于揭示剧中人物的内心及思想感情的变化,即把不可见的情绪,变成可见的**脸谱**<br>变脸始于清乾隆嘉庆年间,成形于 20 世纪,**王道正**是川剧变脸的代表人物,被誉为"**化妆和角色变幻的世界大师**" |

| 类别 | 相关知识点 |
|---|---|
| 饮食文化★ | 川菜是四大菜系之一,取材广泛,口味清鲜、醇浓并重,以善用**麻辣调味**著称;传统川菜分**上河帮、下河帮和小河帮**三大流派<br>上河帮以川西岷江流域的**成都菜、乐山菜**为代表,特点是**口味清淡、香辣适度**,代表菜有**麻婆豆腐、回锅肉、宫保鸡丁、鱼香肉丝**等<br>下河帮以川东下川江、嘉陵江地区的**重庆菜、达州菜**为代表,特点是**麻辣生猛、注重创新**,代表菜有麻辣火锅、毛血旺、酸菜鱼、口水鸡等<br>小河帮以川南沱江流域的**自贡菜、内江菜、泸州菜**为代表,又称盐帮菜,特点是**姜多味厚、鲜辣刺激**,代表菜有冷吃兔、水煮牛肉、仔姜美蛙、火爆黄喉等 |
| 风物特产★ | 四川物产丰富,除了川菜外,川酒、川茶在全国也享有盛誉<br>**五粮液、泸州老窖、剑南春、水井坊、郎酒和舍得酒**等川酒,几乎占据中国名酒的半壁河山<br>四川还是中国茶文化的发祥地,早在**西汉**时期,雅安人**吴理真**便在蒙顶山上人工栽培了茶树 |
| 特色产业★ | 四川工业门类齐全,核工业、电子工业、航空制作业在国内领先<br>四川江河众多,水利资源丰富,因此是**全国水力资源可开发量最丰富的省**,是全国最大的水电开发和西电东送基地<br>四川盆地还蕴藏着丰富的燃气资源,**天然气**和**页岩气**已探明的储量居全国首位,**川气东送**成为华东地区重要的燃气来源 |

# 要点3　贵州省

| 类别 | 相关知识点 |
|---|---|
| 地理* | 处于云贵高原东斜坡,是一个隆起于**四川盆地**和**广西丘陵**之间的亚热带**喀斯特高原**山区<br>贵州地貌可概括为高原、山地、丘陵、盆地、台地和河流阶地,**是全国唯一没有平原支撑的省份**,素有"八山一水一分田"之说<br>贵州也是世界上**喀斯特地貌发育最典型**的地区之一<br>贵州河流均为**山区雨源型河流**,境内河流分属**长江**和**珠江**水系 |
| 气候* | **属亚热带湿润的季风气候区**,是国内降雨较充沛的地区,但**多为夜雨**,白天仍以多云天气为主<br>夏无酷暑,冬无严寒 |
| 区划人口* | 贵州省简称"黔"或"贵",省会贵阳<br>现辖6个地级市、3个自治州<br>全省面积约为17.62万平方千米<br>2020年末,常住人口为3856余万人 |

| 类别 | 相关知识点 |
|---|---|
| 交通状况* | 贵州是西南地区的铁路交通枢纽,自2015年实现"县县通高速"后,基本形成了"**六横七纵八连线**"的高速公路网格局<br>全省建成公路桥梁达2.1万座,使得贵州被称为"**世界桥梁博物馆**",其中**北盘江大桥是世界第一高桥**<br>截至2020年底,贵州有机场11个,形成了"**一枢十支**"的机场格局;其中,"一枢"是指**贵阳龙洞堡国际机场**,这是一座具有先进导航系统和设施的4E级现代化机场 |
| 历史沿革* | 贵州是中国古人类的发祥地之一,从战国后期到西汉初年,**夜郎**是西南夷各部中最强大的地方割据政权<br>**汉初**,今贵州绝大部分仍为古夜郎国领地<br>公元前122年,汉武帝派王然于、吕越人等出使**滇国和夜郎**,留下了"**夜郎自大**"的典故<br>"贵州"一词**始于宋代**,到了明洪武十五年,首次在贵州建立了省一级的军事机构<br>明永乐十一年,建立了贵州布政使司,从此贵州成为行省<br>至清雍正年间,今贵州的疆域基本形成<br>1935年,红军长征途中著名的**遵义会议**在贵州遵义召开<br>中华人民共和国建立后,贵州成为"**三线建设**"重点地区之一 |
| 民俗风情▲ | 贵州是一个多民族省份,少数民族人口占全省总人口的38.9%,少数民族人口仅次于**广西和云南**,居全国第三位<br>贵州民族风情浓郁,**侗家鼓楼和风雨桥、苗族吊脚楼、布依石头寨**等令人赞叹<br>贵州少数民族歌曲以**苗族飞歌、侗族大歌**最具有代表性,特点是激昂、欢快<br>饮食上,贵州人**偏爱酸辣**,喜欢用动物内脏做菜,喜食各种菌类,布依族尤爱吃狗肉<br>**苗族的游方、侗族的行歌坐月、土家族的哭嫁、瑶族的凿壁谈婚**等都历经数百年传承<br>苗族的先祖可追溯到**蚩尤部落**,商周时期,苗族先民先在长江中下游建立"**三苗国**",后多次迁徙,进入西南山区和云贵高原<br>苗族属汉藏语系,有三大方言,分别是**湘西方言、黔东方言和川黔滇方言**<br>**祭鼓节**是苗族民间最大的祭祀活动<br>苗族的**蜡染工艺**已有千年历史<br>苗族人能歌善舞,尤其以**情歌**和**酒歌**享有盛名,**盘歌**是苗族青年男女向对方表达心意、显示才能的一种古老对歌方式<br>**芦笙舞**是流传最广的民间舞蹈,**芦笙**是苗族最具代表性的乐器<br>苗族服饰男装较简朴,女装分**便装**和**盛装**,盛装仅插在发髻上的头饰就有几十种,以**银饰为主,以大为美、以重为美、以多为美**,堪称"**中国民族服饰之最**"<br>**黔东南**是我国和世界上苗族服饰种类最多、保存最好的区域,被称为"**苗族服饰博物馆**"<br>苗族一般在依山傍水处建寨子,聚族而居,其建筑最有特色的就是**吊脚楼**<br>苗族人喜吃**糯食**,日常饮料为**酸汤、油茶**<br>"**分鸡心**"是苗族的交友礼节,若是远道而来的贵宾,苗族人会先请客人饮牛角酒 |

| 类别 | 相关知识点 |
|---|---|
| 文旅资源▲ | **4 项**世界遗产名录景观:中国南方喀斯特(包括贵州荔波、贵州施秉)、中国丹霞赤水、梵净山和土司遗址遵义海龙屯<br>**1 项**人类非物质文化遗产代表作:侗族大歌<br>**8 家**国家 AAAAA 级旅游景区:百里杜鹃、龙宫、黄果树瀑布区、荔波樟江、青岩古镇区、梵净山、镇远古镇、赤水丹霞<br>**2 家**国家旅游度假区:赤水河谷旅游度假区、野玉海山地旅游度假区<br>**4 家**国家生态旅游示范区:樟江、百里杜鹃、梵净山、赤水<br>**夜郎文化,是贵州最独特的历史文化,是贵州文化的源头**<br>夜郎国是春秋到西汉时期西南少数民族地区最强大的两个国家之一<br>夜郎王又称**"竹王"**,以竹为姓,目前贵州省内不少少数民族仍有**奉竹为神灵**的传统,还建有竹王祠<br>**汉代**的盛览和尹珍是较早的两位文化名人,被称为**"贵州文坛之祖"**<br>明代,贵州诗坛群星璀璨,以**谢三秀、杨文聪**两人的成就最高,被誉为**"黔中二隽"**<br>清代贵阳花溪的周起渭既是《康熙字典》编撰人之一,又是著名诗人<br>贵州自然风光独特,喀斯特溶洞遍布,可谓"无山不洞,无洞不奇",被誉为**"喀斯特天然洞穴博物馆"**<br>织金洞规模宏大,被誉为**"溶洞之王"**<br>壮观的黄果树瀑布,被誉为**"中国第一瀑"**<br>贵州还是个有光荣革命传统的地方,**遵义会议会址、黎平会议会址、红军四渡赤水战役旧址**等 11 处红色景区被列入《全国红色旅游经典景区名录》 |
| 饮食文化★ | 贵州菜又称黔菜,由**贵阳菜、黔北菜**和少数民族菜等数种风味组成<br>贵州菜肴的一大特色就是**酸**,贵州有**"三天不吃酸、走路打蹿蹿"**的民谣,酸菜的腌制主要原料为**萝卜、白菜、卷心菜**等<br>美食有凯里酸汤鱼、丝娃娃、青岩状元蹄、花溪牛肉粉等 |
| 风物特产★ | 贵州的主要特产有**名酒、名茶、名药材**和**奇特的工艺品**等<br>名酒以白酒为主,**国酒茅台酒**享有友谊酒和外交酒的美誉,具有"色清透明、**酱香突出**、醇香馥郁、优雅细腻、入口柔绵、清洌甘爽、酒体醇厚丰满、回味悠长、**空杯留香持久**"的特点<br>贵州是茶树原产地之一,**唐代陆羽的《茶经》**中有"茶之出黔中"的记载,都匀毛尖茶是其中的佼佼者<br>贵州盛产药材,向来有**"夜郎无闲草,黔地多良药"**的美名,是中国四大中药材产区之一<br>贵州是**天麻**的主要产地<br>贵州**杜仲**以其皮细肉厚、药力强劲、质量特佳而久负盛名,**遵义**被称为"中国杜仲之乡" |
| 特色产业★ | 贵州是西电东送的重要地区,电力工业地位重要;煤炭、页岩气等能源产业是贵州重要的支柱产业<br>以**白酒为代表的食品业**在全国处于领先地位,近年来**大数据产业**已成为贵州经济发展新引擎<br>截至 2020 年末,贵州**茶叶种植规模居全国第一位**,茶叶已成贵州第一大出口农产品<br>2020 年,贵州**辣椒种植规模也居全国第一位,贵州朝天椒产业集群**已被列入 2020 年优势特色产业集群建设名单 |

# 要点4 云南省

| 类别 | 相关知识点 |
|------|-----------|
| 地理* | 云南属山地高原地形,地势西北高、东南低<br>滇藏交界处的梅里雪山主峰——**卡瓦格博峰**海拔为6740米,是云南的最高山峰<br>云南北部高山峡谷相间,形成了**怒江、澜沧江、金沙江三江并流**的奇特自然地理景观<br>云南的六大水系中,除**金沙江**和**南盘江**外,其他均为跨国河流,流入南中国海和印度洋;<br>全省高原湖泊众多,以**滇池**面积最大,**洱海**次之<br>**抚仙湖**的深度居全省第一,**泸沽湖**次之 |
| 气候* | 云南基本属于亚热带高原季风性气候,气温受地势影响较大,在一个省区市内同时有**寒、温、热**(含亚热带)**三带**气候,可谓"一山分四季,十里不同天" |
| 区划人口* | 云南因处于"**云岭以南**"而得名,地处西南边陲,是我国边境线较长的省份之一,简称"**云**"或"**滇**"<br>现辖16个地级行政区划单位:**8个地级市、8个自治州**<br>总面积为39.41万平方千米<br>2020年末,常住人口约4721万人 |
| 交通状况* | 云南地处中国与**东南亚、南亚**三大区域的接合部,近年来与这些国家已建成3条便捷的国际大通道:一是西路通道,二是中路通道,三是东路通道<br>历史上著名的**史迪威公路**和驼峰航线均经过云南境内<br>抗战时期,云南滇缅公路一度成为当时国内唯一通往国外的战略运输通道;1942年被日军切断后,盟军飞行员开辟了由印度翻越喜马拉雅山脉到云南的航线,长达**800**多千米,**巫家坝机场**是著名驼峰航线的主要终点站<br>1945年改建滇缅公路,修通昆明至印度利多的中印公路,又叫**史迪威公路**<br>截至2020年末,云南共有民用机场15个,机场数量居全国第三位,形成以**昆明长水国际机场**为核心、以其他14个干支线机场为支撑的机场网络体系 |
| 历史沿革* | 1965年,在云南元谋县发现了距今约**170万年**的元谋人牙齿化石,元谋县因此被誉为"元谋人的故乡"<br>元谋,出自傣语,意为"**骏马**"<br>夏商时期,云南属中国九州之一的**梁州**;秦朝以前,就出现过**古滇王国**<br>唐宋时期,曾建立过**南诏国、大理国**等地方政权<br>1276年,**元朝**在云南设立行中书省,云南正式成为全国省级行政区划名称<br>抗战时期,云南一度是大后方 |

| 类别 | 相关知识点 |
|---|---|
| 民族风情▲ | 云南是**民族种类最多**的省份,除汉族外,人口在 6000 人以上的世居少数民族有彝族、哈尼族、白族、傣族等 **25** 个,有 **15** 个民族为云南所特有<br>**纳西族**是云南特有的民族之一,绝大多数在丽江;其创造的文化中,有著名长篇史诗《创世纪》、反映纳西族社会生活的百科全书《东巴经》、用**象形文字**写成的《东巴画谱》等艺术珍品<br>纳西族的建筑、雕刻和绘画融合了**纳西族、汉族和藏族** 3 个民族的传统风格<br>泸沽湖畔的摩梭人仍保留**走婚制**和**母系家庭**的形式;摩梭人的"**阿注婚姻**"被民族学家喻为"**人类社会家庭婚姻发展史上的活化石**"<br>纳西族建筑古朴典雅,丽江古城的**四方街**最具有代表性<br>纳西族最具特色的服饰是妇女的"**七星披肩**",缀以圆形花片,双肩各有 1 个大的,背上并列 7 个小的,分别象征**日月星辰**,表示披星戴月、勤劳不息<br>**白族人**主要居住在**大理白族自治州**<br>大理崇圣寺三塔、剑川石宝山石窟、鸡足山建筑群等有鲜明的民族特点;"**三坊一照壁**"是白族民居建筑中最常见的形式<br>白族的**扎染技艺**与**绕三灵**习俗被列入国家非物质文化遗产名录<br>白族**崇尚白色**,姑娘头饰上显示着"**风花雪月**",垂下的穗子象征下关风,艳丽的花饰象征上关花,顶上的白色象征苍山雪,弯弯的造型代表洱海月<br>白族的传统节日主要有"**三月街**""**绕三灵**""**耍海会**""**火把节**"等<br>"**三月街**"又称"观音街""观音市",已有上千年的历史,自每年 3 月 15 日起,在点苍山中和峰下举行,为期 5—7 天<br>白族主要崇拜"**本主**"(即村社神)<br>一苦、二甜、三回味的"**三道茶**"是白族传统的品茶艺术和待客礼仪<br>**傣族**与壮族、水族、布依族等关系密切,同源于古代"**百越**"<br>傣族普遍信仰上座部佛教<br>民间文艺丰富多彩,著名的**孔雀舞**和"**赞哈(歌手)**"演唱的民间叙事长诗和民歌,为傣族人喜闻乐见<br>**象脚鼓舞**是傣族民间流传最广的男子舞蹈<br>傣族的传统节日有**泼水节**、关门节和开门节等,其中,**泼水节**是傣族人民辞旧迎新的传统节日,又称浴佛节,一般在傣历六月(农历三月中旬),为期 3—5 天<br>**孔雀舞**、**泼水节**等被列入国家非物质文化遗产名录 |
| 文旅资源▲ | 5 项世界遗产名录景观:**丽江古城、三江并流、云南石林、红河哈尼梯田、澄江化石遗址**<br>9 家国家 AAAAA 级旅游景区:普者黑、腾冲火山热海、昆明世博园、香格里拉普达措、崇圣寺三塔、丽江古城、西双版纳热带植物园、玉龙雪山、石林<br>4 家国家旅游度假区:**阳宗海、西双版纳、抚仙湖、大理古城**<br>4 家国家生态旅游示范区:**野象谷**、玉溪庄园、石林景区、七彩云南古滇文化旅游名城<br>2003 年,纳西族**东巴古籍**被列入《**世界记忆名录**》<br>**沧源崖画**是我国目前发现的较古老的崖画之一,产生于 3000 多年前的新石器时代晚期<br>**白沙壁画**融汉、藏、纳西文化于一体,展示了藏传佛教与儒、道等生活故事;禄丰是中国乃至世界发现**恐龙化石**数量最多、个体最完整、种类最丰富的地区,被誉为"**恐龙之乡**" |

| 类别 | 相关知识点 |
|---|---|
| 文旅资源▲ | **纳西古乐**,被誉为"**音乐化石**",由汉族的洞经音乐、皇经音乐(已流失)和丽江本土音乐"白沙细乐"组成,起源于 **14 世纪**,是云南最为古老的音乐,也是中国甚至世界上较古老的音乐之一<br>**明朝**著名航海家、外交家**郑和**,是云南昆阳人,他完成了**七下西洋**的壮举;云南籍音乐家**聂耳**,是国歌《义勇军进行曲》的作曲者,他还创作了《**毕业歌**》《**大路歌**》《**卖报歌**》等数十首革命歌曲<br>**孙髯翁**题写了**滇池大观楼长联**,被后人尊为"**联圣**"<br>名将**蔡锷**在云南发动反对袁世凯的**护国运动**<br>云南元阳县哀牢山南部的梯田,是哈尼族人世代留下的杰作,是红河哈尼梯田的**核心区**<br>香格里拉位于云南西北部的**滇、川、藏"大三角"**区域,是国家三江并流风景区的一颗明珠,是自然生态和民族传统文化的净土,素有"**高山大花园**""**动植物王国**""**神仙居住的地方**"的美称<br>**茶马古道**源于古代西南边陲的茶马互市,兴于唐宋,盛于明清,是西南民族经济文化交流的走廊<br>古道分**川藏、滇藏**两路,连接川滇藏<br>川藏茶马古道,**东起雅州边茶产地雅安,西至西藏拉萨**,最后到不丹、尼泊尔和印度,全长 4000 多千米,已有 1300 多年的历史<br>滇藏茶马古道**南起云南茶叶主产区普洱**,直达拉萨,再转口印度和尼泊尔 |
| 饮食文化★ | 云南菜简称**滇菜**,以烹制山珍、淡水鱼鲜和蔬菜见长<br>具有鲜嫩回甜、酸辣微麻、重油味厚的特点<br>代表菜有汽锅鸡、金钱云腿、傣味香茅草烤鱼、大理夹沙乳扇等<br>风味小吃有**过桥米线**、小碗红糖、鲜花饼、云腿月饼等 |
| 风物特产★ | 土特产有**滇红茶、普洱茶、云南白药、三七、天麻**等<br>"**云南十八怪**":<br>(1)**竹筒当锅煮饭卖**,指的是竹筒饭<br>(2)**牛奶做成扇子卖**,一种用牛奶经特殊工艺加工的扇子状凝乳薄片,俗称"**乳扇**"<br>(3)**过桥米线人人爱**<br>(4)**草帽当锅盖**<br>(5)**米饭粑粑叫饵块**<br>(6)**鸡蛋用草拴着卖**<br>(7)**三个蚂蚱一盘菜**<br>(8)**土锅通洞蒸鸡卖**<br>(9)**谈情说爱用歌代**<br>(10)**竹筒做烟袋**<br>(11)**星云湖里鱼分界**,是指在云南江川**星云湖**与澄江**抚仙湖**相接处,水虽相连,但两湖的鱼不相来往<br>(12)**新娘要把墨镜戴**;大理白族是一个善于接受新生事物的民族,100 多年前结婚戴墨镜就已经是很时髦的事情了<br>(13)**娃娃出门男人带**<br>(14)**四季服装同穿戴**<br>(15)**大理石头当画卖**;构图色彩精美的大理石称为**天然石画**,艺术欣赏价值较高 |

| 类别 | 相关知识点 |
|---|---|
| 风物<br>特产★ | (16)**火车没有汽车快**;21 世纪初,云南就有米轨铁路,火车盘山而行,时速仅 30—40千米,云南现存全国唯一的一段"寸轨"(72 厘米)铁路,直到 20 世纪 90 年代还在使用<br>(17)**石头生在云天外**<br>(18)**四季鲜花开不败**;云南被称为"春城",四季鲜花常开 |
| 特色<br>产业★ | **云南花卉产业**在全国具有领先地位,**昆明花拍中心**是亚洲第一、世界第二大鲜切花拍卖市场<br>云南矿产资源极为丰富,尤以**有色金属及磷矿**著称,被誉为"**有色金属王国**",个旧被誉为"**世界锡都**"<br>云南地热资源丰富,尤以**滇西腾冲**地区的分布最为集中,全省露出地面的天然温泉约有 700 处,居**全国之冠**<br>**云南花卉产业集群、云南高原蔬菜产业集群**被列入 2020 年优势特色产业集群建设名单 |

# 要点 5  西藏自治区

| 类别 | 相关知识点 |
|---|---|
| 地理* | 西藏是世界上海拔最高的地区,素有"**世界屋脊**"之称<br>全区地形可分为**藏北高原、雅鲁藏布江流域、藏东峡谷地带**三大区域<br>境内山脉大致可分为东西向和南北向两组<br>境内超过 8000 米的高峰有 **5** 座,其中海拔为 8848.86 米的世界第一高峰——珠穆朗玛峰就耸立在**中尼边境**上<br>西藏境内著名的河流有**金沙江、怒江、澜沧江**和**雅鲁藏布江**<br>西藏还是**国际河流分布最多的中国省区市**,亚洲著名的**恒河、印度河、布拉马普特拉河、湄公河**等河流的上游都在这里 |
| 气候* | 西藏**空气稀薄**,气压低,含氧量少;太阳辐射强烈,日照时间长;气温低,积温少;降水少,季节性明显,**夜雨率高**;干季时间长,多大风,夏季多冰雹和雷暴。气候类型复杂,垂直变化大,自东南向西北依次为**热带、亚热带、高原温带、高原亚寒带、高原寒带** |
| 区划<br>人口* | 西藏是中国西南边陲的重要门户,简称"**藏**",首府拉萨<br>下辖 6 个地级市——拉萨、日喀则、山南、昌都、林芝、那曲,以及 1 个地区——阿里地区,合计 **7 个地级行政单位**<br>全区面积约 122.84 万平方千米,仅次于新疆,居全国**第二位**<br>2020 年末,常住人口约为 364.81 万人,是中国**人口最少、密度最小**的省区市 |

| 类别 | 相关知识点 |
|---|---|
| 交通状况* | 1954 年 12 月 25 日,闻名世界的**青藏**、**川藏公路**修通了,至此西藏才有了现代意义上的公路汽车运输<br>被誉为"**天路**"的**青藏铁路**通车,结束了西藏没有铁路的历史,它全长 1956 千米,是**世界上海拔最高**、**在冻土上路程最长**的高原铁路,2013 年入选"**全球百年工程**",是世界铁路建设史上的一座丰碑<br>2020 年**川藏铁路**全线开工,这是继青藏铁路后的第二条进藏铁路<br>截至 2020 年底,西藏有拉萨贡嘎机场、林芝米林机场、日喀则和平机场、昌都邦达机场和阿里昆莎机场 5 个民用机场 |
| 历史沿革* | 西藏古称"**蕃**",**7 世纪初**,松赞干布统一西藏而建立吐蕃王朝<br>**元朝**时中央政府设立管理藏区事务的**宣政院**,建立西藏萨迦地方政权,西藏成为中国**元朝中央政府直接治理**下的一个行政区域<br>1652 年和 1713 年,清政府分别册封达赖和班禅,正式确定其封号<br>1727 年,正式设立驻藏大臣办事衙门,对西藏进行全面管理<br>1791 年,清政府派军进驻西藏,规定**驻藏大臣**和**达赖**、**班禅**共同掌管西藏事务<br>1951 年 5 月 23 日,**西藏实现和平解放**<br>1965 年 9 月 1 日,**西藏自治区正式成立**,首府拉萨 |
| 民族风情▲ | 西藏是以**藏族为主体**的少数民族自治区,是全国藏族居民最集中的地区<br>藏族是中国古老的民族之一,"藏"是汉语称谓,藏族自称"**博巴**",意为**农业人群**<br>藏语依地区分为 3 个方言,**卫藏方言和康方言都有声调**,**安多方言没有声调**;藏文创制于公元 7 世纪前期,是 **4 个元音符号**和 **30 个辅音字母**的拼音文字,自左向右用竹笔、墨汁书写,字体主要为"有头字(楷体)"和"无头字(草体)"两种<br>藏族的主食和饮料分别是**糌粑**、**肉食和奶制品**、**酥油茶**、**青稞酒**,其中**糌粑是藏族特有的主食**<br>藏族服饰的基本特征是**长袖**、**宽腰**、**大襟**<br>藏族穿衣,里面都要有一件衬衫,外面穿藏袍<br>藏族农区多垒石建房,称为**碉房**,牧区则住用牦牛毛织成的帐篷<br>佛教在 7 世纪传入藏地后,吸收了当地原始苯教(俗称黑教)的信仰和仪式,逐渐形成不同教派,其中**格鲁派**在藏传佛教中占主导地位<br>所属寺院有拉萨的**甘丹寺**、**色拉寺**、**哲蚌寺**,日喀则的**扎什伦布寺**,昌都的昌都寺<br>格鲁派实行**活佛转世制度**,**达赖喇嘛**和**班禅额尔德尼**是这一教派的两大活佛转世系统<br>**13 世纪**,噶玛噶举派认定一幼童为上师噶玛拔希的转世灵童,**西藏就此出现第一位转世活佛**<br>**献哈达**是藏族待客最普遍的一种礼仪,**磕头**是藏族常见的礼节,**馈赠**是藏族人民十分重视的事情,凡有喜庆活动必然送礼致贺<br>藏族主要节日有**藏历年**(相当于汉族的春节)、酥油灯节、**雪顿节**(意为酸奶盛筵)、**望果节**(7 月庆祝丰收)、沐浴节(即沐浴周)等 |

| 类别 | 相关知识点 |
|---|---|
| 文旅资源▲ | 1 项世界遗产景观:布达拉宫历史建筑群(大昭寺、罗布林卡)<br>两项人类非物质文化遗产代表作:藏戏、《格萨尔》<br>5 家国家 AAAAA 级旅游景区:布达拉宫、大昭寺、巴松措、扎什伦布寺、雅鲁藏布大峡谷<br>1 家国家旅游度假区:林芝市鲁朗小镇旅游度假区<br>藏族的英雄史诗《格萨尔王传》有六七十部,150 多万行,是世界上最长的史诗<br>14 世纪编成的藏文《大藏经》,包含的经书达 4500 多种,分为《甘珠尔》《丹珠尔》两大部类,下又分为 10 种(十明学)<br>西藏的人文旅游资源也很丰富,主要有:<br>以布达拉宫、大昭寺、罗布林卡等为代表的历史文化名城拉萨名胜区<br>以山南雍布拉康、桑耶寺、藏王墓群等为代表的藏文化发祥地雅砻风景名胜区<br>以日喀则扎什伦布寺、萨迦寺、夏鲁寺等为代表的后藏宗教文化人文景观区<br>以藏北古格王朝古都遗址为代表的文物古迹人文景观区<br>以昌都康区文化为代表的"茶马古道"历史文化人文景观区。<br>西藏三大"圣湖"——玛旁雍措、纳木措、羊卓雍措享誉世界<br>日喀则的珠穆朗玛峰雪山风光、有"西藏江南"之称的林芝桃花节、世界最大峡谷雅鲁藏布大峡谷等都负有盛名 |
| 饮食文化★ | 酥油、茶叶、糌粑、牛羊肉被称为西藏饮食的"四宝"<br>藏餐分为主食、菜肴、汤三大类<br>藏餐口味清淡、平和,除了盐和葱蒜外,一般不放辛辣的调料<br>藏族的主食是糌粑,酥油茶是藏族人民不可缺少的饮料<br>酥油是从牛羊奶里提炼的,以夏季牦牛奶里提炼的金黄色酥油为最佳,从羊奶里提炼的则为纯白色<br>西藏的青稞酒用青稞酿成,度数较低,是藏族群众喜庆过节必备 |
| 风物特产★ | 有冬虫夏草、藏红花、藏茶、西藏木碗、麝香、藏香、藏饰品、唐卡、藏刀、手工地毯等 |
| 特色产业★ | 西藏着力培育七大产业:高原生物产业、文化旅游产业、清洁能源产业、绿色工业、现代服务业、高新数字产业、边贸物流产业<br>藏医藏药历史悠久,藏药工业化生产逐步壮大,藏医药产业体系基本形成<br>西藏青稞产业集群被列入 2020 年优势特色产业集群建设名单 |

## 课后学习任务

### 灵活练习——模拟题演练:来,试试你的水平!

判断题:

●云南北部高山峡谷相间,形成了"怒江、澜沧江、金沙江"三江并流的奇特自然景观。(　　)

●酥油、茶叶、糌粑、牦牛肉被称为西藏饮食的"四宝"。(　　)

**单选题：**

●贵州最独特的本土文化是(          )。

A. 饮酒文化          B. 中药文化          C. 夜郎文化          D. 饮茶文化

●世界上海拔最高、在冻土上路程最长的高原铁路是(          )。

A. 青藏铁路          B. 新藏铁路          C. 川藏铁路          D. 滇藏铁路

**多选题：**

●下列对重庆称呼正确的是(          )。

A. 山城          B. 渝          C. 雾都          D. 蜀          E. 黔

●下列属于川菜上河帮代表性菜品的有(          )。

A. 麻辣火锅          B. 麻婆豆腐          C. 回锅肉          D. 宫保鸡丁          E. 鱼香肉丝

# 专题十八 西北地区导游基础知识要点

## 学习目标

了解：历史、地理、气候、区划、人口、交通等概况。

熟悉：列入世界遗产名录的中国遗产地景观，列入人类非物质文化遗产代表作名录的遗产项目，国家 AAAAA 级旅游景区，国家级旅游度假区和国家生态旅游示范区；各民族具有代表性的历史文化和民俗风情。

掌握：各地代表性饮食的特点、主要美食和风物特产，国内知名的地域文化、民族文化及特色产业。

## 要点 1 陕西省

| 类别 | 相关知识点 |
|------|-----------|
| 地理* | 连接南北、沟通中西的要道<br>是"一带一路"经济带的重要节点<br>地势南北高、中间低，西向东倾斜；海拔为 3767 米的太白山为最高点<br>**三大自然区——黄土高原(北)、关中平原(中)、秦巴山区(南)**<br>中国南北气候分界线**秦岭山脉**横贯全省 |
| 气候* | 纵跨 3 个气候带：陕南属**北亚热带**，关中及陕北大部属**暖温带**，陕北北部长城沿线属**中温带**<br>总气候特征：春暖干燥降水少，风沙多；夏炎热多雨，间有伏旱；秋凉爽；冬寒冷干燥，雨雪少 |
| 区划<br>人口* | 陕西省简称"陕"或"秦"，省会西安<br>下辖 10 个地级市<br>2020 年末，常住人口约为 3953 万人 |
| 交通<br>状况* | 汉代张骞开通**丝绸之路**，为"一带一路"奠定基础<br>**咸阳机场**是西北地区最大民用机场，也是全国八大区域航空枢纽之一 |

| 类别 | 相关知识点 |
|---|---|
| 历史沿革* | 有**蓝田猿人（100 多万年前）**、大荔人、黄龙人<br>**6000 年前**,出现**半坡遗址（仰韶文化、母系氏族）**<br>**5000 年前**,出现**黄帝（姬水流域）**与炎帝部落（**姜水流域**）——华夏族<br>**14 个朝代**在陕西建都<br>陕西地方行政区划始于**春秋战国**时期<br>**西汉京师长安城**是中国历史上第一个大规模城市<br>隋文帝时期,宇文恺在汉长安城东南规划**大兴城**<br>**唐长安城**是当时世界上最大的城市,"安史之乱"后衰落<br>土地革命时期,先后创建**陕甘边**和**陕北**两块革命根据地<br>**1935 年 10 月 19 日**,红军经过二万五千里长征抵达陕北 |
| 民族风情▲ | 以**汉族、回族**为主,兼有少量少数民族杂居<br>陕西是中国回族重要形成地之一,回族人口较多 |
| 文旅资源▲ | **3 项世界遗产名录景观:秦始皇陵及兵马俑坑、长城**（陕西段）、**丝绸之路**（陕西段）<br>**1 项人类非物质文化遗产代表作:西安鼓乐**<br>**11 家国家 AAAAA 级旅游景区:秦始皇陵兵马俑博物馆、华清池景区、黄帝陵景区、大雁塔—大唐芙蓉园景区、华山、法门寺佛文化景区、太白山旅游景区、金丝峡景区、西安城墙—碑林历史文化景区、延安革命纪念地景区、大明宫旅游景区**<br>**1 家国家旅游度假区:**宝鸡市**太白山温泉旅游度假区**<br>**4 家国家生态旅游示范区:**（西安市）**世博园国家生态旅游示范区**、(商南县)**金丝峡国家生态旅游示范区**、商洛市**金丝峡景区**、西安市**临潼生态旅游区**<br>革命圣地延安是最负盛名的红色旅游地之一。**1937—1947 年**,延安一直是**中共中央所在地和陕甘宁边区首府**,是**中国革命的指导中心和总后方**,包括凤凰山中共中央旧址、杨家岭中共中央旧址、枣园中共中央书记处旧址、延安宝塔、鲁迅艺术文学院、南泥湾、白求恩国际和平医院旧址等<br>**秦岭大熊猫野外种群的增幅和密度居全国之首** |
| 饮食文化与风物特产★ | 陕菜风味有关中菜、陕南菜、陕北菜<br>主要美食有牛羊肉泡馍、腊汁肉夹馍、凉皮、锅盔、**石烹（石子馍）**<br>风物特产有蓝田玉、**陕北剪纸**、风翔泥塑、秦腔脸谱、**榆林柳编** |
| 特色产业★ | 陕西是科教大省、国防科技工业基地 |

# 要点 2  甘肃省

| 类别 | 相关知识点 |
|---|---|
| 地理* | 甘肃是我国地理中心,地貌类型复杂多样;**西南向东北倾斜,狭长状**<br>**六大地形区**:陇南山地、陇中黄土高原、甘南高原、河西走廊、祁连山地、河西走廊以北地带 |
| 气候* | 由南向北,分为**四大气候类型**:亚热带季风、温带季风、温带大陆(干旱)、高原高寒气候 |
| 区划<br>人口* | **甘肃省以甘州(张掖)、肃州(酒泉)二地首字命名,简称"甘"**<br>**省境大部分在陇山(六盘山)以西,唐代曾在此设置过陇右道,故又简称"陇"**<br>下辖 12 个地级市<br>2020 年末,常住人口为 2501 余万人 |
| 交通<br>状况* | **中国铁路东西大动脉**:**陇海、兰新、兰青、包兰四大铁路交会于兰州**<br>以黄河河道为主的内河航运 |
| 历史<br>沿革* | 商周,周秦部族崛起<br>汉朝设诸郡,设立丝绸之路通道<br>隋唐时,《资治通鉴》记载:"天下称富庶者,无如陇右。"<br>元朝设甘肃省 |
| 民族<br>风情▲ | **本省特有的少数民族——东乡族、裕固族、保安族**<br>**东乡族、保安族习俗与回族基本相似**:男子戴黑、白平顶软帽,女子戴盖头(婚前绿、婚后黑、老年白);以"**三香茶**"(三泡台)待客<br>**东乡族**:请客人上炕,主人陪客但不坐不吃,在一旁端饭倒茶;鸡尾最贵重,给年长或最尊贵的主客吃<br>**保安族**:婚礼演唱"**宴席曲**"(分为散曲、叙事曲、说唱曲)<br>**裕固族**:信仰"**点格尔汗**"原始崇拜,崇尚骑马射箭,饮食饮料以奶和茶为主 |
| 文旅<br>资源▲ | **3 项世界遗产名录景观**:**敦煌莫高窟、嘉峪关长城、丝绸之路**(甘肃段)<br>**两项人类非物质文化遗产代表作**:甘肃花儿、甘南藏戏(部分)<br>**6 家国家 AAAAA 级旅游景区**:嘉峪关文物景区、敦煌鸣沙山·月牙泉景区、麦积山景区、崆峒山景区、张掖七彩丹霞景区、炳灵寺景区<br>**5 家国家生态旅游示范区**:(甘南州)当周草原国家生态旅游示范区、(兰州市)兴隆山国家生态旅游示范区、甘肃省平凉市崆峒山生态文化旅游区、酒泉市鸣沙山月牙泉景区、甘南州黄河首曲生态旅游区<br>**长城大省**:**秦汉明三代长城起点,全国现存 60%以上**("天下第一雄关"嘉峪关)<br>**红旅资源**:**红军长征结束地**(会宁会师塔)、西部最早红色政权、西路军历史。<br>**丝绸之路中国段的精华区段**:**天水伏羲庙**(规模最大、保存最完整的纪念伏羲氏的明代建筑群)、全国唯一一个黄河穿城而过的城市——**兰州**(黄河水车、羊皮筏子、黄河母亲雕像)、鸣沙山—月牙泉、武威雷台汉墓、"**石窟鼻祖**"——**天梯山石窟**、**西藏纳入中国版图的见证地**——**白塔寺**、世界最大的室内卧佛——**张掖大佛寺**、山丹马场、马蹄寺景区(石窟艺术、祁连山风光、裕固族风情)、"**天下第一雄关**"——**嘉峪关**、"**世界艺术宝库**"——**莫高窟** |

| 类别 | 相关知识点 |
|---|---|
| 文旅资源▲ | 传统及民俗:临夏回族、"九色香巴拉"甘南藏族、炳灵寺石窟、郎木寺<br>戏剧大省:舞剧《丝路花雨》《大梦敦煌》、花儿剧<br>佛窟艺术:**敦煌莫高窟(我国及世界壁画最多的石窟群)**、天水麦积山石窟(东方雕塑陈列馆) |
| 饮食文化与风物特产★ | 主要美食:**清汤牛肉面**、陇西腊肉、静宁烧鸡、酿皮子、靖远羊羔肉<br>风物特产:陇上"八梨"、黄河蜜、白兰瓜、**李广杏**、"归芪黄参草"、夜光杯、洮砚 |
| 特色产业★ | 矿产资源丰富:**矿业开发已成为甘肃的重要经济支柱**<br>风力资源(全国第五位):"世界风库"——**瓜州**<br>农产品丰富,"**甘味**",有牛羊菜果薯药六大特色产业<br>药材品种:**9500多种**,居全国第二位<br>养马历史悠久:**自汉以来一直是我国养马业重地** |

# 要点3　青海省

| 类别 | 相关知识点 |
|---|---|
| 地理* | **青海省是长江、黄河、澜沧江的发源地,被誉为"江河源头""三江源""中华水塔"**<br>**青海湖是我国最大的内陆咸水湖**<br>柴达木盆地以"聚宝盆"著称于世<br>3种地形:**青藏高原、内陆干旱盆地、黄土高原** |
| 气候* | 3种气候类型:大陆季风气候、内陆干旱气候、青藏高原气候<br>**地区间气候差异大,垂直变化明显**<br>**日照长,辐射强,太阳能丰富**<br>**冬季长,夏季凉**<br>**气温日较差大、年较差小、降水少** |
| 区划人口* | 青海省简称"青",省会西宁<br>下辖两个地级市<br>2020年末,常住人口为592余万人 |
| 交通状况* | 西宁曹家堡机场是省内唯一一个二级机场<br>**2014年进入"高铁"时代** |
| 历史沿革* | **羌族于公元前2世纪移居青海**<br>**公元前121年**,汉代大将霍去病在此设临羌县<br>唐宋为吐蕃属地<br>1928年,设青海省<br>1950年1月1日,青海省人民政府成立 |

| 类别 | 相关知识点 |
|---|---|
| 民族风情▲ | 多民族聚居，少数民族人口比例仅低于西藏和新疆<br>**土族**和**撒拉族**为青海所独有<br>土族：<br>喜欢饮酒(酩酼)，"吉祥如意三杯酒"、启程时"上马三杯酒"，**不能喝酒蘸三滴、对空弹三下**<br>**彩虹袖(彩虹之乡)**，妇女服饰"**七彩袖**""**帖弯**"(未婚红色，已婚黑、蓝)<br>"**纳顿节**"——庆祝丰收、谢神恩(七月会，世界上最长狂欢节)<br>撒拉族：<br>特色有《**骆驼舞**》、"**撒拉花儿**""**口弦**"、打"**蚂蚱**"<br>传统节日有开斋、古尔邦、圣纪节<br>饮料以奶茶、麦茶为主<br>问好道"**色兰**"，敬重"**舅亲**" |
| 文旅资源▲ | **1 项**世界遗产名录景观：青海可可西里<br>**两项**人类非物质文化遗产代表作：热贡艺术、《格萨尔》史诗<br>**4 家**国家 AAAAA 级旅游区：青海湖风景名胜区、西宁市塔尔寺景区、海东市互助土族故土园景区、阿咪东索景区<br>**3 家**国家生态旅游示范区：青海湖景区、大通老爷山—鹞子沟旅游区、牛心山—卓尔山景区<br>**4 大**旅游区：东部以藏传佛教及民俗为主，青海湖以鸟岛自然风光为主，西部高原山地景观为主，柴达木盆地以特殊地貌为主<br>自然旅游资源：青海湖观鸟、三江源、金银滩草原(世界名曲《在那遥远的地方》的诞生地)、门源百里油菜花海(最大北方小油菜基地，**7 月为最佳观赏期**)<br>民族文化：历史藏戏《松赞干布》、音画歌舞《秘境青海》<br>"**塔尔寺三绝**"：酥油花、堆绣、壁画<br>有同仁"热贡艺术"、藏乡"六月会"、土族"於菟"舞等<br>《格萨尔》：世界上唯一一部至今还在不断创造的"**活着的史诗**"(果洛藏族自治州是"**中国格萨尔文化之乡**")<br>昆仑山为"**万山之祖**""**中华龙脉之祖**"，有昆仑神话的传说 |
| 饮食文化与风物特产★ | 民族风味各异，**青海菜具有一种粗犷的美**，主料以牛羊肉为主<br>主要美食：湟鱼、面片、酸奶、甜醅、羊肠面等<br>风物特产：**昆仑玉**、安冲藏刀、土族盘绣、**冬虫夏草**、门源青稞、牦牛肉干、柴达木枸杞等 |
| 特色产业★ | 动能产业：海南、海西两个可再生能源基地双双跃上千万千瓦级台阶；**清洁能源装机占比超过九成，全国领先**；"百日绿电三江源"再创世界新纪录<br>**全国首个全清洁能源运营的大数据产业园投运**、青稞和牛羊肉交易中心、西北地区首个根镜像服务器上线运行<br>作为全国五大牧区之一，青海是牦牛养殖大省和牦牛资源大省，青海牦牛产业成功跻身国家优势特色产业集群<br>2010 年，在青海冻土带发现了**可燃冰资源**，使中国成为世界上**第三个**在陆地上发现可燃冰的国家 |

# 要点 4　宁夏回族自治区

| 类别 | 相关知识点 |
|---|---|
| 地理* | 全境海拔在 1000 米以上,地势南高北低<br>地形分三大板块:北部引黄灌溉(塞上江南);中部干旱带,干旱少雨,风沙大;南部山区 |
| 气候* | **属典型的大陆性气候**,为温带半干旱、半湿润气候<br>春多风沙、夏少酷暑、秋凉冬寒、**降水少、日照足、蒸发强** |
| 区划<br>人口* | 宁夏回族自治区简称"宁",首府银川<br>下辖 5 个地级市,2020 年末常住人口为 720 余万人<br>**全国最大的回族聚居区** |
| 交通<br>状况* | 2019 年 12 月,银中高铁(银川—中卫)通车,标志着宁夏正式迈入"高铁时代" |
| 历史<br>沿革* | 宁夏灵武市水洞沟旧石器时代晚期遗址,距今 3 万年<br>公元前 3 世纪,秦始皇设郡兴修水利、引黄灌溉<br>**丝绸之路的重要节点**<br>唐肃宗在宁夏称帝<br>**北宋党项族以宁夏为中心建立政权**<br>1227 年(元代)始有"宁夏"之名<br>**1958 年,成立宁夏回族自治区** |
| 民族<br>风情▲ | **回族每年主要过 3 个重大节日,即开斋节、古尔邦节和圣纪节**<br>回族主要从事农业,善于经营;不抽烟、不饮酒、爱饮茶(八宝盖碗茶)<br>衣着(头饰是最经典配饰):妇女戴盖头(少女绿、已婚黑、年老白);男子戴"回回帽";<br>**崇尚白色**(洁净喜悦);衣、冠颜色以白、绿、黑为主<br>曲艺:"花儿"(民间歌谣,只能在野外唱)、"宴席曲"(喜庆场合演唱)<br>提倡习武:昆仑派 |
| 文旅<br>资源▲ | **1 项世界遗产名录景观:长城**(宁夏段)<br>**1 项人类非物质文化遗产代表作:花儿**<br>**4 家国家 AAAAA 级旅游景区:**银川**镇北堡西部影视城**、石嘴山市**沙湖**旅游景区、中卫市**沙坡头**旅游景区、银川市灵武**水洞沟**旅游景区<br>**2 家国家生态旅游示范区:**(中卫市)**沙坡头**国家生态旅游示范区、宁夏回族自治区石嘴山市**沙湖**旅游景区<br>资源丰富:"两山一河"(贺兰山、六盘山、黄河)、"两沙一陵"(沙湖、沙坡头、西夏王陵)、"两堡一城"(将台堡、镇北堡、古长城)、"两文一景"(西夏文化、伊斯兰文化、塞上江南景观)<br>张贤亮创办的镇北堡西部影城,有着"中国电影从这里走向世界"之美誉<br>**西夏王陵有"东方金字塔"之称,有 9 座帝王陵墓**<br>贺兰山岩画记录了 **10000—3000 年**前放牧狩猎祭祀等场景(自然崇拜、生殖崇拜、图腾崇拜等) |

| 类别 | 相关知识点 |
|---|---|
| 文旅资源▲ | 回族文化:宗教音乐——《古兰经》咏诵;民间音乐——"宴席曲"(大雅之堂)、"花儿"("野曲",不入大雅之堂);舞蹈——宴席曲、汤瓶舞(礼拜清洗)、踏脚舞(男子阳刚气)<br>回族穆斯林把练武尊为"逊尔",意思是高尚的圣行<br>有银川南关清真大寺、同心清真大寺(宁夏历史最久、规模最大) |
| 饮食文化与风物特产★ | 回民小吃众多,擅长烹制羊肉<br>主要美食有油香、盖碗茶、黄渠桥爆炒羊羔肉、手抓羊肉(热吃、冷吃、煎吃)、凉拌沙葱、蒿子面<br>风物特产"五宝"有枸杞(红)、甘草(黄)、贺兰石(蓝)、滩羊皮(白)、太西煤(黑)<br>宁夏是枸杞的原产地,是世界上枸杞品质最好、种植时间最长的地方,其中又以中宁所产的为最佳<br>贺兰石是水成岩,是制作砚台的材料,清末已有"一端二歙三贺兰"的说法<br>有大米、硒砂瓜 |
| 特色产业★ | 宁夏有农业、能源、旅游三方面的优势<br>(1)农业:耕地面积广阔,人均耕地居全国第二位,商品粮产地之一<br>(2)能源:有丰富的黄河水资源、储量大的煤炭资源、分布广泛的火电站;人均发电量居全国第一位<br>(3)旅游:黄河文明、西夏历史、大漠风光 |

# 要点5　新疆维吾尔自治区

| 类别 | 相关知识点 |
|---|---|
| 地理* | 位于亚欧大陆中部,地处中国西北边陲<br>与8个国家接壤,陆地边境线长5700多千米,约占全国陆地边境的1/4<br>是我国面积最大、陆地边境线最长、毗邻国家最多的省区市<br>总面积为166万平方千米,占全国陆地面积的1/6,是全国面积最大的省级行政单位<br>"三山夹两盆":由北向南分别为阿尔泰山、准噶尔盆地、天山、塔里木盆地(中国最大全封闭内陆盆地)、昆仑山<br>中国最大沙漠——塔克拉玛干沙漠<br>中国最长内陆河——塔里木河<br>中国最大内陆淡水吞吐湖——博斯腾湖<br>中国陆地最低点——艾丁湖<br>"火洲"——吐鲁番盆地<br>"塞外江南"——伊犁谷地 |
| 气候* | 大陆性气候,南疆干旱温暖,北疆寒冷,雨雪充沛<br>日照时长居全国第二位 |

| 类别 | 相关知识点 |
|---|---|
| 区划<br>人口* | 下辖 14 个地（市、州）<br>新疆生产建设兵团下辖 14 个师、9 个市<br>2020 年末，常住人口为 2585 余万人 |
| 交通<br>状况* | 形成"四横四纵"的铁路格局<br>有 22 个民用机场<br>三位一体一类口岸：阿拉山口口岸、霍尔果斯口岸<br>丝绸之路经济带交通：兰新铁路（甘肃疏勒河至哈萨克斯坦阿拉山口）；新亚欧大陆桥（连云港至鹿特丹），途经国内 7 个省区市，30 多个国家和地区。<br>中哈原油管道是我国第一条跨国原油管道和连接里海油田到中国内陆的重要能源通道<br>我国目前试点运行的 10 个国际公路运输（Transport International Routier，TIR）口岸中，有 6 个位于新疆 |
| 历史<br>沿革* | 古称"西域"，公元前 60 年设西域都护府<br>1884 年，改称为新疆（故土新归）<br>1955 年，成立新疆维吾尔自治区 |
| 民族<br>风情▲ | 民间口头文学：柯尔克孜族《玛纳斯》长篇英雄长诗、藏族《格萨尔》和蒙古族《江格尔》组成我国民族文学领域"三大史诗"<br>历史文学：《福乐智慧》《突厥语词典》<br>"歌舞之乡"：维吾尔木卡姆艺术、柯尔克孜族《玛纳斯》、"花儿"（甘青宁新四省合报非遗名录）。16 世纪初产生了《十二木卡姆》——十二部大型套曲<br>民族体育："刁羊"（新疆各民族普遍喜爱）、"姑娘追"（哈萨克族马上体育）、"达瓦孜"（维吾尔族走高绳）<br>传统科技文化：坎儿井、元代《农桑衣食撮要》<br>四大文化（古印度、古希腊、波斯伊斯兰、古代中国文化）交汇地<br>口头文学、历史、歌舞、体育、科技等文化深厚<br>除三大伊斯兰教节日外，还有"诺鲁孜"节——辞旧迎新<br>哈萨克、柯尔克孜、塔吉克等游牧民族热情待客：日落不许离开，杀羊头给客人，客人住毡房最上方；锡伯族见长辈"打千"<br>维吾尔族以面食为主，多牛羊肉少蔬菜，爱戴"尕帕"（四楞小花帽），男人穿袷袢，女子戴头巾、蒙面纱，长发多以辫为美；问好为"撒拉木"<br>建筑有冬（在后卧室）、夏（在前会客）之分，有土炕坐卧，爱挂壁毯，大门忌向西 |
| 文旅<br>资源▲ | 3 项世界遗产名录景观：丝绸之路（新疆段）、长城（新疆段）、新疆天山<br>两项人类非物质文化遗产代表：新疆维吾尔木卡姆艺术、新疆柯尔克孜《玛纳斯》<br>16 家国家 AAAAA 级旅游景区：阿勒泰地区喀纳斯、吐鲁番市葡萄沟、新疆天山天池、新疆伊犁那拉提、阿勒泰地区富蕴可可托海、喀什地区泽普金湖杨、乌鲁木齐天山大峡谷、巴音郭楞蒙古自治州博斯腾湖、喀什噶尔老城、新疆维吾尔自治区巴音州和静巴音布鲁克、新疆维吾尔自治区伊犁州喀拉峻、新疆生产建设兵团第十师白沙湖、克拉玛依世界魔鬼城、帕米尔旅游区、赛里木湖、新疆生产建设兵团塔克拉玛干·三五九旅文化旅游区<br>1 家国家旅游度假区：那拉提旅游度假区<br>5 家国家生态旅游示范区：五家渠青湖国家生态旅游示范区、一八五团白沙湖边境生态旅游区、那拉提旅游风景区、巴尔鲁克旅游风景区、六师一万泉旅游景区 |

| 类别 | 相关知识点 |
|---|---|
| 饮食<br>文化★ | **西域风味浓烈**,色香味俱佳<br>有烤羊肉串、烤全羊、抓饭、手抓羊肉、烤馕、马奶子酒、烤包子、油馓子、油塔子、奶茶等 |
| 风物<br>特产★ | 有"瓜果之乡""金玉之邦""地毯丝绸王国"的美誉<br>吐鲁番葡萄、库尔勒香梨、哈密瓜、阿克苏苹果等<br>和田玉、红花、蜜饯<br>长绒棉 |
| 特色<br>产业★ | 交通优势:亚欧大陆桥必经之地、丝绸之路经济带核心区<br>能源基地(石油石化、煤炭化工等)、运输通道<br>长绒棉居世界顶级 |

## 课后学习任务

**灵活练习——模拟题演练:来,试试你的水平!**

**判断题:**

●陕西是国内邻接省区市数量较多的省份之一,具有承东启西、连接西部的区位之便。

(　　　)

●"木卡姆"是大型套曲的意思,《十二木卡姆》就是指十二部大型套曲。　　　(　　　)

**单选题:**

●甘肃省武威市雷台东汉墓出土的青铜器"马踏飞燕"于(　　　)被原国家旅游局确定为中国旅游标志。

　　A. 1983 年　　　　　　B. 1985 年　　　　　　C. 1987 年　　　　　　D. 1989 年

●巴扎是维吾尔族的传统(　　　)。

　　A. 歌舞盛会　　　　　B. 贸易集市　　　　　　C. 宗教活动　　　　　D. 竞技项目

**多选题:**

●被誉为"塔尔寺艺术三绝"的是(　　　)。

　　A. 酥油花　　　　B. 堆绣　　　　　C. 绘画　　　　　D. 壁画　　　　　E. 雕塑

●"诺鲁孜节"是(　　　)共有的传统民族节日。

　　A. 维吾尔族　　　　B. 哈萨克族　　　　C. 蒙古族　　　　　D. 乌孜别克族

　　E. 塔吉克族

# 专题十九　港澳台地区导游基础知识要点

**学习目标**

了解：历史、地理、气候、区划、人口、交通等概况。

熟悉：列入世界遗产名录的中国遗产地景观，列入人类非物质文化遗产代表作名录的遗产项目，国家 AAAAA 级旅游景区，国家级旅游度假区和国家生态旅游示范区；各民族具有代表性的历史文化和民俗风情。

掌握：各地代表性饮食的特点、主要美食和风物特产，国内知名的地域文化、民族文化及特色产业。

## 要点 1　香港特别行政区

| 类别 | 相关知识点 |
|------|-----------|
| 地理* | 香港位于**珠江口东侧**，由**香港岛**、**九龙**、**新界**内陆地区以及 **262 个大小离岛**组成，陆地总面积为 1106.66 平方千米，素有"**东方明珠**"之称<br>香港山多平地少，岛屿众多，以**大屿山**面积最大，其次是**香港岛**<br>**弯曲的海岸线**，是香港地貌的特征之一；香港另一地形特征为有被四周岛屿高山所包围的**维多利亚港**，分隔了九龙和香港岛，它是世界三大天然良港之一 |
| 气候* | 属**亚热带季风气候**，7—9 月是台风较多的季节 |
| 区划<br>人口* | 香港下辖**香港岛**、**九龙半岛**、**新界** 3 个地区共 18 个分区<br>居民大部分**原籍广东**，普遍**讲粤语**<br>香港岛以南的**鸭脷洲**则是全球人口最稠密的岛屿之一<br>外籍人口以印度尼西亚和菲律宾的为主 |

| 类别 | 相关知识点 |
|---|---|
| 交通状况* | 香港是世界游客进入中国内地的一个桥梁和窗口,香港国际机场被评为五星级机场,曾八度被评为全球最佳机场<br>**港珠澳大桥**全长 **55 千米**,是目前**世界上最长的跨海大桥**,使香港到珠江西岸的车程从之前的 3 小时**缩短到半小时**<br>香港的铁路经由香港红磡站与内地的京九铁路连接,香港西九龙总站与广深港高铁相通<br>**粤港澳大湾区**拥有世界上最为密集的港口群、最繁忙的空港群,将成为内地与港澳深度合作的示范区 |
| 历史沿革* | 新石器时代,香港已经出现了人类活动<br>秦朝时,香港属于南海郡<br>到清代,因为当时的广州是清朝对外开放的唯一商埠,因此邻近的香港在对外通商中扮演着重要角色<br>**1842 年** 8 月 29 日,清政府与英国签订不平等的《**南京条约**》,原名叫《**江宁条约**》,清廷**割让香港岛给英国**;**1860 年** 10 月 24 日,中英签订不平等的《**北京条约**》,割让九龙半岛界限街以南地区给英国;1898 年 6 月 9 日,英国强迫清政府签订《**展拓香港界址专条**》,租界九龙半岛界限街以北地区及附近 262 个岛屿(即新界),租期 99 年(至 1997 年 6 月 30 日结束)<br>**1997 年 7 月 1 日**,中国对香港恢复行使主权,根据《中华人民共和国香港特别行政区基本法》,实行"**一国两制**",除**防务**和**外交事务**归中央政府管制外,香港特别行政区享有高度自治权,也就是"**爱国者治港,高度自治**" |
| 民族风情▲ | 香港人既有中国的传统观念,又有西方的习俗<br>在中国的传统节日中,香港人对**春节最重视**,习惯送年礼、发利市(红包)<br>香港人说话办事讲究有个好兆头,**喜欢数字"3、8"**(谐音"升、发")和"**6、9**"(谐音"禄、久")<br>**忌讳数字"4"**<br>送花送礼忌讳**剑兰、茉莉、梅花、钟表**等<br>交往中**忌打听个人隐私**<br>车辆靠**左**行驶<br>香港重视传统文化的传承,目前已有 **10 个国家级非物质文化遗产项目**,包括粤剧、凉茶、长洲太平醮、中秋节的大坑舞火龙、黄大仙信俗等,其中**大坑舞火龙**被文化和旅游部列入"国家级非遗代表性项目优秀保护实践案例" |
| 文旅资源▲ | **太平山**也称**扯旗山**,西方人称**维多利亚山**,海拔为 **552 米**,是香港的最高点,在山顶可以俯瞰香港全岛及维多利亚港夜景,登太平山的最佳时间是**黄昏**<br>**浅水湾**位于太平山南面,依山傍水,号称"**天下第一湾**",有"**东方夏威夷**"之美誉,是香港最具代表性的沙滩。浅水湾内遍布豪宅,其东南部是镇海楼公园,园内矗立着天后娘娘和观音菩萨两尊 10 多米高的雕像<br>**海洋公园**是东南亚最大的海洋主题休闲中心,于 1977 年 1 月开园,拥有全东南亚最大的海洋水族馆及主题游乐园、亚洲第一个水上游乐中心和全世界第二长的户外电动扶梯等 |

| 类别 | 相关知识点 |
|---|---|
| 文旅资源▲ | **迪士尼乐园**位于香港新界**大屿山**,占地 126 公顷,是全球第五座、亚洲第二座、**中国第一座**迪士尼乐园。乐园分 7 个主题园区,其中**灰熊山谷**和**迷离庄园**为全球独有<br>**黄大仙祠**,又名啬色园,位于九龙半岛的东北面,是**香港香火最旺**的地方。每年农历大年初一,市民都要争头炷香。该祠也是香港唯一**可以举行道教婚礼**的道教宫观<br>**金紫荆广场**位于湾仔香港会议展览中心的新翼人工岛上。1997 年 7 月 1 日,广场上竖立了一座高 **6 米**的金紫荆铜像,命名为**"永远盛开的紫荆花"**,寓意香港永远繁荣昌盛 |
| 饮食文化与风物特产★ | 香港享有"购物天堂"和"美食天堂"的美誉,汇聚了世界各地的美食<br>香港传统本地菜以广州菜为主,**盆菜**则是新界原居民过节日时的传统菜<br>因为近海,海鲜也是常见的菜色,发展出了以**避风塘炒蟹**为代表的避风塘菜色;同时,也发展出了自己的港式快餐品牌,以**大家乐、大快活、美心**为代表<br>**各式各样的茶餐厅**也是香港美食的一大特色 |
| 特色产业★ | 香港的**金融业**被称为**百业之首**,约占 GDP 的 **1/4**<br>香港**股票市场**规模宏大,居亚洲第二<br>香港还是一个自由港,对大多数进口物品不征收关税,有着**"购物天堂"**的美誉 |

东方之珠——香港

# 要点 2　澳门特别行政区

| 类别 | 相关知识点 |
|---|---|
| 地理* | 澳门地处**珠江入海口**的西侧,东隔伶仃洋与香港隔海相望,北接珠海市的拱北<br>澳门特别行政区包括**澳门半岛**和**氹仔**、**路环**两个离岛,面积为 32.9 平方千米<br>地势**南高北低**,主要由**低丘陵地**和**平地**组成 |
| 气候* | 属亚热带季风气候,**秋季**是全年最好的季节 |
| 区划人口* | 以华人为主,占 97%,其他主要为葡萄牙人和菲律宾人<br>**汉语**和**葡萄牙语**是现行官方语言 |
| 交通状况* | **港珠澳大桥**连接**香港大屿山**、**澳门半岛**和**珠海市**<br>澳门与香港之间有快速运输船队,每隔 15—30 分钟来往一班船 |

| 类别 | 相关知识点 |
|---|---|
| 历史<br>沿革* | 考古发现,在新时器时代我们的祖先就已生活在澳门一带<br>当地还出土过春秋时期的簋、罐和战国时期的陶器等<br>澳门先秦时属百越地,秦朝时属南海郡<br>**南宋**王朝倾覆之际,澳门半岛开始有大量**华人定居**<br>1887 年,**葡萄牙**与清政府签订条约后,正式通过外交文书的手续占领澳门<br>1999 年 12 月 20 日,中华人民共和国恢复对澳门行使主权<br>澳门特别行政区第一任行政长官是**何厚铧** |
| 民族<br>风情▲ | 澳门拥有独特的节庆文化,"**谢灶**"是澳门最传统的中国年俗之一<br>澳门人过年从**腊月廿八**开始,谐音"**易发**",商家老板大都请员工吃"**团年饭**"<br>除夕之夜,**守岁**和**逛花市**是澳门人辞旧迎新的两件大事<br>春节这天讲究发"**利市**",以求吉利<br>澳门人把大年初二叫"**开年**",习俗是吃开年饭,餐中必备发菜、生菜、鲤鱼,意在"生财利路"<br>澳门的礼仪禁忌与香港差不多 |
| 文旅<br>资源▲ | **1 项世界遗产名录景观:澳门历史城区**<br>**澳门历史城区**是以澳门旧城区为核心的历史街区,主要包括妈阁庙、港务局大楼、郑家大屋、大三巴牌坊等 20 多处历史建筑<br>**大三巴牌坊**是**澳门的象征**,原是圣保禄大教堂的前壁遗址。圣保禄大教堂始建于 1637 年,是当时东方最大的天主教堂。1835 年一场大火之后仅存前壁,因为形状与中国传统牌坊相似,就取名大三巴牌坊。三巴,是葡语"**圣保禄**"的粤语音。牌坊的建筑由花岗石建成,分 5 层,整个墙壁是巴洛克式,但也刻有中国传统的牡丹等图案,呈现中西合璧风格<br>**妈阁庙**原称妈祖庙,俗称天后庙,1488 年由**福建商人**所建,是澳门最早的宗教庙宇之一,也是澳门三大古刹(妈阁庙、普济禅院、莲峰庙)中历史最悠久的庙宇<br>**金莲花广场**是为庆祝 1999 年澳门主权移交而设立的,广场上的大型雕塑"**盛世莲花**"采用青铜铸造,表面贴金,重 6.5 吨,**高 6 米**,寓意澳门地区经济永远腾飞<br>**葡京娱乐场**是澳门最具规模的博彩娱乐场,除 18 岁以下未成年人及 21 岁以下本地人不准进入,其他人可以自由进出 |
| 饮食<br>文化与<br>风物<br>特产★ | 除澳门菜之外,还汇聚了大江南北的**中国菜**、葡国菜和其他国家的餐饮<br>**葡式蛋挞**已经是澳门美食的代名词<br>**马介休**来自葡语,是鳕鱼经腌制但并不风干保存而成的,是不少澳葡式美食的主要材料<br>**水蟹粥**已经成为澳门当地最受欢迎的美食之一 |
| 特色<br>产业★ | 澳门是自由港,经济长期以来以**博彩业**为主,是世界四大赌城之一,有"**东方蒙特卡洛**"之称<br>**轻工业**、**旅游业**、**酒店业**和**娱乐业**使澳门长盛不衰,使其成为全球最发达、最富裕的地区之一 |

莲花宝地——澳门

# 要点3 台湾省

| 类别 | 相关知识点 |
|------|-----------|
| 地理* | 台湾是**我国第一大岛屿**,东临太平洋,西隔台湾海峡与福建相望,距离最近处仅 68 海里(台湾新竹—福建平潭)<br>包括**台湾本岛及兰屿、绿岛**等 21 个附属岛屿和澎湖列岛 64 个岛屿,总面积为 3.6 万平方千米<br>享有"宝岛""森林之海""东南盐库"的称美誉<br>台湾岛内多山,高山和丘陵占全部面积的 **2/3** 以上<br>岛内有 150 多条河流,特点是河床坡陡、流量大、瀑布和险滩多;第一大河是长 170 多千米的**浊水河** |
| 气候 | 地处热带及亚热带气候交界处,夏季炎热,冬季温暖<br>是我国**台风过境最频繁**的省份,也是多火山、温泉、地震的地区 |
| 区划<br>人口* | 台湾人口主要集中在台湾岛的西部地区,**新北市是人口最多的城市** |
| 交通<br>状况* | 台 9 线是台湾公路系统里程最长的一条公路,由北到南纵贯所有东部县市<br>最主要的航空公司有**中华航空和长荣航空**<br>海上交通发达,目前有 7 座国际商港<br>**高雄港**位于高雄市,是台湾第一大港,港口货物吞吐量约占台湾整体港口货物吞吐量的 1/2 |
| 历史<br>沿革* | 台湾有文字记载的历史可追溯到 230 年,当时三国吴王孙权派官兵到夷州(台湾),**吴人沉莹**的《临海水土志》留下了对台湾最早的记述<br>1642 年,荷兰人赶走西班牙人,将中国台湾作为其殖民地<br>1662 年 2 月,**郑成功从荷兰殖民者手中收复台湾**,成为一位伟大的民族英雄<br>1684 年,清政府将台湾划归福建省<br>1884 年中法战争期间,**刘铭传**率军重创进攻台湾的法军<br>1885 年 6 月,《中法新约》签订,法军被迫撤出台湾<br>1895 年,甲午战争失败后,台湾省被割让给了日本<br>1945 年 10 月 25 日,**抗日战争胜利,台湾及澎湖列岛在这天正式重回中国版图** |
| 民族<br>风情▲ | 台湾汉族人口占 98% 左右,大多是**福建和广东**两省的移民,主要少数民族是**高山族**;文字是中文**繁体字**<br>台湾庙宇建筑随处可见,其中鹿港的龙山寺、天后宫及北港朝天宫等,都是台湾知名且历史悠久的寺庙<br>台湾的传统节日丰富多彩,**台北"北天灯"、台南"南蜂炮"**是较有特色的节日<br>台湾中秋三大件是**月饼、柚子和烤肉**<br>台湾与大陆同宗,在风俗习惯上很接近,但也有一些礼赠方面的特殊禁忌,例如,台湾人**禁送粽子**,因居丧之家习惯包粽子;**禁送甜果**,甜果在台湾指年糕,是过年常用祭品;不送**手帕、扇子、刀剪、雨伞、镜子、钟表**等 |

| 类别 | 相关知识点 |
|---|---|
| 文旅资源▲ | (1)**台北**是台湾**第四大城市**,台湾的政治、经济和文化中心。名胜古迹众多。台北"故宫博物院"外观采用中国**宫廷式设计**,**翠玉白菜、肉形石和毛公鼎**为三大镇馆之宝。**101 大楼**高 509 米,是台湾的标志性建筑<br>(2)**高雄**是台湾第三大城市,也是台湾最大的国际港口,有"**港都**"之名<br>(3)**野柳**位于基隆市,是一个突出海面的岬角,是一处世界级的岩层景观地<br>(4)**太鲁阁**位于台湾东部,地跨花莲县、台中县、南投县 3 个行政区,园内有台湾第一条东西横贯公路通过,称为**中横公路系统**。太鲁阁公园的特色为**峡谷**和**断崖**,是台湾最具特色的自然与人文合一的旅游景观<br>(5)**日月潭**位于南投县,是台湾**最大、最有名**的天然湖泊,水域面积为 900 多公顷,比杭州西湖大 1/3 左右。潭中有一小岛远望好像浮在水面的珠子,以此岛为界,北半湖形状如圆日,南半湖形状如弯月,日月潭因此得名<br>(6)**阿里山**位于嘉义县,是台湾最理想的**避暑胜地**。**日出、云海、晚霞、森林与高山铁路**,合称"阿里山五奇",素有"**神秘的森林王国**"之称。山上有长达 72 千米的森林铁路,已有 70 多年历史,是世界上仅存的 **3 条高山铁路之一**,途经"**热、暖、温、寒**"四带,尤其是 3 次螺旋环绕及第一分道的"**Z 字形**"爬升,让人难忘<br>(7)**垦丁**位于屏东县最南端的恒春半岛,是台湾本岛**唯一的热带地区**。垦丁公园是台湾唯一拥有海域和陆地的公园,被称为"**台湾的天涯海角**"。最南端突出的两大峡角**鹅銮鼻公园和猫鼻头公园**,是两大热门景点 |
| 饮食文化与风物特产★ | 台湾民众的传统饮品是**茶**,名茶有阿里山高山茶、冻顶乌龙茶、文山包种茶、铁观音等。茶艺形式主要是**功夫茶**<br>**泡沫红茶文化**是台湾茶文化新的发展,代表性茶饮——**珍珠奶茶**广受欢迎<br>盛产大米,著名的有"**蓬莱米**"<br>盛产蔗糖,有"**东方糖库**"之称<br>台湾兰花品种多、品质好<br>台湾还盛产蝴蝶,有精美的蝴蝶工艺品<br>台湾盛产水果,有"**水果之乡**"的美名,台湾凤梨、台湾释迦、莲雾等是代表<br>**凤梨酥、牛轧糖**等台湾特产,是知名的伴手礼<br>台湾饮食文化融合各地美食风格,**台湾菜与闽南菜、潮汕菜**渊源深厚,还受**客家菜、广州菜和日本料理**的影响,有**海鲜丰富、酱菜入菜、节令食补**等特色<br>台湾菜素有"**汤汤水水**"之称,羹汤类菜肴广受欢迎<br>台湾饮食中有著名的"小吃文化",各式风味小吃云集的**夜市**,是台湾庶民生活文化的代表之一 |
| 特色产业★ | 半导体与信息技术行业全球领先,精致农业、旅游业资源丰富 |

## 课后学习任务

灵活练习——模拟题演练：来，试试你的水平！

**判断题：**

●太平山也称扯旗山,西方人称为维多利亚山,是香港的最高点。 （　　）

●台湾通用的文字和大陆常用字一样。 （　　）

**单选题：**

●香港的（　　）业被称为百业之首。

A. 贸易　　　　　　　B. 航运　　　　　　　C. 金融　　　　　　　D. 旅游

●澳门是自由港,经济长期以来以博彩业为主,是世界四大赌城之一,有（　　）之称。

A.“东方明珠”　　　　　　　　　　　B.“东方蒙特卡洛”

C.“亚洲四小龙”　　　　　　　　　　D.“购物天堂”

**多选题：**

●台湾包括（　　）等 21 个附属岛屿和澎湖列岛 64 个岛屿。

A. 金门　　　　　　　B. 台湾本岛　　　　　　　C. 兰屿

D. 平潭岛　　　　　　E. 绿岛

●属于香港自己的港式快餐品牌有（　　）。

A. 必胜客　　　　　　B. 大家乐　　　　　　C. 老娘舅

D. 大快活　　　　　　E. 美心

综合测试（一）　　　　　　　综合测试（二）

# 参考书目

［1］全国导游资格证考试统编教材专家编写组.全国导游基础知识［M］.6版.北京:中国旅游出版社,2021.

［2］全国导游资格证考试统编教材专家编写组.地方导游基础知识［M］.5版.北京:中国旅游出版社,2021.

［3］芦爱英,王雁.中国旅游地理［M］.2版.北京:高等教育出版社,2020.

［4］芦爱英,沈民权.中国古建筑与园林［M］.3版.北京:高等教育出版社,2020.